L'Algonquin
Gabriel Commandant

Jean Ferguson

L'Algonquin
Gabriel Commandant

*Biographie romancée
d'un pionnier de l'Abitibi*

SEPTENTRION

Les éditions du Septentrion remercient le Conseil des Arts du Canada et la Société de développement des entreprises culturelles du Québec (SODEC) pour le soutien accordé à leur programme d'édition, ainsi que le gouvernement du Québec pour son Programme de crédit d'impôt pour l'édition de livres. Nous reconnaissons également l'aide financière du gouvernement du Canada par l'entremise du Programme d'aide au développement de l'industrie de l'édition (PADIÉ) pour nos activités d'édition.

Mise en pages et maquette de couverture : Gilles Herman
Révision : Solange Deschênes et Anne Guilbault
Photo de couverture : Gabriel Commandant à Chibougamau, 1936.
Collection de l'auteur.

Si vous désirez être tenu au courant des publications
des ÉDITIONS DU SEPTENTRION,
vous pouvez nous écrire au
1300, av. Maguire, Sillery (Québec) G1T 1Z3
par télécopieur (418) 527-4978 ou
consulter notre site Internet
www.septentrion.qc.ca

Diffusion au Canada :   Ventes en Europe :
Diffusion Dimedia   Librairie du Québec
539, boul. Lebeau   30, rue Gay-Lussac
Saint-Laurent (Québec)   75005 Paris
H4N 1S2   France

À Agathe Bonne Âme, ma grand-mère,
fille de l'Aube et de la Lune de mars,
à qui je dois tant et plus encore.

Note de l'auteur
Gabriel Commandant,
l'aventurier, le prospecteur marginal.

« La terre d'ici ne souhaitera plus être nulle part ailleurs. »

PIERRE PERRAULT

C e livre – ce n'est que justice –, je le dois d'abord et avant tout à Gabriel Commandant, ce personnage fascinant, le plus légendaire et le plus méconnu de l'histoire de Val-d'Or, ville minière de l'Abitibi, de l'Abitibi-Témiscamingue. La plupart des gens, même des aînés qui ont connu l'explosion de Val-d'Or et qui y ont vécu leur jeunesse comme immigrants dans les débuts extrêmement agités de ce boom-town, n'ont presque jamais entendu parler de Gabriel Commandant, bien que la grande majorité se souviennent de son nom et même de l'avoir rencontré. Ceux qui l'ont connu de loin n'ont pas été frappés plus qu'il ne le faut par le personnage, mais il y a une raison à cela : ces villes minières champignons ont vu arriver une population d'expatriés disparates, Québécois de toutes les régions, Anglo-Canadiens de l'Ontario, Américains, Polonais, Russes, Ukrainiens, Slaves de toutes origines, Finlandais (qu'on surnommait les « Fines »), Danois, Suédois, Norvégiens, Allemands, Italiens, Portugais, Grecs, Syriens, Juifs et Chinois, qui, par la force des choses, se regroupaient et se repliaient sur eux-mêmes, parlant leur propre langue entre eux, ne s'intéressant pas à leurs voisins, trop étrangers pour être vraiment compris et acceptés. C'était une question de survie. Dans ce melting-pot convenu, les contacts avec les Indiens, des Algonquins pour la plupart et quelques Micmacs venus de la Gaspésie pour trouver du travail, travailleurs occasionnels et souvent silencieux, ne se faisaient que sur une base de travail commun sans qu'il y ait d'osmose véritable entre les individus ou les groupes nationaux.

À la décharge de ces hommes, il faut aussi savoir que leur travail journalier, en plus de prendre toute leur énergie, était épuisant et qu'ils avaient bien peu de moments libres pour aller faire des rencontres, les tentes, les maisons et les camps étant assez éloignés parfois les uns des autres. Le reste du temps dont ils disposaient était consacré au repos, au loisir de la chasse et de la pêche – c'était dans les mœurs de ce temps-là –, à la fréquentation des établissements clandestins débitant des boissons alcooliques et autres plaisirs illicites dont, naturellement, les femmes aux mœurs légères.

Val-d'Or, à ses débuts, était une ville d'hommes frustres, à barbes longues, qui sentaient la sueur, la fumée et la crasse et qui ne faisaient pas dans la politesse ou dans le savoir-vivre des plus raffinés. Or, d'après beaucoup de témoignages, Gabriel Commandant était l'antithèse de ce monde. Instruit et éduqué par les prêtres oblats de Maniwaki, c'était un homme charmant, très hospitalier avec les gens qui lui inspiraient confiance, d'une grande délicatesse; il avait de bonnes manières allant jusqu'au raffinement et il était très gentil. Il était propre de sa personne et éprouvait une grande fierté à porter de nouveaux vêtements.

Il parlait facilement le français et l'anglais, ce qui lui permettait de servir d'intermédiaire entre les hommes et les patrons, ces derniers, pour la plupart en tout cas, ne maîtrisant qu'une langue, l'anglais, parce qu'ils arrivaient de Toronto ou des États-Unis. Cette dernière langue était aussi parlée par quelques-uns des travailleurs, ne l'oublions pas, puisqu'il n'y avait pas à cette époque de frontières précises entre le nord de l'Ontario et le nord du Québec; c'était, en somme, une même région. Et les anglophones ne faisaient pas d'effort particulier pour apprendre le français, comme aujourd'hui d'ailleurs; c'est pourquoi Commandant fut souvent un médiateur obligé entre les deux groupes linguistiques qui avaient bien besoin de se comprendre pour rendre leur travail efficace. Il ne faut pas passer sous silence que Commandant était un conducteur d'hommes puisque, lorsqu'il eut l'occasion de prospecter dans la région de Chibougamau, il eut sous ses ordres une équipe d'hommes, comprenant au moins six travailleurs. C'est dire la confiance et l'appréciation qu'on lui accordait. Mais cela était dû non seulement à son entregent naturel, mais aussi, comme on l'imagine, à des circonstances précises.

En tant que témoins, donc, les contemporains de Commandant sont profondément sujets à caution. Ce constat s'applique tout spécialement aux prospecteurs blancs et aux premiers habitants de Val-d'Or – arrivés bien après Commandant – qui avaient de bons motifs personnels d'occulter le travail et la présence de cet homme sur le territoire parce qu'ils pouvaient vouloir s'arroger tout le mérite de la première habitation à l'origine de la ville et de l'exploration des richesses du sous-sol abitibien. Il ne faut toutefois pas présumer de la mauvaise foi de ces anciens, mais plutôt, c'était souvent le cas, leur prêter une indifférence normale à l'endroit de quelqu'un qui ne voulait pas s'imposer. Gabriel Commandant ne s'attribua jamais quelque mérite que ce soit dans l'exploration ou l'exploitation des mines (dans la région de Saint-Mathieu, tout près d'Amos, il y en a une qui fut même enregistrée à son nom) comme tant d'autres qui, à l'époque, exerçaient humblement des professions d'aides ou d'assistants: guides, chasseurs, prospecteurs, jalonneurs de terrain, etc. Ils se contentaient de mettre leur travail au service de ceux qui détenaient le pouvoir et la richesse. Il y en a eu bien d'autres, de ces travailleurs obscurs, l'histoire en est parsemée, et c'est à leurs employeurs ou à leurs maîtres qu'on a attribué le mérite de leurs activités. Toutefois, il est nécessaire de préciser que, même de son vivant, le nom de Gabriel Commandant est mentionné assez souvent dans les écrits concernant la région et qui ont été conservés, ce qui n'est pas le cas de beaucoup, mais l'homme ne cherchait pas la gloire. L'aventure lui suffisait. Il était libre, d'une liberté que nous souhaitons tous et qui serait peut-être impossible à obtenir aujourd'hui à cause des contrôles de toutes sortes qui nous enserrent comme un filet et qui n'existaient pas du temps de Commandant.

FIGURE MYTHIQUE ET ADMIRÉE, GABRIEL COMMANDANT TRAVERSE LE TEMPS.

Force est de prétendre que, sans cet Algonquin, il n'y aurait jamais eu de découvertes de mines comme la Lamaque ou d'autres qui ont fait et font encore vivre la Vallée de l'or. On lui doit notamment le jalonnement de la première mine de cuivre et la découverte de la première pépite d'or, dans les années 1920. Ce qui n'a rien d'extraordinaire, l'or étant bien souvent en surface dans la faille Cadillac. D'ailleurs, son nom est régulièrement mentionné au hasard des découvertes. Commandant avait une manière bien personnelle de chercher et de découvrir des veines minérales qui peut-être n'étaient pas suffisamment connues. Il refusait de partager son secret, car il disait que c'était l'Esprit de la terre qui l'aidait dans cette tâche. Robert (Bob) Karillen, un jeune Algonquin – entre autres – qui l'accompagna souvent, a raconté que Commandant partait seul en canot et que, rendu au lieu d'exploration, il commençait par une incantation. Ensuite, à l'aide d'un bâton en forme de fourche ansée qu'il avait découpé dans un panache d'orignal, il marchait sur le terrain et, là où il le plantait, on pouvait être sûr de trouver une veine minérale importante. Du moins, c'est ainsi que le prétendent des témoins qu'on ne peut pas qualifier de partiaux. Feu Gilbert Tardif, celui-là même qu'on a surnommé « la mémoire du monde minier en Abitibi-Témiscamingue », raconte qu'un matin

Gabriel décida d'impressionner ses compagnons de travail et qu'il leur promit:

— À matin, on va faire surgir l'or de la terre.

Il empoigna sa hache à deux taillants et attaqua le premier bouleau venu jusqu'à la racine. Et, effectivement, d'autres mineurs le diront pour l'avoir fait eux-mêmes, Commandant trouva de l'or dans la terre au niveau des racines. Ce n'est pas surprenant que la mine Lamaque exploite aujourd'hui de cette façon les veines aurifères au ras du sol et non plus dans le sous-sol comme au début.

Il faut toutefois admettre qu'il y a de larges pans de la vie de Gabriel Commandant qui sont obscurs ou qui sont, à toutes fins utiles, inconnus, comme il est normal pour les gens de son temps, même pour ceux qui furent très connus. L'époque peut être caractérisée par un certain illettrisme largement répandu et, par conséquent, par une pénurie d'archives écrites. En effet, les hommes (les premiers Abitibiens sont en effet des hommes, les femmes viendront après) qui savaient lire et écrire n'étaient pas légion et on sait relativement peu de chose de cette période, sauf ce que les témoignages nous ont rapporté ou ce qu'ont écrit certains journalistes ou visiteurs instruits à la plume facile qui passèrent dans la région. Dans le cas Commandant, certaines questions importantes restent en suspens pour la simple et bonne raison que les témoins sont aujourd'hui décédés. Quant à ceux qui se souviennent, ils s'en souviennent mal: trop de temps s'est écoulé. Quelles furent l'enfance et la jeunesse de Commandant? Il faut l'imaginer à l'aide des documents d'époque et par le recoupement de témoignages détournés. Mais cela n'a rien de surprenant puisque nous ne pouvons plus l'interroger; ce sont les aléas du passé.

Gabriel Commandant était un homme discret, un peu marginal par ses connaissances et sa culture plus grande que celle de son entourage, bien qu'il ait toujours vécu dans un milieu qui ne se prêtait guère à ces qualités. Il avait la réputation de parler peu et il était souvent en tournée d'exploration, donc peu présent pour les premiers Valdoriens. Il était en outre Algonquin, ce qui n'est pas une barrière négligeable. Cependant, les rares personnes qui sont entrées dans son intimité le décrivent comme un homme aimable, accueillant, qui aimait rendre service et qui avait de l'humour. Rien ne lui plaisait plus que de jouer des tours amusants.

Pour ce qui est des Ontariens et des Américains envoyés en Abitibi, ils se présentaient comme employeurs, à la recherche de mines d'or, de cuivre, de zinc, et mandatés par de riches associations ou syndicats d'hommes d'affaires; de ce fait, ils n'avaient pas une considération énorme pour les guides et les prospecteurs locaux : ils avaient l'impression qu'ils étaient leurs inférieurs et leurs obligés parce qu'ils étaient salariés et ils les traitaient comme tels.

Cependant, il faut aussi convenir que les Québécois francophones des années 1900-1930 et plus tard encore, qu'on appelait alors les Canadiens français, ont eu un contact privilégié avec les Algonquins d'ici, peut-être parce qu'il s'agissait souvent de nomades dans les deux cas. Avec Commandant, en particulier, le contact a été amical et chaleureux; je pense entre autres à la famille Cyr, venue de Cyrville, un ancien village faisant partie aujourd'hui d'Ottawa, et qui alla s'établir à Amos en juin 1916. Amos avait eu pour premier habitant Ernest Turcotte en 1910. Les hommes Ray, Joseph, Émile et Jean Cyr ont été des amis véritables de Commandant, allant même jusqu'à le chercher à la mine Akazaba de Colombière où il était gardien et où il demeurait alors qu'il était âgé. Il était pauvre, comme beaucoup de prospecteurs miniers à la retraite, après en avoir enrichi d'autres par son travail, des étrangers pour la plupart; de plus, pour la raison probable qu'il n'en fit jamais la demande, il ne reçut jamais sa pension d'ancien combattant, même s'il avait fait la guerre 1914-1918. Il a continué de vivre dans les anciennes habitations minières qu'on lui avait cédées parce qu'elles ne servaient plus; on l'avait engagé pour surveiller le site pour empêcher les destructions et les vols de carottes minières encore entreposées sur les lieux. Ils allaient, ces amis fidèles, les Dumas surtout, l'épicier-garagiste de Colombière, petite localité sise tout près, à quelques kilomètres de Val-d'Or, et les membres de sa famille, le prendre à cet endroit où il habitait (à trois kilomètres à peu près), car Commandant n'avait jamais eu d'auto. Il aimait trop marcher et acceptait difficilement qu'on le fasse monter dans un véhicule pour le ramener chez lui, par exemple, mais il acceptait pour *aller faire ses commissions*[1], souper et veiller à Val-d'Or et à Saint-Mathieu, endroits que les Cyr n'ont cessé d'habiter. D'ailleurs, Commandant aimait ces rencontres où chacun parlait inlassablement du monde d'aventure et de liberté qu'ils avaient connu ensemble, celui de la prospection et de la découverte du pays aimé. Ceux qui vivent encore aujourd'hui parlent toujours avec une émotion contenue de ce temps-là.

Certains historiens régionaux, c'est-à-dire ceux qui détiennent encore la tradition de l'histoire régionale, n'ont cessé de me mettre en garde : il ne fallait pas accorder autant d'intérêt à l'heuristique[2] concernant Commandant puisqu'il n'avait pas – selon eux – la prestance que d'autres person- nages ont pu avoir, Anglais et Américains, prospecteurs connus, riches propriétaires de mines : « Ce sont des gens de l'Ontario et des États-Unis qui ont jusqu'à présent financé et exploité, à leur profit comme de raison, la plupart des entreprises minières de l'Abitibi...[3] » Mais, outre le fait que

---

1. Cette expression bien québécoise désignait le fait de faire son épicerie, d'acheter les objets nécessaires à la vie courante. Ces sorties devaient être bien planifiées pour prévenir la perte de temps et d'argent causée par l'éloignement. Aller au magasin signifiait souvent une sortie toutes les deux semaines et souvent au mois.
2. Branche de la science historique qui s'attache à la recherche des documents, à l'art des découvertes.
3. Émile Benoist, dans *L'Abitibi, pays de l'or*, 1937.

ces individus me paraissent falots et peu dignes d'intérêt, je ne sens pas d'affinité avec les parvenus de toutes espèces qui ont parsemé la petite histoire de l'Abitibi et qui, la plupart du temps, n'ont laissé derrière eux qu'un nom et le prestige de découvertes ou d'actions que d'humbles travailleurs, à leur solde, ont faites pour eux. Par exemple, que le propriétaire de la mine Sullivan soit mort dans un camp isolé, assis sur une grande quantité de bouteilles de whisky, que celui de la mine Siscoe soit mort de froid en habit de ville et en petits souliers vernis sur le lac Matchi-Manitou, après l'atterrissage forcé de son avion, entouré, selon la rumeur populaire, de billets de banque répandus sur la neige, vraiment ce n'est pas ce genre d'événements décrivant trop bien la petite humanité des possédants – qui n'ont aucunement mérité de l'être, ni par leur intelligence ni par leur travail – qui suscite spontanément le plus d'admiration chez un écrivain. Et si cela était, c'est bien mince pour amorcer l'intrigue d'une biographie ou pour donner de l'étoffe à un personnage, même s'il est vrai que la réalité dépasse parfois la fiction...

D'autres ont prétendu que je faisais de l'hagiographie parce que j'avais un parti pris évident pour cet Indien. Pourtant, je réfute ce dernier argument, car je suis persuadé que Gabriel Commandant a été et reste l'un des personnages les plus remarquables qui aient jamais marqué l'Abitibi-Témiscamingue.

De toute façon, pour écrire ce livre, je me suis basé sur la chronologie établie par d'autres chercheurs, sur les recherches faites avant moi et sur les miennes propres et, pour moi, il n'était pas question d'idéaliser le personnage, mais plutôt de lui donner une consistance, l'imaginaire suppléant aux manques et me laissant libre de recréer les périodes la vie de Commandant qui n'ont pas laissé de traces.

Naturellement, je ne me serais peut-être pas tant intéressé à cet homme des bois, à cet aventurier magnifique à la stature légendaire, si je n'avais eu un penchant pour les Indiens et les marginaux, quoique cela n'ait peut-être pas pesé si lourd dans la balance. J'ai été, par exemple, un peu scandalisé que ces quelques rares auteurs francophones, qui ont décrit avec force détails le développement minier et la naissance de villes comme Val-d'Or, n'aient pas fait mention de Commandant, alors qu'un pur anglophone, un journaliste torontois qui a visité souvent et habité la région, John Marshall, consacre une partie importante de son ouvrage, *Gold*, à décrire et à raconter les faits et gestes, de même que le travail de Commandant à la fondation de la ville de Val-d'Or et dans l'exploration et l'exploitation des mines du Nord québécois. John Marshall connaissait bien Commandant puisqu'il a été journaliste au *Val-d'Or Star*, une feuille anglophone, en 1948-1949.

L'idée de ce livre, je la dois aussi à tous ces gens qui ont connu Commandant et qui m'en ont parlé avec chaleur et amitié, ses anciens prospecteurs, ses amis, qui ont eu l'occasion de le côtoyer, de lui parler et de travailler avec lui. Je la dois aussi à la chance exceptionnelle d'habiter la maison Pévec, ce qui m'a permis de vivre tout près de la Source Gabriel qu'il a marquée de son nom et de son empreinte.

Il faut bénir notre époque pour la masse de documents de toutes sortes qu'elle mettra à la disposition des chercheurs de l'avenir qui auront ainsi sous la main films, documents audiovisuels, interviews, écrits divers conservés dans des livres sur des disques compacts, qui permettront de faire un portrait précis des gens et de notre époque. Dans le temps de Commandant, il n'y avait rien de tel. On prétend qu'il a été filmé en 1928 par un touriste américain lorsqu'il travaillait comme guide à la pourvoirie du Club Kapitachuan, dans la région de Senneterre. Mais retrouver ce film, outre qu'il a pu être détruit depuis, équivaudrait à une chance inouïe, quasiment nulle. En tout cas, mes recherches sur ce sujet se sont avérées vaines. On possède aussi de lui quelques rares photographies qui le montrent grand, à l'abondante et épaisse chevelure, comme beaucoup d'Algonquins, et surtout souriant. Ce n'est pas beaucoup, mais c'est assez pour se faire une idée du personnage.

AU SUJET DU NOM COMMANDANT

Le nom Commandant vient des Français. Au temps de la Nouvelle-France, un ancêtre dont la désignation était probablement « meneur au combat » ou « chef de guerre » (que les Français ont traduit en Commandant) occupait la fonction de chef d'une bande algonquine établie sur la rivière des Outaouais. Sa descendance semble avoir été nombreuse puisque vers la fin du XIXe siècle, de nombreuses familles et individus portaient ce nom de Commandant sur tout le pourtour du bassin hydrographique de l'Outaouais, tant au Québec qu'en Ontario, jusqu'aux lacs Abitibi et Nipissing. Ensuite, ils semblent s'être repliés vers les réserves créées à une époque assez récente de Rivière-Désert (Maniwaki) et de la rivière Bonnechère (Golden Lake), en Ontario.

Gabriel se présente comme Commandant puisque c'est le nom de son père, Louis Commandant, mais l'influence anglophone du temps a dû opérer une transformation phonétique, car on le nomme tantôt Commanda, tantôt Commondo. Dans le registre du *Recensement des Indiens et Esquimaux du Canada* du département des Affaires indiennes de l'année 1924, son nom est inscrit à la manière anglaise : Commonda[4].

Sur les chèques de l'Obaska Gold Field qui furent octroyés à Gabriel Commandant comme gardien des terrains de la mine Akasaba, on lui donne le nom anglais de Commander (Commandant en français).

Dans son carnet d'engagement militaire, puisqu'il s'est présenté au camp Borden, en Ontario, au début de la guerre 1914-1918, son nom est indifféremment orthographié

---

4. Ces notes ont été compilées par Yvon H. Couture, spécialiste en histoire des Algonquins.

Commanda et Commando dans le même document. C'est ce dernier nom que l'on a gravé sur la croix dans le cimetière de Maniwaki : Commando. On se demande bien pour quelle raison : manque d'espace ? indifférence ? ignorance peut-être ? Ou, plus simplement, distraction du graveur ? Mais alors pourquoi ne pas avoir mis un «a» à la terminaison de son nom de famille, une graphie plus proche du nom Commandant et qu'on trouve sur la croix qui orne la tombe de son frère Alonzo, juste à côté de la sienne ?

Donc, Gabriel, le 5 mars 1915, dans sa vingt-troisième année, puisqu'il est né le 13 mars 1891, s'enrôle dans l'armée à North Bay et il est envoyé au camp Borden en Ontario, sous le nom de Gilbert Commanda et Commando, orthographiés indifféremment dans les divers documents d'admission et de renvoi par les officiers de service; il est versé au 159ᵉ régiment. On le renvoie le 15 août pour cause d'intempérance et d'invalidité (varice d'une veine de la jambe droite au-dessous du genou). Raisons nulles et non avenues puisqu'il est rappelé sous les drapeaux en septembre de la même année, à Longue-Pointe, au Québec. Cette fois, il est enregistré sous le nom de Gabriel Commandant. Il fait alors parti du 141ᵉ bataillon, composé d'Indiens de plusieurs nations, et il est expédié en France quelques semaines plus tard. Ses compagnons, comme Angus Bras-Coupé, un autre Algonquin de l'Abitibi engagé dans le 141ᵉ, l'ont connu et fréquenté sous ce dernier nom.

Il semble bien que les variations dans l'orthographe du nom Commandant soient le fait des anglophones qui, dans le passé, ont déformé les noms français pour les adapter à leur langue, comme ils l'ont fait avec les noms des Québécois qui ont émigré aux États-Unis au siècle passé, Chassé devenant indifféremment Chassay ou Chassey.

En tout état de cause, le nom le plus acceptable dans le cas de Gabriel est bien Commandant, le nom qu'il s'est toujours donné, même s'il acceptait qu'on l'abrège en Commanda, surtout pour les anglophones et les gens qui les ont imités par la suite.

Prologue

L'homme, encore jeune, tout au plus dans la vingtaine, mince et élancé, avançait sur ses raquettes d'un pas décidé. On sentait en lui l'énergie et le calme. Il faisait froid, peut-être -30° C, mais cette température ne semblait pas l'incommoder le moins du monde. Il devait avoir l'habitude de ces longues marches au froid dans les sentiers imprécis de la grande forêt où le vent avait durci la couche neigeuse, rendue compacte par le froid. Grand, 1,91 m (ou comme on disait dans le temps 6 pi 3 po). Le teint buriné, il respirait la vie et la santé. Il semblait d'une grande force et son pas égal, à la manière des Algonquins (on le devinait au bruit constant de ses raquettes qui volaient plutôt qu'elles ne s'enfonçaient dans la neige), prouvait la bonne condition physique du jeune homme. Les courroies de son havresac lourdement chargé sciaient sûrement ses épaules, mais il ne semblait pas en ressentir de l'inconfort. Peut-être parce qu'il était vêtu d'un longue et épaisse pelisse en peau de loup, habituelle en cette saison rigoureuse; le poil passé par en dedans devait protéger sa peau du poids et des brûlures du cuir vif.

Un instant, il s'arrêta comme s'il avait voulu s'orienter. Il regarda le soleil qui allait bientôt disparaître à l'horizon dans des traînées sombres bordées de rose. À cette époque de l'année, il ne lui restait pas grand temps pour s'installer dans un abri ou pour parvenir à un lieu habité si jamais il y en avait un dans ce vaste pays de l'Abitibi. L'air paraissait de cristal et le ciel d'un bleu parfait reculait à perte de vue jusqu'au néant. C'était un moment précieux de la journée, le moment où la nuit froide allait glisser brusquement sur la terre comme un avertissement de laisser là toutes les activités et de se cloîtrer pour la nuit. C'était un pays rude et tranquille, plein de cette beauté faite pour combler l'esprit, mais qui, cependant, répondait à des impératifs précis.

L'homme aperçut soudain entre la cime des arbres une fumée longue, grise, rectiligne qui montait vers le ciel, preuve qu'une habitation n'était pas loin. D'ailleurs, en observant une éclaircie dans le faîte des arbres, il comprit qu'il devait y avoir une étendue libre au cœur de cette forêt de conifères. Il accéléra le pas dans l'espoir de trouver dans cette grande contrée désertique un lieu de repos pour la nuit. Des Indiens, probablement de la même bande que lui, le recevraient avec plaisir puisqu'il y avait dans ce pays neuf un sens de l'hospitalité très développé. C'était d'ailleurs une question de survie. Mais le jeune nomade était vigoureux et cette considération ne lui passa même pas par l'esprit. Aucun danger qu'un Anishnabé meure de froid, de fatigue ou souffre de solitude dans la forêt, car la forêt est comme sa mère, il s'y sent parfaitement à l'aise.

La noirceur tombait déjà lorsqu'il déboucha sur une petite clairière enneigée aux pistes battues au centre de laquelle il vit la petite habitation de bois rond où déjà les fenêtres étaient illuminées de l'intérieur pour combattre la nuit montante. Dehors, les chiens de traîneau dormaient depuis un moment déjà. Ils s'éveillèrent en s'ébrouant et n'eurent pas de réaction d'agressivité, comme s'ils connaissaient déjà le visiteur. Ils se jetèrent sur lui pour le sentir et se mirent à gambader autour de lui et à agiter la queue pendant que l'homme leur parlait d'une voix douce et chantante. Le vent rageur et froid les accompagna jusqu'au seuil de l'habitation.

La porte de la maisonnette s'ouvrit et une voix d'homme cria :

— Paix, les chiens !

Habitués à obéir, ils cessèrent par étape leur piétinement agité. Les deux hommes se saluèrent et l'habitant des lieux invita le voyageur à entrer.

— Pijan, Gabriel ! Entre.

Tout en disant cela, il eut un bon rire qui sonna comme la bienvenue. Ils se connaissaient. Nul doute que le nouveau venu était Algonquin puisque eux seuls parlaient ainsi, préférant les formules brèves aux longs discours. Le jeune homme pénétra dans l'habitation et peu à peu ses yeux s'habituèrent à la pièce mal éclairée par une unique lampe à l'huile. Quelques enfants aux joues rebondies le contemplaient silencieusement. Une femme encore jeune et belle le dévisagea avec curiosité. Quant à l'époux, c'était un Indien, petit et râblé, à la solide carrure.

— Viens t'asseoir près du poêle pour te réchauffer, suggéra l'homme.

Le jeune homme ne se le fit pas dire deux fois. Avec soulagement, il descendit de ses épaules son sac et le déposa par terre, près de la porte. Pendant ce temps, la femme avait pris une assiette sur l'étagère et elle pigeait dans un chaudron encore fumant des morceaux de viandes, de patates et de boules de pâte faites comme la bannique, le pain des Amérindiens, plat qui était resté du dernier souper et que, selon la coutume d'hospitalité des Nordiques, on laissait sur le bord du poêle à bois, près du réservoir à eau chaude, justement pour le cas où quelqu'un viendrait et aurait besoin de se restaurer en passant. Elle arrosa le tout d'un bon bouillon pris avec une grande louche au fond du récipient, bouillon qu'elle avait obtenu après avoir écarté les composants fermes. L'odeur était tout simplement alléchante. Elle indiqua au voyageur une place au bout de la table, près du fourneau. Il s'attabla sans faire de manières.

Pendant qu'il plongeait sa cuillère dans le liquide fumant, les enfants, au nombre de trois, deux filles et un garçonnet plus jeune, s'approchèrent. Leurs visages rieurs incarnaient le charme indéniable de cette réception chaleureuse des gens de la région. Une fois qu'il se fut rassasié, l'autre parla. Il n'était pas question de le faire avant, par respect pour la nourriture et pour l'hôte.

— D'où viens-tu donc? Tu es un Commandant. Tu étais bien jeune quand je suis monté ici. Mais j'ai bien connu ta famille.

— Oui, de Maniwaki, notre pays. Il y a quelques semaines que je voyage. Avant cela, je suis venu de l'Ontario, répondit le jeune homme.

— Mang[5]! Un long voyage, dit l'autre, admiratif.

Un certaine tristesse passa sur le visage du jeune voyageur qui ne parla plus. Le silence dura un instant, puis l'un des enfants, le garçon de 5 ans – ses yeux intéressés quêtant l'appréciation –, lui présenta un jouet, un ourson en peluche, probablement confectionné par sa mère.

— Ho! Ho! qu'il est beau. Il est vivant?

Le petit garçon éclata de rire.

— Mais non, voyons, tu es pékan[6]!

La mère sentit le besoin d'intervenir.

— Allons, Alex Odjik, laisse notre frère se reposer tranquille. D'ailleurs, il va être bientôt l'heure d'aller vous coucher, surtout si tu n'arrêtes pas de le déranger. Notre visiteur s'occupera de vous demain car ce soir il est fatigué et il a besoin de calme.

Le petit garçon se retira à regret, mais il continua de loin à dévisager le visiteur avec un intense sentiment de curiosité et d'intérêt. Il était si rare de voir arriver des visiteurs dans leur demeure.

— Où donc te rends-tu ainsi? demanda l'Algonquin.

---

5. C'est grand, c'est beaucoup (algonquin).
6. Le pékan, sorte de martre, passait pour être légèrement étourdi et c'est une des espèces en voie de disparition actuellement. Elle passait chez les Indiens pour se laisser prendre facilement à cause de sa façon curieuse de s'arrêter au moindre bruit.

— À quelques jours de marche encore, vers le territoire de chasse que m'a donné le gouvernement, plus loin encore que le grand lac Kitcisâgi, répondit le visiteur.

L'autre eut un sourire :

— Oui, Gabriel Commandant, on comprend que tu voyages beaucoup. En partant d'ici, n'oublie pas de dire que la famille d'Amable Odjik, surnommé Mikinak[7], reçoit bien les voyageurs...

— Je n'y manquerai pas, car c'est vrai, assura l'invité.

La femme aussi l'observait à la dérobée. Il avait la prunelle taillée dans une étoffe de feutre, les yeux sombres et agiles à souhait, rien ne devait échapper à ce regard vif et pénétrant. Son visage aux traits nets et son menton aux lignes parfaites lui donnaient l'air viril de la jeunesse. Sa chevelure d'un noir de jais, assez longue et très épaisse, luisait sous la lumière imprécise de la lampe. Il avait un visage où persistait un air d'adolescence, imberbe, tanné par le soleil et le vent. Son sourire à peine esquissé, mais réel, lui donnait un charme indéfinissable. Ses épaules carrées, son air franc, son port droit disaient assez l'envie de vivre qui devait être son apanage. C'était un très beau jeune homme dont le corps avait été ciselé par la vie en forêt ou par le travail pénible sur quelque chantier d'en bas. Sa voix était chaleureuse et chantante comme celle de tous les Algonquins. Malgré tout cela, il conservait une timidité naturelle et il n'y a pas de doute que, s'il n'avait pas été avec des familiers, il n'aurait pas parlé si facilement.

La femme détourna son regard, soudain gênée de l'intérêt qu'elle accordait au jeune étranger. Même si elle était fidèle à son mari, comme tant d'autres, elle savait apprécier la beauté masculine lorsqu'elle était mise en sa présence.

Il fallut songer à aller au lit. À quoi bon veiller par ces soirs de décembre vite plongés dans les ténèbres et animés

---

7. Mikinak, tortue en algonquin, par référence au physique de l'interlocuteur.

par le kiwedin, le vent du nord qui laissait échapper de longs soupirs de dépit sur les murs et sur le toit de la petite habitation; il savait bien que tous ses efforts pour y entrer étaient vains, l'homme ayant appris depuis longtemps à l'écarter.

— N'oubliez pas vos prières, recommanda la femme en bordant les enfants, demain, c'est la fête de sainte Marie, notre mère du ciel...

L'inconnu, surpris, chercha sur les murs un calendrier qu'il trouva : une belle image de la Vierge, probablement le don d'un missionnaire de passage, ce qui était normal pour une maison d'Algonquin.

— Quelle date sommes-nous donc? demanda le visiteur.

— Le 31 décembre, demain, ce sera le 1er janvier, fête de Marie, mère de Dieu, répondit la femme en souriant. Jour de l'An pour les Blancs. On voit que tu n'as plus habité une maison depuis un certain temps.

Il se tourna à nouveau vers le calendrier. Heureusement que malgré la pénombre les chiffres étaient gros et faciles à lire : 31 décembre 1912. Il fut étonné de voir comme le temps avait passé vite depuis qu'il était parti de Sault-Sainte-Marie et ensuite de Maniwaki. Comme tant de voyageurs, il ne voyait pas la nécessité de tenir compte de la succession des jours lors de son périple à travers le pays.

Le maître du logis, Amable, désigna au visiteur une place près du poêle. La femme y déposa une peau de buffalo[8] sur laquelle elle étendit des couvertures de laine; le visiteur fatigué ne se fit pas prier pour s'étendre. La lampe fut

---

8. Une peau de bison aux poils longs et chauds qui, tannée, gardait au chaud. Ces peaux venaient de l'Ouest canadiens et des États-Unis, c'était un objet commun pour se protéger du froid, en voitures tirées par les chevaux, par exemple. Les Blancs et les Indiens de l'Est achetaient beaucoup de ces objets de marchands itinérants ou dans les magasins de la Compagnie de la Baie d'Hudson et de l'Atlantic Trading. Cette expression peau de buffalo était couramment employée au début du siècle. Il s'agit probablement d'un anglicisme ou d'un québécisme dont on connaît mal l'origine.

soufflée et il n'y eut plus bientôt que le bruit de la respiration régulière des occupants de la maison, parfois entrecoupé par le sifflement du vent dehors. Une voix enfantine s'éleva encore :

— Le méchant chien du nord qui sile[9] dans le bois va-t-il venir, maman ?

— Non, pas tant que ton père et moi serons là, mon fils.

Au matin quand l'Algonquin et sa femme s'éveillèrent, le visiteur était déjà reparti. Il devait l'avoir fait avec une grande discrétion, car il n'avait pas gelé la maison en ouvrant la porte et les chiens, de nouveau, lui avaient fait un bout d'accompagnement car on voyait par la fenêtre frimassée qu'ils avaient encore la tête tournée vers les bois. Le maître de la maison, Amable Odjik, une fois qu'il eut bien attisé le feu, s'assit et finit par constater presque sentencieusement en tirant sur sa pipe :

— Pour s'accorder si peu de temps d'arrêt et aller ainsi dans les pas de l'hiver, il faut que notre voyageur ait eu dernièrement un grand désir de voir du pays.

La femme acquiesça avec un vague regret que le visiteur ait ainsi écourté son séjour.

✗   ✗   ✗

Gabriel Commandant était heureux. Il avait encore marché toute la journée suivant la course du soleil blanc qui, comme l'œil d'un esprit bienveillant, lui indiquait la route. Le ciel avait été d'un bleu de faïence très pur et les arbres sur sa route avaient déjà pris les décorations de l'hiver : des pendentifs de cristal et d'ambre enjolivaient leurs branches et leurs aiguilles que le froid rendait immobiles. Le subit redoux qui remontait à une semaine tout au plus et le froid arrivé ensuite avaient givré tout le paysage. Gabriel avait suivi à travers son masque de feutre la buée de son haleine que

---

9. Québécisme, gémir en langage populaire : le chien sile à la porte pour entrer.

l'effort rendait dense comme de la fumée. Il faisait beau, mais plus doux que la journée précédente.

« *Comme j'aime ce pays de l'Abitibi !* », songea-t-il en lui-même.

Il repensa à la famille d'Amable Odjik qui l'avait si bien accueilli la nuit précédente. Il fut très reconnaissant, comme le lui avait appris la tradition de son peuple, d'avoir mis sur sa route des gens hospitaliers et généreux. Il savait dans son for intérieur qu'ils se reverraient. Quoique immense, le territoire de l'Abitibi était sans cesse sillonné par ces familles et ces Algonquins, gens libres et fiers, nomades toujours à la recherche de l'immensité et qui assuraient leur survie par la trappe, la chasse et la pêche.

Pendant toute la journée, à quelques reprises, Gabriel, l'Algonquin, avait eu un pincement au cœur. Un visage lui revenait parfois qui prenait tout l'horizon : celui d'une jeune femme qu'il aimait et dont le père lui avait refusé la main. Il l'avait aimée durant des mois et des mois d'un amour si grand que tous deux avaient pris une grave décision un jour de novembre : ils s'étaient mariés en cachette et avaient passé quelques jours de bonheur. Mais il avait fallu revenir à la réalité puisque les parents d'Anna-Marion ne voulaient pas de ce mariage et leur défendaient strictement de vivre ensemble.

Oui, le jeune homme traînait derrière lui l'écharpe d'un grand souci. Il s'était marié à une jeune fille blanche à Sault-Sainte-Marie, malgré l'interdiction des parents de son épouse. Ainsi, il n'avait pas vécu un seul jour avec elle, malgré les années qu'il avait passées près d'elle en travaillant pour une importante compagnie de transport de minerai. Gabriel, devant ce refus sans raison, n'avait essayé de convaincre personne de son bon droit et il était parti le plus loin qu'il avait pu, fuyant à la fois sa souffrance d'homme et son rêve contrarié de jeune époux.

Il avait marché longtemps et cela ne lui déplaisait pas. Il pensait parvenir à l'été et, là, il retournerait vers le pays d'en bas et il se battrait pour reconquérir sa belle. Il savait que le père, riche et puissant responsable de la Compagnie du Nord-Ouest, le méprisait parce qu'il était Algonquin et qu'il refusait de se fixer définitivement. Par ailleurs, Gabriel aimait profondément le Nord, ce pays infini, ce pays indien où abondait la faune et où les arbres donnaient une immensité à l'âme, ce pays qu'il considérait comme le présent le plus parfait que son peuple lui ait transmis en héritage. Il en aimait le silence comme il appréciait sa beauté splendide. Il savait son bonheur de toujours l'arpenter en paix sans se presser.

Le kiwédin déchirait la nuit par des saccades successives.

« L'esprit du vent chante pour apaiser le cœur de l'homme... »

L'Algonquin s'étira avec lassitude. Il était déjà tard et il était fatigué, car la journée avait été longue, pleine de rebondissements si on entend par cela tous les inconvénients d'une route forestière non tracée, parcourue avec une lourde charge sur les épaules. Il sourit en lui-même en pensant aux prospecteurs et aux hommes qui auraient tant peiné à le suivre.

« Ils sont faibles comme des femmes... »

1 | L'enfance et l'enlèvement du petit de l'ourse

« *Le treize du mois de mars 1891 est né Gabriel Commandant, fils de Louison Commandant et de Manianne Tanaskon. Cet enfant a été baptisé le seize mai de la même année selon les rites de l'Église catholique romaine.* »

Le missionnaire oblat jeta un regard inquisiteur sur les deux adultes qui attendaient, accompagnés de leurs enfants qui se tenaient bien sagement en ligne, l'un derrière l'autre. Le bébé Gabriel avait fortement pleuré lorsque le prêtre lui avait versé l'eau sacramentelle sur le front. L'officiant avec un regard sévère avait commenté :

— C'est le démon qui proteste parce qu'on lui ôte à jamais cette âme...

Manianne avait eu la vision du Kôkôdji, géant cannibale, plus haut qu'un arbre, esprit malfaisant s'il en est, qui rôdait près de la tente lors de la naissance de son enfant. Est-ce que c'était là le démon dont parlait le missionnaire ? Louis, le père, quant à lui, trouvait le missionnaire bien téméraire de penser ainsi. Peut-être que les esprits de la forêt, assistés de sainte Geneviève-de-Brabant, avaient déjà purifié l'âme de son fils ? Mais avaient-ils ce pouvoir ?

Après la cérémonie, le prêtre avait demandé aux deux parents de signer dans le grand livre doré sur tranches, aux grandes feuilles bien lignées. Louison, qui ne savait pas écrire, avait mis le dessin schématisé d'une plume d'aigle, symbole de ses ancêtres, et Manianne, qui avait appris certains rudiments d'alphabet des religieuses du village, avait laborieusement tracé les lettres de son prénom et de son nom.

Avant de sortir de la sacristie, le missionnaire oblat avait fait sa dernière recommandation :

— Il ne faut pas rester dans le bois lorsqu'un enfant naît. Il faut le faire baptiser le plus rapidement possible, car jusqu'à son ondoiement il est la proie du démon des païens, ce qu'étaient vos ancêtres, des païens...

Louis Commandant aurait bien voulu protester, mais il jugea que ce n'était pas nécessaire. Il eut envie de poser une question qui lui traversa l'esprit : «Pourquoi nos pères faisaient-ils le bien, partageant entre eux le peu qu'ils avaient? Ils connaissaient le Grand Esprit, bien mieux en tout cas que nous le connaissons aujourd'hui, pourtant ils n'avaient pas été baptisés, missionnaire? Combien de fois n'avons-nous pas prié le Dieu qui habite en tout lieu pour qu'il nous protège et qu'il protège nos familles?» Mais l'Algonquin avait appris comme ses frères à se taire devant les Blancs qui sont pleins de suffisance et d'orgueil, qui croient avoir la vérité toujours et surtout qui ne répondent jamais vraiment aux questions. Louis Commandant savait aussi qu'avant l'arrivée des missionnaires les sorciers avaient beaucoup de pouvoir. Il se souvenait d'avoir entendu raconter que le dernier sorcier algonquin de la Gatineau avait vécu au XIXe siècle; il se nommait Passandjéwa, le fouetté, car lorsqu'il était en transe il semblait être fouetté par des êtres invisibles. Dans un élan de colère, il avait mis un «signe» sur un rocher à Maniwaki et ce signe signifiait danger.

Gabriel avait déjà été amené au chaman de Maniwaki, Théodore Wachinak, et celui-ci l'avait présenté aux esprits bienveillants de la forêt pour qu'ils le protègent toujours. Au moyen de la scapulomancie, pratique divinatoire basée sur la consultation d'une omoplate d'orignal passée au feu et en contemplant les lignes de fissures ainsi créées, le Sage avait eu cette réflexion :

— Ô Esprit, créateur du monde, j'entends ta voix dans le vent. Tu as donné le souffle de vie au petit Gabriel. Il vient vers toi comme l'un de tes nombreux enfants. Il marchera dans la forêt de ta beauté et fais que ses yeux voient toujours la forme majestueuse des nuages, les couleurs rouges des couchers et des levers de soleil. Permets-lui d'avoir de bonnes oreilles pour entendre ta voix, fais qu'il respecte tout ce que tu as créé. Fais-le sage pour qu'il comprenne ce que tu as enseigné à ton peuple et apprends-lui les choses que tu as cachées dans les herbes, les feuilles et la terre.

Si tu accèdes à ma demande, ô Esprit, Gabriel pourra alors paraître devant toi avec un regard droit et le corps en santé...

Puis le chaman de Maniwaki, après un long silence de réflexion, avait fait une autre prédiction.

— ... Je vois dans les lignes que son animal, Esprit, sera le renard, libre, indépendant et fier, ce que sera Gabriel, qu'il traversera plusieurs fois le territoire des Algonquins et installera son feu dans plusieurs endroits. Gabriel sera un arbre et la poussière des feuilles tombées se souviendra de lui longtemps après que son tronc aura pourri. Même s'il n'aura pas de descendance, bien longtemps après son départ pour le paradis algonquin, son souvenir sera constamment présent dans l'esprit des hommes du grand village dont il sera le premier habitant. Mais, pour cela, il faut qu'il porte le nom d'un guerrier qui commande... sans qu'il ait jamais à le faire.

À partir de ce jour, Louison et Manianne décidèrent que dorénavant le nom Commandant de leur fils Gabriel deviendrait *Commandant-qui-ne-commanderait-pas*[10]. Ce qui ne

10. Une note de Yvon H. Couture ne contredit pas cette thèse : « Gabriel se présente parfois comme Commanda ou Commonda lui-

changeait rien en fait, sauf dans leurs esprits. Les officiers du gouvernement n'auraient jamais permis aux Indiens de changer complètement leur nom. C'était une façon comme une autre de contrôler ces nomades dans tous les territoires administrés par le Dominion du Canada et par la Compagnie de la Baie d'Hudson ou du Nord-Ouest.

Louison savait d'où venait le nom Commandant, les Français nommaient les chefs de guerre capitaines ou commandants selon l'importance de leur prestige dans les rangs des guerriers amérindiens qui combattaient à leurs côtés contre les Anglais. Chef et commandant ne sont-ils pas des synonymes ?

✕ ✕ ✕

— Gabriel Commandant! Gabriel Commandant! hurla l'ourse en colère.

Le jeune Algonquin célébrait ses neuf ans en courant les bois tout au long de la journée. Il n'y avait pas une source qui ne lui ait donné de l'eau qu'il puisait avec sa main tachée de gomme de sapin ou dans un récipient fait avec de l'écorce de bouleau tel que le lui avait enseigné son père; il n'y avait pas un arbre qui ne l'ait vu passer, silencieux et déterminé, toujours en chasse ou aux aguets; pas un animal dont il n'ait sollicité l'attention.

Louis approuvait gentiment son fils quand il prétendait entendre parler les animaux et affirmait que lui-même leur tenait un discours. Manianne, quant à elle, en écoutant les récits étonnants de son fils, se disait que c'était un vrai

---

même. Il a été baptisé Commandant, mais sous l'influence anglophone du temps une transformation phonétique a dû s'opérer. Dans le registre du *Recensement des Indiens et Esquimaux du Canada* du département des Affaires indiennes de 1924, son nom est inscrit à la manière anglaise : « Commonda », de même que sur la croix de bois dans le petit cimetière de Maniwaki où il est enterré. Les vieux de Val-d'Or et de Chibougamau où Gabriel s'est illustré se souviennent de lui sous le nom de Commandant.

Algonquin et qu'il renouait avec la tradition des ancêtres qui savaient dialoguer avec les bêtes.

C'était le début de juin 1900, juste avant que les Commandant ne décident de redescendre vers la réserve algonquine de Maniwaki pour leur installation d'été. Gabriel était sorti pour ses expéditions journalières et il s'était enfoncé dans la forêt à quelque distance de la tente familiale. Il s'amusait avec un ourson, pas plus gros qu'un ours en peluche comme il les avait vus au magasin général situé près de la réserve en bas : il se demandait bien pourquoi les autres enfants aimaient s'amuser avec ces jouets sans vie. Il était bien plus intéressant de s'amuser avec un vrai. Le mignon petit ours avait eu le tort de trop s'éloigner de sa mère et Gabriel l'avait attiré avec un morceau d'attikameg[11] séché et fumé traînant toujours au fond de sa poche. Le petit animal s'affirmait déjà en geignant et en mordillant. Il tentait maladroitement de grimper sur le jeune Algonquin. Gabriel le renversa sur le dos au sol et le chatouilla sous le ventre; l'ourson sembla apprécier, mais il continua à vouloir échapper à la main du jeune Indien pour se hisser sur lui. Gabriel en riant le monta jusqu'à son cou où le petit s'installa, satisfait, tout en lui mordillant les oreilles et les cheveux.

La mère s'était levée debout. Derrière elle, curieux, son autre ourson l'imita.

— Gabriel Commandant ! Laisse aller mon petit !

— Tepiag'[12] ! Je ne lui fais pas de mal à ton bébé, répondit le gamin malicieux.

L'ourse se rassit en geignant. Comme toutes celles de son espèce, elle détestait prêter sa progéniture aux humains. Elle

---

11. Nom algonquin pour les corégones.

12. En langue algonquine ou mi'kmaq, Tepiag' signifie « ça va faire, c'est assez, c'est suffisant ». Par exemple, les anciens conteurs et les orateurs s'en servaient pour clore un récit ou un discours. (D'après Vivian Gray.)

n'aimait pas les odeurs étranges qu'ils laissaient sur leur passage : elles lui semblaient indéfinissables, menaçantes. Elle regarda avec inquiétude Gabriel qui s'éloignait avec son rejeton. Elle suivit à faible distance, coléreuse et agacée, n'osant toutefois pas courir et attaquer le ravisseur, de peur de faire mal à son petit. De plus, elle avait toujours sur les talons son autre ourson qu'elle ne voulait pas perdre de vue. Tout en marchant très rapidement, l'enfant jetait un regard espiègle derrière lui de temps en temps et par cet innocent manège réussit à amener la mère jusqu'à la tente. Devant l'habitation, un bon feu de sapin sec répandait une odeur pénétrante, ce qui inquiéta encore plus l'ourse. À quelque distance, Louis, assis sur un vieux tronc d'arbre, fumait tranquillement sa pipe, les yeux perdus dans une rêverie reposante.

— 'Pa ! 'Pa ! Regarde, j'ai trouvé un ourson dans le bois, pas loin d'ici, et la mère me demande de le lui remettre. Elle me parle, tu sais.

Louison tira une bouffée sans répondre. Il examina le petit ours et jeta un œil soucieux vers la mère. Mais, en bon Algonquin, il décida de laisser son jeune fils apprendre par l'expérience et il ne dit mot. Il attendrait un moment propice et lui aussi parlerait à l'ourse : elle l'écouterait en dandinant la tête et elle accepterait son explication, mais il ne fallait surtout pas la brusquer, elle était aussi imprévisible que la terre qui l'avait vue naître et elle ne supportait pas d'être contrariée.

L'ourse, que la proximité d'une habitation humaine rendait encore plus agitée et nerveuse, se leva sur ses pattes arrière et lança un grognement de colère, tout en avançant, menaçante.

Gabriel lui répondit par un *pikan* retentissant, un mot de moquerie et de défi enfantin. La bête, furieuse, s'apprêtait à charger au moment où Manianne sortit de la tente. Voyant le danger, elle se précipita sur son fils, lui enleva l'ourson et vint prudemment le déposer à quelques mètres de l'ourse qui, aveuglée par la rage, s'avança vivement en se dandinant. Le geste de l'Algonquine pourtant la laissa un moment interdite et la calma presque; elle jeta un regard reconnaissant à Manianne, se remit sur ses quatre pattes, se précipita sur son petit, l'enleva prestement d'une patte, le serra contre elle, et en s'enfonçant dans les bois au pas de course, suivie de son autre petit, elle continua à se plaindre rageusement :

— Je m'en vais, je m'en vais, Gabriel Commandant, et j'espère qu'à l'avenir tu me laisseras tranquille avec mes petits!

Manianne, pinçant affectueusement une oreille de son jeune fils, lui recommanda :

— Fais attention aux ourses, elles agissent sans discernement quand on leur enlève leurs petits.

— Tu sais, maman, elle connaît mon nom...

Manianne savait que son fils disait vrai. Les animaux ont bien plus d'intelligence qu'on leur en suppose. Elle montra à Gabriel un nuage blanc dans le ciel qui avait pris la forme d'une ourse.

— Tu vois, l'esprit de Makwa nous remercie d'avoir libéré un de ses enfants...

2 | Les études enfantines

L e père Frédéric Guertin, prêtre déjà âgé, oblat de Marie-Immaculée, aimable et bon pédagogue, ci-devant mission-naire attaché à la paroisse de L'Assomption et à la mission algonquine de Maniwaki, regardait d'un air amusé le jeune Algonquin qui lui faisait face.

— Ainsi, Gabriel Commandant, tu es descendu du bois et tu vas faire ta première communion. Es-tu prêt?

Timide, l'enfant se demanda ce qu'il fallait répondre.

— Tu sais, Jésus va venir en toi.

— Est-ce qu'il va me faire mal en entrant puisqu'il va prendre de la place?

Le prêtre s'esclaffa :

— Gabriel! Tu es vraiment drôle. Tu prends au pied de la lettre tout ce qu'on te dit.

L'enfant ne comprit pas avant que le prêtre lui explique ce que signifiait recevoir Jésus dans son cœur. Il gardait quand même quelques interrogations.

— ... c'est comme quand je mange de la perdrix, elle devient ma viande après la digestion, mon père.

— Si tu veux, mon petit Gabriel, mais pas tout à fait quand même, pour la bonne raison que toi tu parles du domaine physique, alors que Jésus vient en toi dans le domaine spirituel. Par ton esprit, tu penses, n'est-ce pas? Eh bien, Jésus est dans le domaine de ton esprit, il est toujours avec toi, dans ton âme, sœur et associée à ton esprit.

— Est-ce que ça veut dire que l'on digère l'hostie avec son âme plutôt qu'avec son estomac?

Le père Guertin se prit la tête à deux mains d'embarras.

— Seigneur! Gabriel Commandant que tu as des raisonnements compliqués! Ça veut toujours dire que tu es intelligent pour tes 9 ans. Fais-moi une faveur: n'essaie pas de comprendre tout cela d'un coup, ça va venir avec le temps et ton développement intellectuel...

Ensuite, l'oblat l'interrogea sur les questions et réponses du Petit Catéchisme de la province de Québec. Manianne avait passé des heures à les lui apprendre.

— Pourquoi Dieu t'a-t-il créé?

Les yeux de Gabriel s'éclairèrent.

— Dieu m'a créé pour le connaître, l'aimer et le servir en ce monde, et pour être heureux avec lui dans le ciel pendant l'éternité, lança Gabriel, content de son excellente mémoire.

— Si tu retiens seulement cela, tu te prépares à une belle vie, celle-ci et l'autre, murmura le prêtre, un instant songeur.

Le pasteur était vraiment satisfait de la perspicacité de l'enfant. Gabriel comprenait bien lorsqu'on lui expliquait et il adorait les histoires comme celle de saint Augustin qui, se promenant sur le bord de la mer, essayait de déchiffrer le mystère de la Trinité, c'est-à-dire Dieu en trois personnes, le Père, le Fils Jésus et le Saint-Esprit. C'est alors qu'il vit un tout jeune enfant qui, après avoir fait un petit trou dans le sable avec une coquille, allait chercher de l'eau à la mer et essayait de le remplir, mais l'eau disparaissait aussitôt. Augustin s'approcha et il demanda au petit:

— Qu'est-ce que tu essaies donc de faire?

— Je mets toute l'eau de la mer dans ce trou.

Augustin lui fit remarquer:

— Mais tu ne réussiras jamais. Tu vois bien que l'eau disparaît au fur et à mesure que tu le remplis.

— Ce ne serait pas plus difficile de mettre toute l'eau de la mer dans ce trou que de comprendre le mystère de la sainte Trinité.

Et l'enfant disparut aux yeux étonnés d'Augustin. Celui-ci comprit qu'il avait eu affaire à un ange envoyé par Dieu pour lui faire la leçon : il était vain d'essayer d'élucider un mystère.

— Tu sais ce que c'est qu'un mystère, Gabriel ?

— Oui, mais moi je n'aurais pas été aussi pékan que d'essayer de mettre l'eau d'un lac dans un trou de sable !

Le prêtre ne put s'empêcher de sourire.

— Voyons, Gabriel, ce n'est qu'une histoire pour faire comprendre certaines choses difficiles...

— Elle n'est pas croyable. Pourquoi saint Augustin ne connaissait pas le nom de cet enfant ?

— Parce qu'il ne l'avait jamais vu ; c'était un ange que Dieu lui envoyait.

— Pourquoi nous, nous n'en voyons jamais des anges ?

L'oblat regarda le jeune garçon et répondit sans grande conviction :

— Peut-être parce que nous n'essayons pas, nous, de comprendre le mystère de la sainte Trinité... Et ce sont de purs esprits.

— Ça veut dire quoi « purs esprits » ? demanda le garçon en fixant ses yeux interrogateurs sur le prêtre.

— Ça veut tout simplement dire qu'ils n'ont pas été créés pour être unis à un corps. Et parce qu'ils sont bons pour nous, ils connaissent le bonheur dans le ciel.

Gabriel sembla songeur, il regardait par la fenêtre.

— À quoi penses-tu donc, Gabriel ?

— Mon père, je crois que je viens de résoudre un mystère, lança l'enfant, les yeux brillants, mais un peu mal à l'aise.

— Eh bien, fais m'en part, je te dirai ce qui en est.

Gabriel hésita un peu, mais il finit par dire :

— Je crois que... les nuages... sont les crottes des anges.

Le père Guertin, un instant interdit, finit par éclater d'un gros rire sonore.

— Gabriel! Gabriel! Tu réfléchis trop, mais je dois avouer que je te trouve bien drôle. Continue d'être amusant et spontané. Bon, c'est tout pour aujourd'hui, conclut le prêtre. Va jouer dehors avec tes petits camarades.

3 | Sous la tente maternelle

Manianne sortait souvent un livre à la couverture de toile noire aux caractères bien lisibles, aux pages de papier glacé, presque trop brillant. Au bas de certaines d'entre elles, il y avait parfois des traces de doigts et aussi des traces d'humidité car, malgré toutes les précautions, il n'était pas toujours aisé de préserver le précieux bouquin de toutes les gouttes de pluie et des mouillures des sacs de toile déposés sur le sol ou sur la grève d'un lac. L'Algonquine avait acheté à l'épicerie de Maniwaki du papier ciré – avec lequel d'habitude on enveloppait la viande pour empêcher le sang de dégouliner et pour la préserver – et, par ce moyen rudimentaire, elle avait, en l'enveloppant soigneusement, réussi à préserver le livre à travers toutes ces années, car il y avait bien longtemps qu'elle l'avait reçu des mains du missionnaire. Pieuse, elle avait bien étudié la religion. Au début, les sœurs du couvent de Maniwaki, avec beaucoup de bonté, avaient enseigné à Manianne à distinguer le mystère des lettres et des mots dans ce livre même, car elle ne passait que quelques mois par été en bas, au village, et elle avait peu de temps à consacrer à cet exercice; elle devait prendre soin de ses enfants. Elle avait finalement avec patience et application appris à lire, laborieusement. C'était un bonheur pour elle de découvrir de nouveaux mots. Elle les notait

41

soigneusement et, si elle n'en devinait pas la signification, elle les apportait quand elle descendait à Maniwaki chez les sœurs qui lui en révélaient le sens. Dotée d'une mémoire exceptionnelle, elle les retenait et les mémorisait.

✗ ✗ ✗

Un matin d'hiver, alors qu'il neigeait dehors, elle s'approcha des parois de la tente et dans la lumière imprécise commença à lire tranquillement. Puis, prise par le texte, elle se mit à le réciter à voix haute:

« Il y a de cela bien des siècles, l'Évangile apporta en Allemagne sa lumière et sa douceur aux rudes coutumes de ses habitants. Ce pays, encore à l'état sauvage, fut transformé par l'œuvre des confesseurs du christianisme. Il se civilisa, les forêts devinrent des champs aux moissons dorées et des jardins fleuris. C'est à cette époque que vécut le très noble duc de Brabant...[13] »

Elle se mit à lire avec tellement d'ardeur qu'elle en oublia le temps. Tout à coup, elle entendit la voix hésitante de Gabriel:

— ... Golo lui... dé...crocha... un re...gard... fu...rieux, et pâle... de... ra...ge, se reti...ra... en ra...bat...tant avec vio...len...ce la lour...de por...te de fer...

Elle se retourna et vit son fils penché sur son épaule.

— Où as-tu donc appris à lire?

— Avec le père Guertin, dans mon livre de messe, l'été passé. Maman, tu me le passeras, ton livre?

Manianne était fière de son fils. Et Gabriel le lui rendit bien. Toute la saison d'hiver, après avoir accompagné son père à la chasse et à la visite des pièges, Gabriel, en autant que la lumière était suffisante et parfois à la lumière du fanal à l'huile, lisait longuement dans le livre de sa mère.

Au printemps, quand il redescendit à Maniwaki, il n'eut d'autre hâte que d'aller voir le père Guertin qui l'entendit, étonné et admiratif, réciter par cœur l'histoire de Geneviève de Brabant. Le jeune garçon venait tout juste d'avoir 10 ans.

---

13. Geneviève de Brabant, C. Schmid, éditions S.A.I.E., Paris, 1904.

Après consultation avec ses supérieurs, l'oblat décida de garder Gabriel au village pour lui apprendre la grammaire française et quelques rudiments d'humanités grecques et latines. Le père Guertin aurait pu se dire que ces langues n'avaient aucune importance pour un jeune Indien, mais il n'était absolument pas raciste et il était surtout convaincu qu'un enfant aussi intelligent que Gabriel pouvait comme n'importe quel enfant blanc apprendre le grec et le latin : c'est une culture qui n'est pas réservée à un peuple au détriment d'un autre. L'oblat avait de l'aide, car cinq prêtres missionnaires séjournaient occasionnellement à Maniwaki entre deux missions, soit chez les Indiens de l'Abitibi soit dans les chantiers de la Gatineau ; ces hommes nomades se faisaient sédentaires pour un moment et ils n'hésitaient pas lorsqu'ils étaient sur place à faire bénéficier les jeunes garçons des alentours et les jeunes Algonquins qui le désiraient de leur culture et de leur savoir. Doté d'une mémoire vive et d'une intelligence exceptionnelle, le jeune Gabriel Commandant fut bientôt en avance sur ses propres petits camarades blancs plus âgés que lui et qui suivaient aussi les cours à l'école du village. Le père Guertin surtout éprouvait beaucoup de contentement des progrès de Gabriel. Il avait une préférence marquée pour le jeune garçon qui démontrait non seulement de la bonne volonté, mais aussi un souci d'apprendre peu ordinaire.

Mais le plus grand plaisir de Gabriel, c'était de réciter par cœur l'histoire de Geneviève de Brabant. À peine se mêlait-il dans quelques épisodes. Qu'y avait-il donc de si prenant dans ce récit qui tenait plus de la légende que de la religion pour que deux Algonquins, mère et fils, perdus au fond d'une forêt canadienne, s'y intéressent tant ? Sainte Geneviève de Brabant avait vécu seule avec son jeune fils dans une forêt où l'avait exilée le cruel intendant du château après le départ du comte de Brabant pour une conquête lointaine. Elle ne cessait de remercier le créateur qui avait mis à sa disposition des fruits sauvages, des racines pour la nourrir et des animaux dont elle se vêtait de la peau pour ne pas périr de froid. C'est sans doute cet épisode qui plaisait tant à Manianne Tanaskon et aux Algonquins qui fréquentaient les missionnaires oblats de la réserve du grand lac Désert.

4 | Les études à Maniwaki (1901-1904)

Le père Guertin convainquit la famille Commandant de laisser Gabriel à Maniwaki pour qu'il puisse l'instruire dans la religion et dans l'écriture, car il vit bien qu'il aimait la lecture et qu'il montrait des dispositions fort peu communes chez les jeunes de son âge. Gabriel venait tout juste d'avoir dix ans et demi.

L'hiver 1901-1902 fut donc particulièrement difficile pour Gabriel qui était en pension dans une famille. Non qu'on le privait de quoi que ce soit, mais il pensait à ses parents, à ses frères et sœurs. Il rêvait de grandes randonnées en forêt, de la chasse, de la trappe. Il s'en ouvrit au père Guertin.

— Père, je m'ennuie. Je voudrais retourner avec mes parents.

L'oblat comprit aussitôt. Lui-même aimait beaucoup plus ses voyageries de missionnaire que l'installation dans un lieu précis. Même s'il aimait beaucoup le ministère dans la réserve algonquine de Maniwaki, il lui pesait d'être attaché à un établissement et il comprenait bien Gabriel et son désir de liberté. Il songea un instant à l'accompagner jusqu'aux terres de trappe de son père, Louis, pour rejoindre la famille. Mais ce n'était pas très réaliste de s'enfoncer dans les bois, en plein hiver, dans la neige, avec un garçon si jeune, aussi débrouillard fût-il. C'est pourquoi il se résolut à essayer de convaincre Gabriel :

— Il vaut mieux que tu finisses ton année scolaire. Au printemps, on verra.

Et il s'employa au cours des mois suivants à distraire Gabriel en l'aidant dans ses travaux intellectuels et en le dirigeant dans ses lectures. Lorsqu'il avait des courses à faire pour aller rencontrer des familles éloignées, il emmenait l'enfant qui n'avait pas son pareil pour conduire les chiens et le traîneau.

5 | Premier départ (1906)

L e printemps 1906 avait été particulièrement beau. La neige d'avril avait très vite disparu sous le chaud soleil et mai s'annonçait particulièrement agréable comme température. Les bourgeons étaient au moins deux semaines plus en avance que d'habitude. Fin mai, la forêt était si sèche qu'on ne pouvait plus allumer de feu sans danger.

Les Commandant s'étaient installés près d'un lac, assez loin de toute civilisation, et ils n'étaient pas pressés de reprendre leur quartier d'été à Maniwaki. Pour les Algonquins, l'été est la saison sacrée des cueillettes et du repos. On ne pensait plus à la trappe et à la chasse. On se contentait de vivre au jour le jour sans se soucier du lendemain.

C'est alors que courut le bruit que le feu prenait son dû à la forêt. Il éclatait soudainement et rasait de grandes superficies, puis s'arrêtait brusquement comme il était apparu.

Tout le monde autour de Maniwaki était inquiet. On avait peur qu'un éclair ne déchaîne un incendie qu'on ne pourrait plus contrôler. Les gouvernements provincial et fédéral suivaient la situation de près. Mais, par miracle, rien ne se produisit et le mois d'août déclencha des orages qui soulagèrent la terre et les hommes.

Gabriel venait d'avoir 15 ans et il se montrait habile dans les travaux les plus divers. Puis, il commença à être songeur. Il écoutait les histoires que des hommes, Indiens et Blancs, rapportaient du Sud. Le travail se trouvait facilement et les salaires étaient bons, surtout à Sault-Sainte-Marie, en Ontario, où la pêche et les travaux divers demandaient de la main-d'œuvre.

Un soir du début de l'automne 1906, Gabriel parla longuement avec son père qui l'écouta en silence, tout en fumant sa pipe. L'adolescent voulait partir, aller explorer le vaste monde. Il ne voulait pas rester sur la réserve et, à son âge, il était déjà assez autonome pour trouver du travail. Ce n'était pas rare qu'un Algonquin parte pour une saison ou deux et revienne au bout de ce temps pas plus riche qu'il n'était parti, car on payait peu les Indiens : c'était dans la mentalité de l'époque. Par contre, ils étaient plus libres que les Blancs dans les travaux qu'on leur confiait. Les compagnies du Nord-Ouest et de la Baie d'Hudson achetaient le poisson pêché par ceux qu'on appelait sous l'influence de l'anglais les «natives», reconnus pour leur habileté dans ce domaine.

Gabriel Commandant avait atteint l'âge où l'on engageait les jeunes hommes aussi pour les travaux dans les usines ou dans l'exploitation des ressources naturelles. Les Indiens servaient aussi souvent de guides dans les pourvoiries que fréquentaient assidûment les Américains et les riches Canadiens.

6 | Anna-Marion, le grand amour

G abriel tourna la tête. Elle était là, dans l'église, trois bancs derrière le sien et il ne voyait plus qu'elle. Sa blondeur et sa beauté presque irréelle lui firent battre le cœur encore plus vite. Pendant qu'il l'observait discrètement, elle lissa ses cheveux de sa longue main plus habituée aux travaux fins qu'à ceux que la plupart des femmes avaient coutume d'exécuter dans une maison, et ce simple geste le troubla encore plus. Il ferma les yeux et se perdit dans son rêve.

«... Per evangelica dicta deleantur nostra delicta...»

La voix du célébrant lui parut très lointaine et il perdit le fil plusieurs fois de suite.

« L'acte de foi plaît à Dieu parce qu'il est l'assentiment à sa parole et révèle, ainsi, l'acte de confiance et justement cet acte de confiance ne peut que toucher Dieu au plus intime de son cœur. Supposons un enfant perdu dans la forêt; la nuit arrive, l'orage gronde. Seul, il a peur. Un homme arrive; l'enfant égaré s'adresse à lui: "Monsieur, j'ai peur, donnez-moi la main pour trouver ma route malgré la nuit. Monsieur, j'ai confiance en vous ..."»

Du regard, le prêtre scruta la foule. Tous semblaient écouter attentivement, sauf Gabriel Commandant. Le jeune Algonquin ne prêtait plus attention à ce qui se passait à l'avant. Le visage légèrement tourné, il n'avait d'yeux que pour Anna-Marion, la fille du marchand Joseph-Théodule Larouche-Saint-Sauveur.

« Il va falloir que je lui parle », songea le prêtre en quittant la chaire pour aller continuer la messe. Lui aussi fut distrait tout le reste du saint sacrifice. Il aimait Gabriel Commandant et il le comprenait, lui que son ministère avait tant de fois mis en contact avec des Indiens. Il se sentait à l'aise avec ces gens pleins de générosité et d'ouverture. Commandant cependant lui avait toujours paru plus intéressant, d'abord par sa culture qui surpassait de beaucoup celle de la plupart des Blancs et par la candeur de son esprit. C'était un être ouvert à la connaissance, il se liait d'amitié avec des gens de toutes provenances. L'abbé Gérard Ostiguy le savait aussi libre, indépendant et fier.

Le presbytère de la paroisse du Précieux Sang de Sault-Sainte-Marie sentait la cire fraîchement appliquée sur le plancher de bois et il y régnait un silence pesant. Gabriel se dit qu'il ne pourrait jamais vivre dans un pareil endroit. Trop de propreté est aussi désolant que trop de saleté. Il se souvenait trop bien de la petite chambre où il prenait pension dans une famille, alors qu'il étudiait chez les oblats de Maniwaki où il s'était tellement ennuyé malgré son goût pour les études.

Le prêtre toisa le jeune homme, gauche mais souriant, plus habitué à marcher dans la forêt qu'à se tenir droit devant un interlocuteur. « Mon Dieu qu'il est grand ! », constata le curé en lui-même en contemplant le jeune homme debout en face de lui.

— Veux-tu t'asseoir, Gabriel, suggéra aimablement le prêtre en lui indiquant un siège.

Il vit bien que Gabriel n'était pas à son aise. Aussi se dépêcha-t-il à engager la conversation :

— Eh bien, tu n'es pas venu souvent me voir ces derniers temps... Heureusement que j'ai eu l'idée de te faire venir...

Gabriel perçut un léger reproche dans le ton de la voix. Il resta silencieux.

— Tu es un jeune homme exceptionnel. Ton origine algonquine ne t'a pas empêché de t'instruire et de posséder un excellent bagage. Les oblats de Maniwaki ont fait du beau travail dans ton cas. Comme eux, j'avais espéré que tu deviennes prêtre. Oui, nous avons espéré que tu deviennes un ouvrier dans le champ du Seigneur...

Gabriel sentit le besoin de s'excuser:

— Vous savez bien, monsieur Ostiguy, que je n'ai pas la vocation. Je suis un Algonquin, donc un chasseur et un pêcheur. J'aime plus que tout me retrouver dans la forêt sur mes terrains de chasse et de pêche. Je mourrais de langueur et d'ennui dans un séminaire... Son œil pétilla... ou dans une cure...

L'abbé fit semblant d'ignorer l'allusion, il soupira:

— Je sais, je sais. Tu .serviras Dieu ailleurs et j'ai bien l'impression... qu'il va falloir te marier avant longtemps.

Il jeta un regard amusé sur le jeune homme qui parut très troublé. Le curé Ostiguy était un homme plein d'humour et d'humanité; il savait exploiter les situations pour en rire et détendre l'atmosphère. À une époque où l'on prenait tout au sérieux, surtout dans les affaires religieuses, il était bon de savoir en prendre et en laisser. Pour cette raison, c'était un prêtre que les gens aimaient parce qu'ils le sentaient proche d'eux. Gêné, Gabriel ne put que balbutier:

— Je... je...

— Voyons, Gabriel, tu n'as pas à t'excuser. Tu es en amour et ça paraît. On nomme Dieu «Nature» dans ces cas-là. Tu sais ce qui est le mieux pour toi. C'est très bien ainsi. Il n'est pas bon que l'homme soit seul. Dieu a créé l'homme et la femme pour se compléter. Il n'y a rien de plus beau. C'est un appel si puissant qu'il en est presque divin.

Soulagé, Gabriel leva les yeux sur le prêtre qui souriait.

— Qui est l'heureuse élue?

— Qui vous a dit qu'il y avait une personne dans ma vie ? avança le jeune homme dans l'espérance de noyer le poisson.

— Gabriel Commandant, n'essaye pas de m'en passer ! Je t'ai observé dimanche pendant mon sermon.

— Vous la connaissez donc ? demanda Gabriel, fort intimidé.

Le curé se mit à jouer avec un coupe-papier.

— Par hasard, ne s'agirait-il pas d'Anna-Marion Larouche-Saint-Sauveur ?

Gabriel, très embêté, fit signe que oui.

Monsieur Ostiguy resta silencieux un long moment.

— Ce ne sera pas facile. Son père est riche. Elle a reçu une excellente éducation. Les religieuses ursulines de Montréal ont fait du beau travail dans son cas. Car tu sais que ce sont des gens venus du Québec.

Gabriel s'agita sur sa chaise.

— Peut-être voulez-vous sous-entendre qu'elle est trop bien pour moi ? J'ai 19 ans, je suis un Sauvage, comme on dit, et je n'ai peut-être pas les belles manières qu'il faut...

Le prêtre s'indigna :

— Gabriel Commandant ! Tu sais bien que les prêtres de Maniwaki t'ont donné une belle éducation, tu as appris le latin et les bonnes façons pour bien te conduire en société. Tu sais combien je t'apprécie. Tu es un jeune homme bien et il ne me viendrait pas à l'idée de penser un seul instant que tu ne pourrais pas prétendre à un tel parti. Mais il faut pourtant considérer la réalité en face. Il s'agit d'une jeune fille de bonne famille. Monsieur Larouche-Saint-Sauveur, comme tu le sais, est venu de Montréal pour s'établir à Sault-Sainte-Marie, car il a été engagé en tant qu'homme de confiance pour représenter la Compagnie du Nord-Ouest dans l'achat et dans la vente des fourrures.

— J'en sais quelque chose, soupira Gabriel : je lui vends mon trappage depuis au moins trois ans. Il me dit toujours que je suis un excellent trappeur ; mes peaux de belettes, de castors, de loutres, de loups, de pékans, de renards sont d'après lui les plus belles, les mieux nettoyées qu'il achète. C'est un homme dur en affaires et il s'arrange toujours pour payer en bas du prix que j'aurais à Montréal et à Toronto. Mais il m'évite le voyage, alors...

Le prêtre réfléchissait. Soucieux, il choisit d'exprimer le fond de sa pensée :

— Ce sera dur de le convaincre qu'un garçon comme toi serait un bon parti. Ce qui joue en ta faveur, c'est que tu as dépassé 19 ans. Tu es donc sérieux si l'on pense que la plupart des jeunes hommes aujourd'hui se marient vers 16 ou 17 ans. De plus, je crains la réaction de l'épouse, madame Adélaïde Larouche-Saint-Sauveur. Elle aurait bien voulu que sa fille épouse le jeune avocat Tommas LeSieur, le fils du juge. Mais celui-ci n'était sans doute pas intéressé car il est parti à Toronto, l'année dernière, travailler dans une grande étude d'avocats et, selon ce que j'ai appris, il s'est marié avec Sarah Goldstein, la fille d'un bâtonnier réputé d'origine juive.

— J'en ai entendu parler... Comment devrais-je m'y prendre pour demander la main d'Anna-Marion, monsieur le curé ?

L'abbé resta songeur un long moment.

— Écoute, Gabriel, si tu me le permets, je vais faire les premiers pas pour ne pas effaroucher la famille.

— J'ai grande confiance en vous, monsieur Ostiguy. Quand le père Guertin de Maniwaki a su que je venais ici à Sault-Sainte-Marie, il m'a recommandé de venir vous voir et je ne l'ai jamais regretté. Même si je passe de longs mois dans mes terrains de chasse et de pêche, je suis toujours heureux, quand j'arrive ici, de vous visiter. Bien des fois, vos conseils m'ont été précieux.

— Je te remercie, Gabriel, de me parler ainsi. Il est vrai que je te trouve sympathique et beaucoup plus ouvert d'esprit que bien des jeunes, Indiens ou autres, à qui j'ai affaire. Crois bien que je ferai tout mon possible pour que tu puisses demander la main de cette jeune demoiselle.

⚔ ⚔ ⚔

Le curé Gérard Ostiguy était assis devant le marchand. Il se sentait ennuyé dans le fauteuil trop confortable où on l'avait fait asseoir dans la grande pièce décorée richement. En face de lui, Joseph-Théodule Larouche-Saint-Sauveur avait un regard sans limpidité et il emplissait de ses formes rondelettes le lourd fauteuil Renaissance. C'était un homme dont l'éducation semblait être artificielle. Il n'y avait rien de naturel en lui, c'était ce qu'on appelle un parvenu. Le prêtre finit par entrer dans le vif du sujet après des échanges de politesse qui ressemblaient bien plus à une joute intellectuelle qu'à de la bienséance. Tous les deux, conscients de leurs zones d'influences sociales respectives, étaient intéressés à faire la meilleure impression possible et surtout à imposer leur point de vue.

— Vous savez sans doute, monsieur Larouche-Saint-Sauveur, que votre fille est en âge de se marier.

Le marchand lui jeta un regard de biais, plein de curiosité.

— En effet, elle va sur ses 17 ans. Mais en quoi cela vous concerne-t-il? Vous avez quelqu'un à nous proposer?

Le prêtre prit quelques secondes avant de répondre.

— Vous connaissez sans doute Gabriel Commandant...

— Vous voulez parler de l'Algonquin qui demeure au Sault quelques semaines par année?

— Je veux parler de ce grand jeune homme, en effet.

Monsieur Larouche-Saint-Sauveur se leva et alla chercher, sur un guéridon, sa pipe et une blague à tabac. Il revint s'asseoir en demandant au curé Ostiguy:

— Ça ne vous dérange pas que je fume?

— Pas du tout, d'autant plus que la pièce est assez grande qu'il est douteux que je sente quelque chose... répondit le prêtre avec une certaine malice dans la voix.

Le marchand, plutôt flatté, tira quelques bouffées avant de reprendre la conversation :

— Ce Gabriel Commandant n'apporte pas grand-chose; il n'a pas de travail régulier et il passe de longs mois en forêt. Je ne vois pas comment ma fille, qui est de santé fragile, pourrait se faire à cette vie.

— Je crois savoir que la question se pose autrement. Elle s'adaptera, c'est dans le rôle de la femme.

Le marchand était contrarié, de toute évidence. Il aurait souhaité que le prêtre n'aborde pas le sujet aussi directement. Par ailleurs, sa fille était plus qu'en âge de se marier, elle ne pouvait pas se permettre d'attendre encore trop longtemps, sinon elle finirait vieille fille. Ce qui signifiait qu'elle resterait probablement célibataire toute sa vie.

— Laissez-moi réfléchir, je vais en parler à Adélaïde. Je regrette que mon épouse se soit absentée, elle est partie à Montréal pour quelques semaines. D'ailleurs Anna-Marion l'accompagne. Elles vont s'acheter des toilettes et des choses que l'on ne peut pas se procurer ici à Sault-Sainte-Marie. Les marchands anglais d'ici ont si peu d'imagination quand il s'agit de la mode...

L'abbé ne releva pas l'allusion. Il se fichait pas mal de la mode. Pour lui, tout ce qui comptait, c'est qu'il y avait aussi parmi ses ouailles des Canadiens anglophones qui étaient catholiques. Presque tous étaient des commerçants prospères. Comme prêtre, il avait appris à juger le moins possible et il gardait pour lui ses opinions de peur de heurter ses interlocuteurs.

✗   ✗   ✗

Quelques semaines plus tard, impatient, Gabriel passa outre aux conseils du curé Ostiguy et se présenta chez les Larouche-Saint-Sauveur. Il fut reçu froidement par une vieille servante qui le toisa de la tête aux pieds avec un dédain évident; elle finit toutefois par aller l'annoncer à ses maîtres. L'Algonquin attendit dans le boudoir tapissé de roses de velours aux couleurs guillerettes. Pour cette raison, il pensa que la décoration de cette pièce avait été choisie par Anna-Marion. Il entendit qu'on interprétait une pièce musicale au piano. Quelqu'un dans le salon jouait avec une suavité céleste. Gabriel par instinct aimait la musique et il avait une certaine connaissance des principaux musiciens classiques dont il avait entendu parler à Maniwaki, pendant tout un été, par un frère oblat très érudit qui, dans la vie séculière, avant d'entrer en religion, avait été un grand musicien et un savant professeur de musique.

La servante revint et lui indiqua la porte de la pièce. Gabriel entra et il se trouva immédiatement en présence d'Adélaïde, la mère, et d'Anna-Marion, la fille.

Gabriel fut de nouveau ébloui par la beauté d'Anna-Marion. Il ne s'était pas trompé sur sa beauté. Comme c'était la première fois qu'il se trouvait en sa présence, qu'il la voyait de si près, il fut grandement impressionné par la finesse de ses traits. Il commença par offrir un paquet de papier brun ciré à madame Larouche-Saint-Sauveur.

— Je reviens du bois et avant hier j'ai tué quelques chevreuils. Je vous en apporte.

Adélaïde Larouche-Saint-Sauveur considéra avec dégoût le paquet taché de quelques traînées de sang séché. Elle appela la servante et lui indiqua d'apporter la viande à la cuisine. Tout comme son mari, elle aimait bien manger, ses formes boulottes en témoignaient, mais elle détestait voir la nourriture avant sa transformation et elle ne mettait pas les pieds dans la cuisine. Elle menait une vie oisive de grande dame et portait peu d'attention aux contingences de la vie, la fortune de son mari la mettant à l'abri de toutes ces banalités.

Elle toisa le jeune homme de la tête aux pieds avec insistance. Son odeur surtout lui était désagréable, une odeur d'homme habitué à vivre dans la grande nature.

— Peut-on savoir le motif de votre visite ?

Gabriel aurait voulu se trouver deux mètres sous terre plutôt que d'entrer aussi rapidement dans le vif du sujet, mais, après un regard vers Anna-Marion qui lui souriait, il décida de plonger.

— Madame, je voudrais avoir la permission de fréquenter votre fille...

Un silence lourd commença à peser sur les trois personnages qui se trouvaient dans le salon. Anna-Marion toussa de trouble et madame Larouche-Saint-Sauveur, interloquée, dévisagea le jeune homme avec un étonnement évident. Elle prit sa voix la plus sèche :

— Mon mari m'en a glissé un mot, mais je n'aurais jamais cru que vous iriez si vite en affaires...

Gabriel, pétrifié de gêne, quêta une aide du côté d'Anna-Marion. La jeune fille, troublée elle aussi, tenait les yeux baissés et semblait suivre les motifs alambiqués du tapis persan, à ses pieds. Elle finit par lever les yeux, car personne ne parlait plus. Ses pupilles d'un bleu de faïence détaillèrent le jeune homme avec une curiosité intéressée. Elle dit d'une voix hésitante :

— Mère, il serait bon que je dise mon mot...

— Avec mon accord et celui de votre père, bien sûr, coupa sèchement Adélaïde.

Mais Anna-Marion ne l'entendait plus. Elle se leva, vint jusqu'à Gabriel et, avec désinvolture, plaça sa main dans la sienne. Le cœur de Gabriel fondit quand les beaux yeux bleus lui transpercèrent l'âme. Il entendit des chants d'oiseaux, il se revit par une très belle journée de printemps, l'air était doux, la forêt chantait de toutes ses fibres la joie de la vie qui revenait.

Gabriel sentit une chaleur monter dans sa poitrine comme s'il avait la fièvre. Ses yeux se brouillèrent et il aperçut comme à travers un léger brouillard le visage fin d'Anna-Marion. Elle lui parut la délicatesse même. Ses traits pleins de finesse et la blancheur de sa peau lui firent espérer qu'elle serait sienne un jour. Il pouvait tout à coup imaginer qu'elle accepterait de l'accompagner dans ses pérégrinations sur son terrain de chasse et de pêche.

Il baissa les yeux de gêne et tout ce qu'il vit, c'était le revers de la main de la jeune fille; il fut surpris par la couleur foncée de sa propre peau. Il se rappela que, lorsqu'il était enfant, son père Louis Commandant lui racontait une légende naïve et amusante : la peau brune des Indiens était due au fait que le Créateur, les ayant façonnés comme des galettes, les avait un peu oubliés dans le four céleste et qu'ils avaient un peu trop cuit. Cette légende n'était pas proprement algonquine, mais on la racontait quand même pour expliquer pourquoi les humains étaient de diverses couleurs de peau. C'est l'homme noir qui était demeuré un peu trop longtemps dans la fournaise céleste (de là la couleur sombre de sa peau), tandis que l'Anishinabé était cuit juste à point, d'où la couleur brune de sa peau.

— Je t'en prie, Anna-Marion, un peu plus de réserve !

La voix menaçante d'Adélaïde le tira brusquement de sa rêverie heureuse. Anna-Marion était toujours devant lui, plus belle que tout au monde. Elle fit quelques pas en arrière pour obéir à sa mère. Elle souriait toujours timidement à Gabriel et, dans un geste pudique, elle retira sa main de la sienne. Gabriel sentait une douce chaleur dans la paume là où le contact avait eu lieu.

Encore la voix autoritaire de la mère :

— Bon, jeune homme, vous pouvez prendre congé. Je vous ferai avertir quand mon mari sera prêt à vous recevoir... Et elle ajouta comme pour elle-même : s'il l'est jamais...

Ignorant la menace voilée, Gabriel couvrit des yeux une dernière fois le visage parfait d'Anna-Marion. Elle lui fit un petit signe affectueux de la main sous le regard réprobateur de sa mère. Elle lui adressa un dernier sourire et il sut qu'elle avait pris son cœur à jamais. Il en fut heureux d'un bonheur indicible. Il aimait pour la première fois et il se jura qu'aucune difficulté ne viendrait à bout de son projet d'amour : Anna-Marion Larouche-Saint-Sauveur deviendrait son épouse.

7 | Secrets du chasseur

L e vent s'était levé, la forêt bruissait doucement. Un lièvre déjà blanc passa dans le sentier qui menait à la cabane. Gabriel visa avec sa carabine 22. L'animal foudroyé roula dans une bave de sang. Il le ramassa, jugea de l'endroit où il l'avait atteint et, d'un coup sec, d'une torsion énergique, il détacha la tête du corps.

— Eh bien, nous mangerons encore ce soir grâce à la générosité de l'esprit du lièvre...

Depuis des semaines, il était remonté dans la forêt profonde de l'Abitibi à des centaines de kilomètres de Sault-Sainte-Marie, et il se trouvait dans la région de la rivière Asigooash[14]. À son grand regret, il n'avait pas revu Anna-Marion avant son départ et les Larouche-Saint-Sauveur ne lui avaient donné aucun signe de vie de tout le reste de l'été. Le curé Ostiguy avait tout fait pour exhorter Gabriel à la patience.

— Gabriel, prends sur toi. Il ne faut surtout pas brusquer les choses !

— Mon père...

---

14. Rivière de la région de Val-d'Or, en Abitibi. De « Asikwac ».

— Je t'en prie, j'ai beau être prêtre, je te comprends! Et d'une voix pleine de nostalgie, il ajouta: Moi aussi, j'ai été jeune...

Gabriel l'interrompit, moqueur:

— Ah, oui?

Le prêtre lui jeta un coup d'œil amène:

— Moque-toi pas sinon je me déleste de ton affaire!

Comme l'automne s'annonçait, Gabriel avait décidé à contre-cœur qu'il lui fallait retourner sur un terrain de trappe dans le Nord. Très loin, dans le Nord, pour la bonne raison que ce territoire inviolé était peuplé d'animaux de toutes sortes, en grand nombre. Il se disait qu'il ferait une excellente saison et il était décidé à accumuler des peaux avec vigilance et célérité.

Il redescendrait à la fin du printemps à Sault-Sainte-Marie et il aurait une certaine somme d'argent entre les mains. Le marchand serait bien obligé de le payer en bel argent sonnant pour toutes ces bonnes fourrures que Gabriel prendrait un soin jaloux à rendre les plus belles possible. Ce serait sa dot à lui: tout irait à Anna-Marion. Il ne se garderait que le strict nécessaire pour lui-même.

Bonheur suprême: par l'entremise du curé Gérard Ostiguy, Anna-Marion lui avait fait parvenir une photographie où on la voyait, divinement belle, figée dans une pose artistique, coiffée à la Madeleine Sologne, l'actrice française en vogue, comme avaient l'habitude de faire les photographes officiels. Ce côté un peu surfait permettait à Gabriel de rêver encore plus de son amour, car le véritable amour a ceci de particulier qu'il idéalise l'être aimé et qu'une photo, aussi naturelle soit-elle, n'a pas autant de pouvoir que l'imagination de celui qui aime et qui la regarde. Il l'avait installée sur la porte à l'intérieur de la cabane; ainsi il l'avait toujours sous les yeux. Le temps passait et son amour était si grand et occupait si complètement sa pensée qu'à certains moments il ne souffrait presque pas de l'absence de l'aimée. Il imaginait les longues conversations qu'il aurait avec elle lorsqu'il reviendrait à Sault-Sainte-Marie et qu'ils seraient enfin fiancés. Il pouvait imaginer combien ils seraient heureux ensemble.

Il n'était pas convenable qu'il lui écrive, même par l'entremise de monsieur Ostiguy; ce n'était pas dans les conventions. Un jeune homme devait garder une certaine distance entre lui et sa future fiancée, autrement il risquait fort de se voir refuser par la famille et il risquait aussi de ne plus jamais revoir la promise. Il dut donc ronger son frein. Le temps qui passait allait tout arranger, il le savait bien puisqu'il s'agissait d'une impression toute amérindienne du déroulement des événements et des choses.

Il passa un bel hiver, ne ménageant par ses efforts. Bientôt la cabane croula presque sous l'amoncellement des peaux.

Le printemps avancé, il décida un matin qu'il était temps de partir des bords de la Bakatong où il campait depuis quelques semaines après avoir quitté la région de l'Asigooash pour le Sud. Il avait trappé toute la saison en s'approchant de la rivière des Outaouais qui devait le mener vers la région de Montréal, d'où il partirait vers l'Ontario. Il chargea ses fourrures dans deux chaloupes et entreprit de descendre le cours d'eau. Cela lui prit plus d'une semaine, même s'il pagaya avec ardeur. Il parvint à un portage qui lui demanda bien des sueurs à l'endroit qu'on nommait *Apikan*, c'est-à-dire *collier de cuir pour porter les charges* ou *collier de portage* en langue algonquine. Puis, il put descendre la rivière des Outaouais pour prendre ensuite le chemin de Sault-Sainte-Marie. Il loua un équipage composé d'une voiture, d'un conducteur et de deux gros chevaux. L'homme savait qu'il serait payé une fois Gabriel parvenu à destination.

À Sault-Sainte-Marie, au magasin de la Compagnie du Nord-Ouest, avec l'impolitesse qui sied si bien aux bourgeois, Joseph-Théodule Larouche-Saint-Sauveur fit semblant de ne pas tellement apprécier tout de suite ses belles fourrures. À peine l'avait-il salué en le voyant entrer dans le magasin. Après avoir bien examiné et palpé les ballots de fourrures, il accepta d'acheter tout le lot, mais n'en paya qu'une partie sous prétexte qu'il manquait de liquidités. Il prétendit que c'était comme de l'argent en banque. Quoiqu'un peu déçu, Gabriel s'en accommoda, car c'était un homme d'une profonde générosité et d'une bonne nature, comme le sont tous ceux de sa race qui fréquentent la forêt et qui sont habitués à vivre au jour le jour; certainement, il devait ces deux vertus éminentes à son âme d'homme des bois: tous agissent ainsi, qu'ils soient Blancs ou Indiens. Il croyait un peu naïvement que le marchand disait vrai.

C'était de l'argent en banque et il pouvait bien se permettre d'attendre.

Il resta sur le pas de la porte un long moment. Il n'était pas pour partir sans demander:

— Monsieur, quand donc aurai-je la permission de voir Anna-Marion?

— Voyons, Commandant, ce n'est guère le temps de parler de cela. Vous savez sans doute que les Allemands préparent la guerre en Europe.

Gabriel, dont la sensibilité était grande, ne comprit pas où voulait en venir Larouche-Saint-Sauveur avec cette histoire de guerre. Il se sentit choqué et humilié. En quoi donc la préparation d'une guerre en Europe l'empêchait-il de voir Anna-Marion? Profondément blessé, il sortit du magasin de la Compagnie du Nord-Ouest sans rien ajouter. Après avoir payé l'homme qui l'avait conduit au Sault, il marcha dans les rues au hasard et se retrouva finalement comme d'instinct devant la vaste propriété des Larouche-Saint-Sauveur. Être si près d'Anna-Marion lui causait du bonheur et de la douleur tout à la fois. Le bonheur de la sentir si proche et la douleur de ne pas pouvoir la rencontrer.

En ce beau jour de la fin de mai, le soleil chaud enveloppait les êtres et les choses d'un filet de lumière agréable. La fenêtre légèrement ouverte laissait filtrer une musique de Chopin. Anna-Marion était au piano, probablement. Encore une fois, l'Algonquin fut subjugué par la façon de jouer harmonieuse et toute personnelle, presque aérienne, de l'interprète. Gabriel trouvait qu'elle jouait sublimement. Les notes lui parurent délicieusement adaptées à cette heure de l'après-midi. Puis la musique cessa. L'âme lourde, Gabriel décida qu'il avait assez flâné, d'autant plus qu'il ne caressait pas l'espoir de revoir Anna-Marion.

À regret, il se retourna et reprit le chemin de la maison de chambres où il prenait pension quand il demeurait au Sault-Sainte-Marie. Il avait à peine fait quelques pas qu'il entendit une voix derrière lui :

— Monsieur Commandant! Monsieur Commandant! Mademoiselle Anna-Marion veut vous voir !

Une jeune servante courait derrière lui.

«Elle m'a aperçu !» pensa Gabriel dont le cœur avait bondi d'allégresse.

Avec un sourire complice, la jeune personne l'accompagna jusqu'au boudoir où l'attendait Anna-Marion. Elle avait encore embelli, si cela était toutefois possible, du moins aux yeux admiratifs de Gabriel. Elle lui souriait avec une pointe de malice. Gabriel restait là sans bouger, sur le seuil de la porte, ne sachant trop comment se comporter. Elle parla la première :

— Monsieur Gabriel, vous vous êtes arrêté devant chez nous dans l'intention de me voir, je suppose ?

— Votre père ne me l'a pas encore permis, mademoiselle, répondit le soupirant.

Anna-Marion avait rougi. Elle sembla en colère.

— Mon père a la fâcheuse tendance de prendre des décisions sans me consulter. Venez donc vous asseoir.

Embarrassé, Gabriel obéit. Anna-Marion lui précisa :

— Ne soyez pas inquiet. Ma mère est en visite chez une voisine et elle ne reviendra pas avant quelques heures. Quant à Julie, elle est discrète et bien élevée, elle ne dira pas un mot de notre rencontre...

Gabriel avait pris un siège assez éloigné de celui d'Anna-Marion. Elle lui fit signe de s'approcher. Le cœur battant, il se leva et vint prendre place à quelques pas de la jeune fille.

Ils parlèrent peu, heureux tout simplement d'être ensemble. Il parut évident qu'Anna-Marion partageait les sentiments de Gabriel. Ils étaient amoureux l'un de l'autre, de cet amour pur, incandescent, qu'éprouvent certains êtres d'exception. Si le coup de foudre existe vraiment, Anna-Marion et Gabriel l'avaient reçu de plein fouet et être l'un devant l'autre accentuait encore ce sentiment de plénitude amoureuse.

Ils s'intéressaient l'un à l'autre comme le font tous les amoureux du monde et les sujets qu'ils abordèrent n'étaient que prétextes à se mieux connaître. Anna-Marion lui raconta son passage chez les Ursulines et les mille choses que pouvait vivre une jeune fille dans un pensionnat. Temps heureux, car elle avait bien aimé Montréal où elle avait laissé quelques amies très chères. Gabriel raconta les mille et une péripéties de la vie d'un trappeur et d'un chasseur, un monde qu'Anna-Marion connaissait un peu en raison de ce que lui racontait son père, cependant elle posa beaucoup de questions, probablement pour avoir le plaisir d'entendre parler Gabriel.

Il fallut pourtant se séparer, car le temps avait passé et il ne fallait pas mettre en danger leur jeune idylle en prolongeant indûment ce premier vrai tête-à-tête.

Gabriel sortit heureux de la luxueuse maison et dès qu'il fut à l'abri des regards, grisé par cette agréable rencontre, il se mit à danser comme un fou. Il s'arrêta seulement quand il fut fatigué, ce qui prit un certain temps. Il regagna ensuite la petite chambre de la pension.

Le marchand Joseph-Théodule fut mis au courant de la visite de Gabriel Commandant par une indiscrétion de quelqu'un dans le personnel ou par quelque voisin indélicat. Il entra dans une vive colère et apostropha sa fille :

— Anna-Marion ! Tu sais très bien qu'il n'est pas convenable qu'un homme se présente ici et te fasse la cour ! La bonne société de Sault-Sainte-Marie ne le permettrait pas et nous risquons de voir notre réputation salie.

Cela ayant été dit sur un ton sans réplique, le marchand pensait avoir mis un point final à ces fréquentations de sa fille. Il espérait trouver un moyen d'éloigner Gabriel mais, en attendant, il décida de lui proposer un travail régulier à Sault-Sainte-Marie.

8 | Travail à Sault-Sainte-Marie

Sault-Sainte-Marie, situé à proximité des lacs Supérieur et Huron, grosse agglomération devenue ville en 1912, attirait les industries en raison principalement de son canal, voie d'accès à beaucoup de localités et villes des environs, donc vaste territoire desservant presque tout le Dominion. La ville avait toujours été considérée comme un lieu de passage, d'arrêt, de commerce sur la voie navigable laurentienne. Ce lieu avait aussi servi de la même manière aux Algonquins, Pahouitingwach Irini ou Saulteux de la région des Grands Lacs pour la traite des fourrures, pour l'approvisionnement, car c'était un lieu de pêche renommé. On y trouvait notamment l'esturgeon, les corégones ou atticameg, le brochet, la truite fardée. Le nom d'origine lui avait été donné par une mission de Jésuites établie vers 1668. Au début, du temps de Champlain, on nommait ce bourg Sault de Gaston ou Chutes de Gaston pour une raison inconnue, peut-être à cause de Pierre-Olivier de Gaston, un nain qui accompagnait l'expédition du grand explorateur et qui suscitait tant de curiosité de la part des Baouitchtigouians, des Nouquets, des Outchibous, des Maramegs, des Achiligouïanes, des Amicoures, des Mississagues ainsi que des huit autres groupes indiens venant de

66

régions aussi éloignées que la mer du Nord et du lac Winnipeg, qu'il finit par donner son nom à quelques jeunes Indiens et Blancs. En effet, Pierre-Olivier de Gaston, cet homme de petite taille, causait bien du désagrément au sieur de Champlain et aux missionnaires de la région, car il avait la fâcheuse habitude de se glisser dans la couche de toutes les femmes qu'il rencontrait, blanches comme indiennes et, pour ce plaisir considéré illicite, il était en grande demande, selon les témoignages qui nous sont parvenus. C'est ainsi que, pour faire oublier cette mauvaise réputation, une cinquantaine d'années plus tard, les Jésuites, déjà établis dans la paroisse de Sainte-Marie, au Michigan, sise sur les rives de la rivière du même nom, s'empressèrent de rebaptiser la ville ontarienne du nom de la vierge Marie, qui devint, par le fait même, la jumelle de l'américaine, située juste en face.

Sault-Sainte-Marie, en 1912, connaissait un développement industriel intense, surtout sous l'impulsion de l'Américain Francis Clergue. Potentat ou mécène, selon que l'on était dans ses bonnes grâces ou non, il régnait sur la ville. C'était un petit homme chauve, aux moustaches imposantes. Il était reconnu pour son intransigeance à l'égard de ses ouvriers.

Quand Gabriel Commandant se présenta à lui, l'important propriétaire de l'Algoma Steel et de l'Agoma Central Railway considéra le jeune Algonquin avec suffisance:

— Ainsi, mon ami Joseph-Théodule vous recommande à moi pour un travail. Je ne sais pas ce que vous valez. Et je reçois tellement d'hommes qui veulent travailler pour moi que je ne peux pas tous les embaucher. Néanmoins, pour complaire à Larouche-Saint-Sauveur, je veux bien vous mettre à l'essai. Je ne vous enverrai pas dans mon usine, car à voir votre allure j'ai l'impression que vous aimez mieux vivre à l'extérieur. Vous travaillerez donc sur les wagons de mon chemin de fer.

L'homme d'affaires américain, qui possédait les trois plus importantes compagnies de Sault-Sainte-Marie, une usine de pâte à papier, une autre productrice d'acier et, la dernière, une compagnie de transport ferroviaire, se disait qu'un Indien ne conserverait pas son emploi bien longtemps et qu'il partirait sans doute avant que son comptable ait à payer le moindre sou de salaire, de sorte qu'il aurait rempli son devoir d'amitié envers le gérant de la Compagnie du Nord-Ouest sans trop de frais.

Gabriel se présenta le jour même au bureau que Francis Clergue lui avait indiqué. Il fut reçu par William Shaw, le contremaître, lui aussi Américain. Habitué à conduire des hommes de toutes provenance, il n'était pas ce qu'il y avait de plus sympathique. Ivrogne patenté, méprisant les ouvriers, il était suprêmement haï, surtout par les Canadiens français, qui composaient la majorité des employés de l'Algoma Central Railway. Il assigna à Gabriel le chargement de minerai.

La distance que parcourait le train n'était pas longue, du lac Supérieur à Sault-Sainte-Marie. Gabriel trouvait bien monotone ce travail routinier qui ne générait que poussière et crasse. Il rêvait de la forêt, de la merveilleuse forêt où il se sentait si heureux et libre mais, pour Anna-Marion, il était prêt à tous les sacrifices. Auparavant, Gabriel avait décidé de revoir la jeune fille malgré l'opposition acharnée du père de celle-ci. Avec la complicité de Julie, la jeune servante, il réussit à la rencontrer en tête-à-tête. Il n'y alla pas par quatre chemins.

— Anna-Marion, je vous aime. Je ne sais pas combien de temps je resterai au Sault. Avant de partir, je voudrais savoir si vous aussi vous m'aimez.

La jeune femme ne dit rien, mais, dans un geste spontané, elle se pressa contre lui. Ils s'embrassèrent tendrement.

La même journée, sans même expliquer aux parents d'Anna-Marion son absence, ils se présentèrent au curé de la paroisse et ils plaidèrent leur cause. Le curé les connaissait bien et, à contre-cœur, car il craignait les foudres des Larouche-Saint-Sauveur, il accepta de les marier sur-le-champ, car comme le prescrivait le droit canon de l'Église « tout jeune homme d'au moins seize ans et toute fille d'au moins quatorze ans pouvaient sous la contrainte d'une raison impérieuse pour le salut de leur âme recevoir le sacrement du mariage sans l'accord explicite des parents[15] ».

Puis, après la cérémonie, ils se réfugièrent pour deux jours à l'Hôtel Languirant, à quelque distance de Sault-Sainte-Marie. Car il n'y avait pas d'autres moyens de cacher leur amour que cet endroit reconnu pour sa permissivité envers les jeunes amants. Ils prirent une chambre et c'est là qu'eurent lieu les noces. Ils étaient si heureux. Enfin, ils étaient unis pour leur plus grande joie : ils avaient aboli la distance qui les séparait. Certes ce ne fut pas aussi facile qu'ils l'avaient d'abord pensé ; un milieu aussi étranger n'était pas pour favoriser leur amour.

Lorsqu'elle revint à la maison, Anna-Marion fit part à ses parents inquiets de la raison de son absence : son mariage à Gabriel. Ils avaient consommé l'acte de mariage. Un point, c'est tout. Les parents furent complètement outrés par cet acte de désobéissance filiale, confinant au scandale, et ils entrèrent dans une grande colère. Joseph-Théodule faillit en mourir d'apoplexie, mais il gardait l'arrière-idée que Gabriel continuerait de s'effacer et que de cette façon tout s'arrangerait.

✕ ✕ ✕

Pendant deux ans, Gabriel Commandant s'acquitta consciencieusement de sa tâche de convoyeur de minerai. Il avait tenté sans succès de convaincre les parents de son

---

15. Authentique. On a répertorié pour les années 1914 à 1917 plus de 311 cas de mariages au Canada qui se sont effectués de cette façon et dont les raisons étaient laissées au bon jugement des prêtres contactés par de jeunes gens qui voulaient passer outre l'opposition des parents.

épouse de leur permettre de vivre ensemble. Les Larouche-Saint-Sauveur furent inflexibles, ils ne voulaient pas d'un Indien comme gendre. Et ils surveillaient le jeune couple pour qu'il n'y ait plus d'escapades dans des hôtels de second ordre. Ce qui n'empêchait pas Gabriel de se présenter à leur demeure de temps en temps. Rarement, on lui permettait de voir Anna-Marion et Blandine, sa fille née après leur premier contact. Un jour, pourtant, Gabriel se vida le cœur et il reprocha amèrement à Joseph-Théodule son attitude intransigeante sans raison. Rouge d'indignation, celui-ci finit pourtant par poser ses conditions :

— Gabriel Commandant, avant d'entrer dans notre honorable maison, il vous faudra passer par un devoir d'homme : la guerre vient de se déclarer en Europe, je vous l'ai déjà annoncé, il y a quelques années de ça quand vous êtes descendu du bois, mais maintenant c'est fait. Les Allemands ouvrent les fronts. Vous devez vous comporter en bon Canadien, en sujet de Sa Majesté le roi George d'Angleterre et aller combattre pour la défense de nos droits et de notre pays.

Anna-Marion en entendant les ordres de son père éclata en sanglots et courut se réfugier dans sa chambre.

9 | La grande guerre 1914-1918

« La mort dans le coeur
L'épouvante dans les yeux
Ils se sont élancés de la tranchée. »
Julien Vocance, *Des Haïku à propos de la guerre 14-18.*

Puis, un matin, Gabriel se leva et, regardant par la fenêtre de sa petite chambre à la pension, il vit un aigle qui décrivait dans le ciel de larges cercles sous un nuage blanc. Il sut qu'il était temps de partir puisque l'esprit de l'oiseau le lui indiquait, comme le lui avaient appris ses traditions algonquines. Et aussi, sans doute sur l'intervention de son beau-père, quelques semaines auparavant, il avait reçu une lettre à l'en-tête du Centre de recrutement de l'armée canadienne à Montréal. Après beaucoup d'hésitation, il y avait répondu par un télégramme. Gabriel avait demandé de pouvoir faire son engagement au Québec, car il voulait d'abord passer par son pays d'enfance, sinon il aurait pu se diriger vers un des centres de recrutement plus rapprochés dans la province de l'Ontario comme North Bay – où il s'était d'abord engagé et puis avait été renvoyé au bout de quelques semaines pour cause d'intempérance et d'une légère tare physique. Il y avait aussi comme

71

portes d'entrée dans l'armée Port Arthur ou Fort William, spécialisés dans l'engagement des Indiens. Contrairement aux autres Canadiens forcés de s'enrôler à cause de la Conscription, les Indiens du Canada n'étaient pas obligés de s'engager. Quelques-uns se portaient volontaires, en nombre restreint, par esprit de solidarité avec les autres Canadiens, étant convaincus que la cause était bonne et peut-être aussi par désœuvrement. Ils avaient probablement aussi envie de voir à quoi ressemblait l'Europe dont on parlait tant.

⚔ ⚔ ⚔

Naturellement, malgré l'opposition des parents, Gabriel avait réussi à rencontrer Anna-Marion et leur fille conçue lors de leur première rencontre à l'Hôtel Languirant, une adorable fillette, âgée de deux ans, nommée Blandine. Elle avait la peau sombre de son père et les traits pleins de délicatesse de sa mère. Gabriel souffrait beaucoup de ne pouvoir vivre avec elles, mais il préférait attendre, espérant que le temps arrangerait les choses. Toutefois ils n'en restèrent pas là et décidèrent de retourner pour une semaine au lieu où ils avaient été si heureux. Joseph-Théodule fut mis au courant. Il n'osa rien dire, la peur du scandale le retenant de tenter quoi que ce soit. D'ailleurs, il avait fait passer Blandine pour sa nièce adoptée après le décès de ses parents.

Le jeune couple passa donc une semaine à l'Hôtel Languirant et, si leur chagrin était grand d'une prochaine séparation, ils profitèrent des quelques jours de bonheur qui leur étaient dévolus.

⚔ ⚔ ⚔

Quelques semaines plus tard, Gabriel se présenta à Longue-Pointe, dans l'est de Montréal, où l'armée canadienne avait une importante base. Après un entraînement intensif, il s'embarquerait pour l'Europe.

Mais, avant d'accomplir cette action d'importance, il mit quelques vêtements dans un sac à dos et il entreprit de se rendre jusqu'à Maniwaki. Auparavant, comme les Larouche-Saint-Sauveur lui avaient encore interdit leur domicile, il avait demandé à monsieur le curé Ostiguy de répéter à Anna-Marion et à Blandine que ce n'était pas de gaieté de cœur qu'il partait pour la guerre, mais plutôt pour remplir l'une des conditions que lui avait imposées Joseph-Théodule qui lui permettraient peut-être d'accepter enfin le fait de leur mariage. Gabriel apprit avec bonheur qu'Anna-Marion était de nouveau enceinte. Un autre enfant naîtrait de ce séjour à l'Hôtel Languirant.

Avertis que leur fils arrivait, Louis Commandant, dit Louison, et Manianne Tanaskon descendirent de leur terrain de chasse avec leurs enfants pour venir à Maniwaki puisqu'on était à la fin de février et qu'ils étaient déjà installés dans leur quartier d'hiver. Ils ne posèrent aucune question, ce n'est pas dans la manière des Algonquins. Ils savaient que leur fils avait ses raisons pour partir vers les vieux pays pour combattre des agresseurs qui en voulaient à l'humanité entière, même s'ils ne comprenaient pas très bien les raisons qui motivaient Gabriel à partir si loin.

Manianne avait pieusement brodé, avec des perles de couleur, un message en algonquin sur un petit morceau de peau d'orignal affectueusement découpé et suspendu à deux lanières pour que Gabriel puisse le porter à son cou: «Jésus te sauvera.»

Puis Louis amena Gabriel chez le vieux chaman de Maniwaki, Théodore Wachinak qui, malgré son grand âge, le reconnut aussitôt. Il alla de nouveau chercher l'omoplate séchée d'un orignal, la passa quelques instants au feu; il prit de longues minutes pour examiner les fissures et les tracés apparaissant sur l'os; puis il souffla dessus et de nouveau se pencha longuement sur les pyrogravures qui s'étaient incrustées dans les rainures et finit par dire:

— Esprit du temps, dis-moi ce que tu vois...

Il ferma les yeux, les ouvrit, suivit du doigt les méandres et laissa tomber :

— Tu vas partir vers le pays où le feu et l'acier te poursuivront et je te mets sur le cœur un bandeau pour que tu puisses endurer la vue des immenses souffrances des hommes que tu côtoieras. Tu verras l'aigle planer sur des corps d'hommes, de femmes et d'enfants. Et toi-même, tu auras beaucoup de douleur. Mais ton destin, ce n'est pas de mourir. Tu reviendras sain et sauf, car au nord de ce pays l'Esprit t'attendra, je dis, et il te permettra de laisser une marque indélébile dans l'esprit des hommes qui viendront après toi... Que l'Esprit du monde, créateur de tous les êtres, t'accompagne et te protège, Gabriel Commandant...

✗ ✗ ✗

À Longue-Pointe, Gabriel fut reçu par le caporal Earl Labillois, un Micmac de Restigouche, qui devait s'occuper de l'intégrer dans l'armée. En effet, les officiers supérieurs, pour raison d'efficacité, avaient décidé de placer les Indiens ensemble dans une même division.

Gabriel commença tout de suite l'entraînement militaire et il y passa plusieurs jours. Il se distingua par sa force herculéenne et par une résistance physique à toute épreuve. Il avait été intégré au 114e bataillon canadien d'infanterie dont l'emblème était composé de deux tomahawks croisés au-dessus de la devise : *Pour le Roi et le Pays*. Le bataillon était composé de cinquante Mohawks de Caughnawaga[16] et de plusieurs Mohawks d'Oka, de Micmacs de Ristigouche, de Maria, et de Maléchites du Nouveau-Brunswick, ainsi que d'Indiens de plusieurs nations de l'Ouest, de l'Ontario et du Manitoba.

Et, fin mars 1915, malgré des menaces imprécises d'attaques dans l'océan Atlantique, surtout sur les côtes

_____

16. Kahnawake actuel, territoire mohawk situé tout près de Montréal.

européennes, après une traversée calme, sans aucune avarie, sur le bateau de transport de troupes l'*Empress of Britain*, Gabriel Commandant foula le sol européen.

Ce qu'il vit immédiatement sur le front le frappa vivement: c'était encore bien pire que tout ce qu'il avait même pu imaginer selon ce qu'on lui avait raconté. La France où il devait combattre était un pays dévasté, les champs étaient grêlés de cratères d'obus, les arbres étaient dénudés.

✗ ✗ ✗

— Je me demande si nous allons nous en sortir vivants!

Earl Labillois, son supérieur hiérarchique, se glissait souvent à côté de Gabriel dans les tranchées. Ce dernier laissa éclater sa mauvaise humeur, ce qui était rare chez lui:

— Tout ça parce qu'un extrémiste serbe, Gavrilo Princip, a tué un archiduc! Ne me demande pas, Earl, de démêler toute cette histoire. Tout ce que je sais, c'est que nous devons défendre notre peau! Tu sais, le monde ne changera jamais: guerres, politique et toute cette merde humaine!

C'était bien cela, cette guerre insensée. Une fois dedans, il fallait se battre. Pour l'Angleterre, il fallait l'aide de ses colonies du Canada et de l'Australie, et des autres aussi. Ni Gabriel ni Earl ne comprenaient comment l'Europe avait pu s'embraser ainsi.

En effet, le 28 juin 1914, un dimanche, un nationaliste serbe abattait à Sarajevo, en Bosnie-Herzégovine, l'héritier du trône d'Autriche, l'archiduc François-Ferdinand de Habsbourg alors en visite. L'Autriche fut aussitôt convaincue que le gouvernement serbe avait reçu l'aval de l'Allemagne et déclara la guerre à la Serbie. Ce fut le début du conflit qui ne tarda pas à mettre à feu et à sang les Balkans, toute l'Europe et la Méditerranée. Le 4 août, à minuit, la Grande-Bretagne déclarait la guerre à l'Allemagne; le Canada qui était une colonie de l'Angleterre se trouva entraîné dans les hostilités.

Assez tôt, un jeune homme qui avait à peu près le même âge que Gabriel, commença à faire parler de lui sur le front européen. Aux commandes de son biplan, il dessinait une tête de mort dans le ciel. Il s'agissait du Baron rouge.

— Je te dis, Gabriel, ces avions vont amener la fin du monde.

— Je ne suis pas de ton avis: la guerre va finir bientôt et, tu verras, nous voyagerons à bord de ces avions, prédisait l'Algonquin, rassurant. Mais je vais quand même t'avouer que je détesterais monter dans ces machines. Être en l'air, ce n'est pas naturel, nous ne sommes pas des oiseaux, mais on n'arrête pas le progrès.

Earl n'approuvait pas:

— Si jamais cette guerre se termine, j'en doute, tout aura été détruit. Il ne restera même pas le matériel pour construire d'autres avions.

Tout prédisait la fin de l'humanité: pour la première fois dans un conflit, la mitrailleuse s'érigeait en maîtresse du terrain, elle prenait tant de vies qu'elle ne pouvait faire autrement que d'annoncer la fin du monde. Les gaz intoxicants firent aussi leur apparition sur le terrain, causant des dommages aux poumons et à la peau des soldats et les tuant à petit feu quand ils ne les laissaient pas handicapés pour toujours. À Ypres, en France, vingt mille soldats canadiens furent tués d'un coup. Aussi venait d'apparaître le tank, cette invention diabolique qui lançait de puissants obus. De plus, le monstre métallique écrasait tout sur son passage, ses chenilles s'ensanglantaient du sang des hommes et des bêtes puisqu'il traversait aveuglément tout le pays.

— Je te le dis, Earl, c'est un péché contre la création. Il n'est pas indifférent à l'Esprit qu'une seule herbe soit écrasée.

Earl haussait les épaules avec résignation.

— Ce que je hais le plus, c'est cette odeur de cadavre, d'explosion d'obus qui nous suit partout et qui finit par se coller à nos uniformes. Je n'ai jamais rien senti d'aussi écœurant!

— Essaie d'oublier ça, Earl.

— Pourvu qu'on s'en sorte vivants, soupirait le caporal micmac avant de lancer ses hommes à l'assaut des barbelés ennemis.

10 | Archibald Belaney

23 avril 1916. Ce matin-là, Earl Labillois ouvrit les yeux. Il se sentait perclus. Les poux l'achalaient. Il était de mauvaise humeur.

Sur l'aube indécise flottait l'odeur particulière du soufre et des cadavres. Avec ce premier coup d'œil et cette première impression, Earl put prévoir que la journée allait être assez claire et qu'elle s'annonçait chaude. Aucun vent. Il entendait parfois des rafales de mitrailles, très loin, à l'ouest, au saillant d'Ypres, ce qui le convainquit qu'encore une fois les Allemands allaient essayer de faire une percée dans les lignes.

Earl Labillois déplia son grand corps et grogna pour lui-même :

— Un peu plus et mes craquements de jointures s'entendraient jusqu'à Restigouche !

Il réveilla les hommes sans ardeur avec un faux ton d'autorité dans la voix. Il en avait plus qu'assez de cette guerre sale. Il donna néanmoins ses ordres, détachant Gabriel Commandant pour une mission bien précise et qui lui était coutumière : il devait de glisser derrière les lignes et surprendre les tireurs allemands opérant seuls.

Gabriel sauta en dehors de la tranchée avec la souplesse du guépard. Il entendit une volée de balles qui l'accueillait, mais il n'en avait cure : il savait trop bien comment les

Allemands en face tiraient mal, au hasard. Le soldat Commandant se sentait en forme, car il avait bien dormi. Courbé en deux, toujours avec des gestes de félin, il avança avec précaution pour éviter les obstacles du terrain, s'aplatissant au sol avec une constante régularité, à la fois pour éviter les balles et pour observer et écouter.

Il parvint derrière un promontoire qu'avait créé un tir d'obus. Gabriel put observer pendant de longues minutes un tireur allemand en embuscade. Il le voyait de dos et, à son allure, il l'imagina jeune. Tout à coup, l'Allemand se retourna : un tout jeune homme aux traits réguliers, au visage qui paraissait doux. Pour cette raison, Gabriel regretta de se trouver là, à cet instant précis. Il visa sans hésiter. Après tout, il était là pour l'empêcher de tuer ses frères d'armes. Le « Boche » tomba d'un coup, la tête par en avant. Un sifflement de balle parmi tant d'autres passait inaperçu. Gabriel ensuite posa son fusil et pria pour le jeune homme, sachant qu'il n'avait accompli que son devoir. Il restait pourtant avec l'impression qu'il avait entendu un sifflement double. Quelqu'un le visait-il quelque part en arrière ? Ce quelqu'un avait tiré en même temps que lui. Il tourna prudemment la tête et ce qu'il vit le surprit énormément. En retrait, un homme couché au sol lui fit un petit signe amical de la main. Son uniforme indiquait qu'il s'agissait d'un soldat canadien. Il s'avança en rampant. Gabriel vit qu'il était grand, élancé et d'une souplesse inhabituelle pour un Blanc. Car il s'agissait bien d'un Blanc, malgré un teint basané et des yeux perçants. Il tendit la main à Gabriel en souriant et lui dit dans un anglais parfait :

— Beau coup, soldat !

Gabriel lui renvoya la balle :

— Beau coup, le Canadien !

Ils prirent le temps de s'asseoir derrière une butte, à l'abri des tireurs allemands. Ils se présentèrent.

— Archibald Belaney, franc-tireur, caporal suppléant, 13e bataillon des Royal Highlanders of Canada.... Anglais de naissance...

— Gabriel Commandant, 114e bataillon canadien d'infanterie.

— Ah! Le bataillon des Indiens du Canada...

Gabriel fut surpris de cette reconnaissance tacite. Il demanda:

— Comment le savez-vous?

— Vous savez, derrière les lignes, tout se sait. Et entre compatriotes... Il paraît que vous faites grand dommage aux tireurs allemands isolés.

Archibald Belaney en profita pour lui apprendre qu'il y avait aussi des francs-tireurs du côté des autres Canadiens qui avaient la mission identique de se glisser derrière les lignes allemandes, de descendre des hommes et de s'enfuir aussitôt après.

— Comment un Anglais peut-il être dans une division canadienne?

— Ah, ça, répondit Belaney, c'est une longue histoire. Je suis immigré au Canada et je vivais dans l'Ouest canadien.

Puis, ils prirent la décision de retourner chacun dans leur division. Belaney conseilla:

— Pour le retour, il conviendrait d'avancer tous les deux en éventail. Si des Allemands nous voient, il faudra soit nous dissimuler, soit essayer de les atteindre. Je ferai la droite et vous, Commandant, la gauche, étant donné que les Anglais sont toujours à droite!

Il rit de sa plaisanterie qui qualifiait les Anglais par rapport aux Canadiens. Silencieusement, à la façon des éclaireurs, penchés, ils avancèrent lentement. Les balles sifflaient autour d'eux, mais elles ne semblaient pas leur être destinées. Puis, vint le temps où ils étaient assez éloignés l'un de l'autre pour se faire des adieux. Le moment était venu de se séparer et de retourner chacun dans son unité.

Gabriel avait à peine fait une vingtaine de mètres qu'il entendit un coup de feu suivi d'une plainte brève. Il vit Archibald Belaney qui se tordait sur le sol sous l'emprise d'une vive douleur. Il rampa à sa hauteur et il s'aperçut que l'Anglais avait eu le pied droit troué par une balle. Il réussit tant bien que mal à découper le bout de la botte de caoutchouc. La blessure ne semblait pas saigner beaucoup, ce qui fit conclure à Gabriel que c'était l'os qui avait subi les dommages. Il déchira un morceau de sa veste pour faire un bandage sommaire qui permettrait à la victime de tenir jusqu'au retour à sa position. L'Anglais ne se plaignit pas une seule fois, ce qui démontrait un caractère fort.

Ils restèrent au même endroit une heure complète car le combat s'était intensifié autour d'eux et il n'était pas question de prendre de risque en se mettant à découvert. Heureusement, la blessure ne saignait pas. Gabriel demanda :

— D'où a bien pu venir la balle qui vous a atteint ?

L'autre n'en savait rien. Gabriel observa tout autour, sans rien découvrir. Mais, en baissant les yeux, il vit une douille à quelques pas d'où se tenait Belaney. Il avait le sens de l'observation et il s'aperçut qu'il s'agissait d'un embouchoir anglais utilisé par les soldats canadiens; Gabriel le connaissait pour avoir identifié cette sorte de balle dans la ceinture d'Archibald Belaney qui lui faisait face. Il lui jeta un regard scrutateur et l'autre baissa les yeux avec une gêne évidente. Gabriel ne posa aucune question, ce n'était pas son affaire.

Ils entendirent les balles siffler au-dessus de leur tête une partie du jour et de la nuit. Ils restèrent immobiles dans une dépression de terrain qui les dissimulait aux yeux d'éventuels éclaireurs. Au petit matin, Gabriel suggéra à Belaney de le reconduire chez les siens. La blessure de Belaney le faisait souffrir; les chairs autour du trou de la balle étaient bleuâtres et enflées.

— Je vous porterai sur mon dos, Belaney. C'est le seul moyen de gagner du temps. Vous n'êtes pas en état d'avancer très vite.

L'Anglais, surpris par cette proposition, s'objecta :

— Êtes-vous sûr que vous aurez la force de me porter ?

— Ne vous inquiétez pas. J'ai déjà porté des charges plus lourdes.

Belaney fit ce que Gabriel demandait et il eut la surprise de constater que son poids ne semblait pas poser de problème à l'Algonquin. Ils entreprirent d'avancer. Mais ce ne fut pas sans difficulté. Obligés de marcher à découvert, ils essuyèrent le feu nourri de l'ennemi, toutefois ils eurent de la chance et ne furent pas même effleurés par une seule balle. Ils avaient bien deux kilomètres et demi à parcourir avant d'atteindre les lignes canadiennes et à mi-chemin, à peu près, il s'arrêtèrent dans un cratère de bombe pour se reposer. De la boue et des rats qui s'agitaient. Belaney sentit le besoin de remercier :

— Vous êtes un brave homme de m'assister ainsi. Seul, je n'y serais pas parvenu.

— C'est tout naturel. Il serait mauvais pour un Algonquin de laisser son prochain dans l'embarras. L'enseignement des aînés nous apprend que la façon de se conduire, c'est de toujours vouloir du bien pour l'autre.

Archibald Belaney en profita pour exprimer un désir secret :

— C'est l'une des raisons pour lesquelles je voudrais être moi-même un Indien...

Gabriel fut surpris par cette confidence venant d'un homme qu'il connaissait à peine. Il était surtout étonné qu'un Blanc puisse avoir des idées pareilles.

— Sans doute, si c'est votre désir, vous l'êtes sûrement. Ce n'est pas une question de peau ou de race, c'est une question d'esprit. Votre désir me fait souvenir d'une lettre écrite par Michel Guillaume Jean de Crèvecœur, un fermier américain, en 1712. Je vais essayer de la résumer sans faire d'erreur en autant que je m'en souvienne :

« Cela ne peut être aussi mauvais que nous l'imaginons en général. Il doit y avoir dans le lien social des Indiens quelque chose de singulièrement captivant et de bien supérieur à la louange que nous pouvons en faire entre nous. Car des milliers d'Européens sont devenus Indiens et on n'a pas d'exemple d'un seul de ces aborigènes qui ait choisi délibérément de devenir Européen... »

Ils restèrent silencieux un bon moment, plongés dans une longue réflexion, tandis qu'Archibald Belaney était occupé, comme l'a si bien dit le poète français Julien Wocance :

> «*Dans sa flanelle*
> *Ses ongles vont, picorant*
> *Les petites bêtes.*»

Sa vareuse, comme celle de la plupart des soldats, peu importait leur camp, abritait une population imposante de poux. La mort était peut-être moins terrible à supporter que ces gros parasites noirs qu'il écrasait entre ses ongles. Et plus il en écrasait, plus il y en avait. La démangeaison était insupportable. Mais il fallait endurer et c'était encore moins pire que la dysenterie dont certains étaient affectés et qui brûlait les entrailles, ou la gale ou les rats en grand nombre qui s'en prenaient aux blessés et aux morts que l'on n'enterrait même plus. Ce n'était plus la peine, il y en avait trop.

Les balles sifflaient toujours autour d'eux. Le bruit était infernal, un grondement sourd et persistant, une montagne qui s'écroulait. C'était celui des lourdes mitrailleuses. Archibald Belaney était soucieux.

— Comment se fait-il, Commandant, que nous soyons obligés de supporter de telles horreurs ?...

Il y avait dans l'attitude d'Archibald Belaney quelque chose de pathétique. Il finit par ajouter, les lèvres serrées :

— ... Pourquoi faut-il tuer ? Je me sens de plus en plus incapable d'accomplir une telle action, indigne d'un homme.

Gabriel fut surpris par de telles interrogations, non pas pour ne pas y avoir longuement réfléchi lui-même, mais parce qu'il n'était pas accoutumé à ces sortes d'états d'âme de la part de ses compagnons, beaucoup plus frustes que l'Anglais. Il laissa passer quelques minutes :

— Nous n'avons pas le choix, soldat Belaney. L'Indien est un remarquable soldat, d'une efficacité à toute épreuve parce que, même au cœur de la bataille, sa vision demeure spirituelle. Il n'est pas question de s'attaquer aux femmes et aux enfants. La guerre, pour lui, c'est une manière de mettre son courage à l'épreuve. Cette attitude est uniquement un symbole d'initiation. En avançant dans cette voie spirituelle, il se retrouve en face d'épreuves épouvantables et de plus en plus difficiles, c'est alors que le courage devient la première et la plus importante des qualités pour nous. Et notre aspiration fondamentale d'initiés, c'est d'affronter sans peur les forces de l'invisible. Et là-dessus, je me souviens des paroles de Hehaka Sapa, un Indien exceptionnel: «*Mon ami, je te raconte l'histoire de ma vie, mais si ce n'était que cela, ça ne vaudrait vraiment pas la peine. Pourquoi l'homme fait-il grand cas de ces hivers qui l'ont courbé sous leur neige pesante? Tant d'autres hommes ont vécu et vivront cette même histoire pour ensuite être de l'herbe sur la colline ou dans la vallée?*» L'obéissance n'a rien à voir dans la guerre. L'Indien obéit avant tout à sa conscience. Nous sommes reliés au Divin et à l'infini. Il faut beaucoup de courage pour suivre la voie de sa conscience. Alors, c'est nous ou eux autres en face, on ne nous laisse pas le choix. Pour l'Indien la terre est formée depuis le début du monde par le sang, la chair, les os de ses aînés disparus. Les morts ne sont pas sans pouvoir: les morts? Il n'y a pas de mort, rien que le passage de ce monde à un autre... C'est ce qu'a dit mon chaman de Maniwaki et avec raison. Les hommes meurent, mais renaissent dans le monde réel de l'Esprit de Dieu où il n'y a que les esprits de toutes les choses. Cette vie véritable, nous avons la possibilité de la connaître ici sur terre si nous purifions nos corps et nos cœurs, ce qui nous rapproche de cette façon de l'Esprit qui est toute pureté.

Gabriel se tourna vers Belaney:

— Voilà, ce que c'est, mon ami, que d'être Indien...

L'Anglais fit la moue: Gabriel Commandant eut l'impression qu'il allait se mettre à pleurer tant il était affecté par cette réflexion.

— Je me sens de moins en moins capable de supporter cette situation, soupira le Canadien d'origine anglaise.

— Belaney, ce que je vais vous dire peut paraître absurde, mais ça fait partie de ma conviction : la mort est un élément essentiel de la vie, un élément qui ne nous appartient pas; il appartient au Grand Esprit que nous appelons Dieu. Nous sommes anglicans ou catholiques, qu'importe, nous ne pouvons pas désespérer, car nous savons que la porte de la mort ouvre sur l'espoir. Quand un ours tue et dévore un orignal, il accomplit un destin : la mort pour lui est une question de survivance, elle donne plutôt qu'elle n'ôte. Croyez-moi, pour nous la mort est félicité, sauf si l'on tue par haine. Ce qui n'est pas notre cas. Nous tuons pour n'être pas tués, ainsi nous accomplissons un implacable destin. Mais nous l'accomplissons avec les armes que la nature nous donne : il y a tant de mystères dans l'existence qu'il est impossible d'en démêler l'écheveau. Si nous prétendons les résoudre, nous allons toujours nous heurter à l'impossible puisque justement il s'agit de mystères et que ce n'est plus de notre ressort. Si nous prétendons les résoudre, nous allons toujours nous heurter à l'impossible. La mort est un accomplissement et on doit toujours remercier de la donner ou de la recevoir. C'est pour cette raison que dans le peuple algonquin le chasseur remercie les animaux qu'il doit faire mourir pour se garder en vie. Comment vivre sans donner la mort? Dans le domaine des plantes et des fruits, c'est la même chose, sur un autre plan, en mangeant un bleuet, nous signifions l'arrêt de germination de toutes les graines qu'il contient, mais avez-vous remarqué, Archibald, qu'il y en a tellement que la disparition de quelques-unes ne signifie pas grand-chose à l'échelle de l'univers?

Archibald Belaney paraissait toujours soucieux.

— Votre réflexion est très convaincante, mais le problème reste entier : mettre fin à la vie de mes semblables m'affecte au-delà de tout. Pourquoi tant de cruauté et d'abomination?

Gabriel comprenait les questionnements cruels de son vis-à-vis et il était respectueux de son déchirement intérieur.

— Soldat Belaney, je pense qu'on doit comprendre une chose : la terre est remplie d'êtres humains cherchant le pouvoir. Ils vont jusqu'à s'entretuer pour cela. Sans cette loi implacable, imaginons ce que serait la population dans cent ans. Ça génère la promiscuité, on le vit bien dans nos tranchées actuellement, il n'y a pas moyen d'y trouver la solitude. Le bruit est partout, car l'activité de l'homme est constante. On fait des choses inutiles, mais c'est probablement cela qu'on appelle la civilisation. Malheureusement...

Le soleil du midi commençait à taper dur et ils décidèrent de continuer leur route. Archibald Belaney avait de plus en plus de difficulté à poser son pied sur le sol. Il était enflé et sa botte, même découpée, serrait la chair, lui causant une douleur intolérable. Gabriel le monta de nouveau sur ses épaules et ils cheminèrent péniblement pendant que les balles leur sifflaient toujours aux oreilles. C'est vers treize heures qu'ils atteignirent les lignes canadiennes où, après les avoir reconnus, on s'occupa aussitôt de la blessure de Belaney tandis que Gabriel se restaurait. On lui offrit aussi des rations pour les siens. Après les poignées de main et des remerciements, on le laissa partir. Ils parvint assez rapidement jusqu'aux tranchées où stationnait le 114e. Ce fut avec soulagement qu'on le vit se glisser dans la tranchée, car, voyant le temps passer, on avait cru au pire. Gabriel eut la satisfaction de constater qu'en son absence il n'y avait pas eu d'incidents graves. Quelques éclats d'obus, des enfilades sans grandes conséquences. Il constata que le bruit était toujours infernal, un grondement sourd persistait. Il secoua sa capote poussiéreuse lourde de sueur accumulée. Les poux rongeaient toujours ses camarades. Il faut dire que Gabriel n'en souffrait pas : il avait emmené ici sa recette personnelle dont il se servait contre les insectes dans la forêt ou chez lui. Il l'utilisait de temps en temps pour que les bestioles ne parviennent pas à prendre le dessus. La recette était aussi simple à confectionner en Europe qu'en Amérique.

Il y avait aussi la boue. Beaucoup de boue en ce printemps de guerre. Les hommes en avaient jusqu'aux cuisses, ils s'y enlisaient. Elle formait des écailles sèches sur la peau qu'ils raclaient avec un couteau. Au moins, elle avait comme bon effet d'étouffer et de faire mourir les parasites. Le pain en était couvert. Les biscuits avaient un goût prononcé de terre et de pourriture. Il y avait aussi les rats qui s'activaient partout. Des rats en nombre incalculable qui s'en prenaient aux blessés qu'on ne pouvait secourir. Naturellement, les morts étaient leur proie préférée dès qu'on n'était plus capable de les enterrer. Les rats étaient sournois, il en venait de partout et ils poussaient l'effronterie jusqu'à marcher sur les hommes sans la moindre peur. Il n'était pas rare de voir un mort dont ils avaient mangé la jambe ou le bras et dont il ne restait plus que les os sous la manche ou le pantalon. Pourtant, il y avait encore trop de morts qui gonflaient comme des outres. La puanteur rendait l'air visqueux.

Les bombes et les obus fondaient sur l'environnement: air, eau et terre se mélangeaient dans un perpétuel tonnerre de feu. Des hommes étaient projetés dans les airs et ils tournoyaient comme des feuilles mortes, disloqués, puis tombaient dans un amas de pierraille, de chair et de sang.

C'était ça, la guerre, c'était le monde dans lequel devait vivre le soldat Gabriel Commandant. La première grande guerre. Il en avait le cœur soulevé d'écœurement.

✕　✕　✕

Gabriel, dans les rares moments de répit, avant ou après le combat, ne cessait de penser à Anna-Marion. Il lui écrivait.

Anna-Marion,

Je ne sais pas si cette lettre te parviendra. Elle te dira mon grand amour. J'espère que tu vas bien avec la petite. Ici, c'est l'affreuse guerre qui n'en finit plus.

Hier, le 22 avril, nous avons été confrontés à une chose atroce : les Allemands ont essayé sur nous une nouvelle arme et la rumeur veut qu'il s'agisse d'un gaz, le chlore. La 45ᵉ algérienne a été la première à se dépeupler : un nuage verdâtre a flotté un instant et les hommes se sont arrachés des tranchées en toussant et en crachotant et ils se sont sauvés comme des lièvres. Les Allemands ont tenté de nous prendre en étau avec les Britanniques. Ils ont avancé sur deux milles, puis ils se sont arrêtés, il est probable qu'ils n'avaient pas assez d'hommes pour continuer.

Nous nous sommes battus toute la nuit pour colmater la brèche laissée par les Algériens. Nous avons même tenté une contre-attaque. Nous avons combattu comme des diables. J'ai vu mourir les hommes en aussi grand nombre que les oiseaux, qui, au printemps, s'abattent dans les champs.

J'avais toujours pensé à l'Europe comme le continent de l'humanisme, j'ai lu Goethe, j'ai lu Nietzsche, j'ai compris le génie allemand. Je sais que le peuple allemand n'est pour rien dans cette guerre insensée. Il n'y a qu'une poignée d'hommes stupides et méprisables, les dirigeants, qui ont embrigadé leur peuple et qui ont déclaré la guerre aux autres nations.

Je souffre, Anna-Marion, d'être loin de toi. Ta pensée ne me quitte pas un seul instant. Je vis dans la peur de ne plus revenir ou de mourir sans te revoir.

Je viens de lire des poèmes pour passer le temps. Je vais te faire sourire, mais il faut que je t'explique dans quelles conditions j'étais.

Nous étions au repos en pleine accalmie. Bien sûr, nous entendions les balles siffler et les obus éclater, mais assez loin de nous, du côté des Australiens. Nous étions tous installés dans la tranchée où, sur l'une des parois, nous nous sommes creusé des

niches-abris. Tu imagines, Anna-Marion, que si un obus
éclatait près de nous, nous serions enterrés vivants! J'étais donc
assis sur mon siège à même le sol et un compagnon, professeur de
français dans une école de Montréal, m'a demandé: «Est-ce que
tu lis, toi?» J'ai répondu: «Oui. Il y a des Algonquins qui
lisent aussi. Ça me plairait drôlement parce que je trouve le
temps long...» Il m'a alors passé un petit livre et je suis tout de
suite tombé sur un poème d'André Chénier, un poète français. Tu
peux facilement comprendre que les deux premières strophes que
j'ai lues s'apparentaient à mes sentiments intérieurs:

« Je ne suis qu'au printemps, je veux voir la moisson;
Et comme le soleil, de saison en saison,
Je veux achever mon année.
Brillante sur ma tige et l'honneur du jardin,
Je n'ai vu luire encore que les feux du matin;
Je veux achever ma journée.
Ô mort! tu peux attendre; éloigne, éloigne-toi,
Va consoler les cœurs que la honte, l'effroi,
Le pâle désespoir dévore.
Pour moi Palès encore a des asiles verts,
Les Amours des baisers, les Muses des concerts;
Je ne veux pas mourir encore...»

Penser à la mort me semble si naturel ici dans ces horribles
tranchées humides, si rarement sèches, malsaines. Je rêve
tellement de mes belles forêts. Quelle délivrance se serait de
pouvoir retourner à Sault-Sainte-Marie! Il n'est pas moral de
laisser vivre des hommes dans les conditions qui sont nôtres.

Pour exorciser ma peur des balles, des gaz et des obus, je
pense à toi si fort, Anna-Marion, que je sais que tu me portes
chance. Je regarde ta photo et je retrouve ton âme. J'aurai
sûrement le bonheur de te revoir bientôt, cette guerre ne peut
durer éternellement. Lorsque je reviendrai, ce sera vraiment le
plus beau jour de ma vie. Je demanderai de nouveau ta main

(ils accepteront sûrement cette fois) à tes parents et nous commencerons une vie si heureuse, si heureuse.

De ton mari au front,
Gabriel.

✄ ✄ ✄

Earl montra la fiche à Gabriel.

— Dis-moi donc, l'Algonquin, tu as donné de faux renseignements au sergent recruteur!

— De quoi parles-tu?

Earl eut un sourire narquois:

— Voilà que tu t'appelles Gilbert Commanda, maintenant?

Et il tendit à Gabriel sa fiche d'engagement: Gilbert Commanda, né le 15 mars 1891 à Mouwakee, P.Q., fils de Marion Commanda.

Gabriel ne put faire autrement que d'éclater de rire.

— Ton sergent recruteur était de langue anglaise et il pouvait très bien être un peu saoul quand je me suis présenté ou bien il ne comprenait pas bien le français! Il n'y a pas de doute. Je suis né le 13 mars et non le 15, quoique ici la confusion entre le 3 et le 5 soit parfaitement compréhensible dans l'écriture à la main, cependant mon père se nomme Louis et... non pas... Marion. À moins que j'aie été si pris par la pensée d'Anna-Marion que j'ai fait un lapsus.

— ... un lapsus, c'est quoi ça?

— Le mélange de deux noms proches par la prononciation: Mouwakee et Maniwaki, Gilbert au lieu de Gabriel et Marion au lieu de Louis. Ce qui est fort possible à cause de deux syllabes semblables dans certains cas et je suis tellement pris par l'idée de Marion que j'ai bien pu confondre les deux noms.

— Tu es amoureux, c'est ça? Une femme dans la vie d'un homme, c'est quelque chose! Quand je pense à ma Lilian que j'ai laissée là-bas, à Restigouche, je ne peux qu'avoir de la peine à la pensée que je suis si loin d'elle.

Gabriel comprenait.

— Il faut sortir vivant de cette maudite guerre pour les revoir, nos amoureuses! soupira Earl.

Gabriel s'étonna bien un peu de ne jamais recevoir de réponse de sa bien-aimée, mais il se consola en pensant à la difficulté de faire parvenir une lettre sur le front et aussi à la poste qui, en ces temps de guerre, était d'une lenteur et d'une confusion désespérantes. Il n'était certainement pas facile de trouver un soldat dans tout ce méli-mélo de régiments.

✗ ✗ ✗

Gabriel et Earl avaient découvert le vin français, ils aimaient surtout le Médoc.

— C'est bien meilleur que la Molson!

Le vin donnait à Earl le courage d'endurer toutes les souffrances journalières et, même s'il le prenait en bonne quantité, cela n'atténuait pas son sens du combat ou son bon jugement. Il continuait de conduire ses hommes à l'assaut avec le même courage et la même détermination, tout en pensant au retour, à sa Lilian et à ses deux enfants en bas âge. Ce n'était pas parce qu'avant d'être soldat il avait vécu dans une réserve que cet esprit combatif propre aux Micmacs s'était atténué; il faisait preuve de la même bravoure que les guerriers anciens qui combattirent les Iroquois dans la région du Bic ou les Anglais sur la rivière Ristigouche.

D'un abord agréable et gentil, Earl servait d'inspiration à ses hommes.

Le 11 novembre 1918, fin officielle de la guerre, Earl Labillois, qui, comme tant d'autres combattants au front, n'avait pas encore été mis au courant de la nouvelle, conduisant ses hommes vers Mons, en Belgique, fut atteint d'une balle perdue. Il s'écroula, mortellement blessé, et n'eut que le temps de murmurer :

— Les Esprits de mes pères m'attendent.

Et il rendit le dernier soupir.

Gabriel fut grandement affecté par la mort de son ami micmac, mais il n'eut pas le loisir de trop s'y attarder. Il eut tout juste le temps d'écrire à la famille d'Earl pour annoncer son départ vers la douce terre de l'éternel bonheur. Il demanda aussi aux responsables de l'armée d'écrire sur la croix blanche, au lieu où son ami serait enterré, si loin de son pays natal, l'épitaphe suivante :

« *Sur une terre étrangère,*
J'ai souvent rêvé de mon pays natal de la Ristigouche,
Pour consolation,
J'ai connu la réjouissance d'avoir été un bon mari, un bon père.
Pour consolation,
J'ai connu la route du devoir
Sans y être aucunement obligé.
Fils de Membertou[17],
J'ai respecté mon Créateur,
J'ai aimé mon peuple et mon pays,
C'est là mon adieu,
Puisque les étoiles sont maintenant si près. »

Et à ceux qui lui demandaient pourquoi un message aussi hermétique, Gabriel répondait :

— Earl comprend, lui, puisque c'est ce qu'il a voulu que je fasse écrire...

---

17. Membertou : grand chef des Micmacs, courtois et amical, il a su faire le lien entre le monde indien et le monde blanc, c'est pour cette raison qu'on l'admire et qu'on le prend en exemple chez les Micmacs qui accomplissent des actions ou des exploits côte à côte avec des Blancs.

11 | La grande douleur du retour

L e 22 novembre 1918, l'armistice fut enfin proclamé et
mit fin à une des guerres les plus atroces de toute l'histoire
de l'humanité. Gabriel Commandant, épuisé, presque anéanti
par toute cette horreur et par la mort d'Earl Labillois, s'embar-
qua avec ses camarades soldats sur le *Prince of Wales* et fut
rapatrié au Canada au début de décembre 1918.

Une fois débarqué, il n'eut pas de plus grand désir que
de se rendre immédiatement à Sault-Sainte-Marie où il se
pointa dans la deuxième semaine de décembre.

Il se rendit aussitôt à la paroisse du Précieux-Sang pour y
apprendre une très mauvaise et très douloureuse nouvelle :
le curé Gérard Ostiguy était décédé en juillet de la grippe
espagnole qui faisait tant de ravages parmi les populations
canadiennes et mondiales. On ne comptait plus le nombre
des morts. Son remplaçant, l'abbé Augustin Lamarquant, le
prenant à part, avec toutes les précautions d'usage, lui apprit
la mauvaise nouvelle :

— Je vous attendais. Mon confrère, l'abbé Ostiguy, m'a
tant parlé de vous... Malheureusement, il me faut vous
apprendre une mauvaise nouvelle. Je vous souhaite bien du
courage, monsieur Commandant, je dois vous apprendre
que votre femme Anna-Marion, votre fille aînée, Blandine, et

votre deuxième fille, née pendant votre absence, Lucie, sont toutes les trois décédées de la grippe espagnole, ces jours derniers... Elles vont être enterrées aujourd'hui même.

Avec un cri atroce, Gabriel s'effondra sur le plancher. Le prêtre demanda de l'aide et il fallut de nombreuses minutes avant de le faire revenir à lui. Il resta prostré près d'une heure; quand il réussit à reprendre ses esprits, il décida de se rendre à l'église où le service était commencé. Quand il aperçut les cercueils dans la nef, il crut qu'il allait mourir lui aussi tant il ressentit de douleur. Il se laissa tomber sur un banc et il suivit la cérémonie funèbre l'esprit absent et le cœur complètement brisé.

Devant lui, dans les premiers bancs, Joseph-Théodule, accablé, pleurait bruyamment.

Le corbillard se mit en branle vers le cimetière dans le froid vif et le temps chagrin. À cet endroit, Gabriel put s'approcher des cercueils, ce qu'il n'avait pas osé faire dans l'église de peur de tomber de faiblesse et surtout parce qu'il n'était pas homme à laisser transparaître son immense chagrin devant toute la haute société de Sault-Sainte-Marie. Il vit qu'il y avait de petites fenêtres taillées dans les couvercles des cercueils et il put contempler les visages aimés. Le petit visage de Lucie d'une pâleur étrange avait les traits de Manianne. Il avait appris en route que l'on plaçait ces petites ouvertures vitrées à la hauteur des visages pour empêcher que l'on enterre les gens vivants comme cela était arrivé à plusieurs reprises. Avec ce fléau de la grippe espagnole, les gens paraissaient morts alors qu'ils étaient encore vivants. Les histoires d'horreur ne manquaient pas: un tel venait d'être enterré et ce sont des proches qui avaient entendu des coups sourds et avaient eu la bonne idée de le déterrer pour le retrouver vivant dans la bière. Une autre s'était réveillée dans sa tombe au moment où on allait fermer le couvercle. Ainsi donc, pour parer à cette funeste éventualité, on avait pris l'habitude de mettre une petite fenêtre dans les couvercles des cercueils, car la respiration pouvait produire une buée si jamais la personne, supposée morte, était encore vivante.

À l'instant où l'on faisait descendre le cercueil dans le trou creusé à même la terre gelée, Joseph-Théodule Larouche-Saint-Sauveur lança un cri qui glaça l'échine de tous les assistants:

— Elle est vivante! Elle est vivante!

On le crut devenu fou de la douleur. Saisi, Gabriel s'approcha et son cœur se mit à battre à tout rompre; lui aussi fut pris d'un espoir insensé: une petite buée apparaissait dans la vitre à la hauteur du nez et des lèvres d'Anna-Marion.

Le croque-mort saisissant un levier fit sauter le couvercle du cercueil. On transporta le corps à l'intérieur et on fit mander un médecin. Celui-ci, après un examen minutieux, fut bien obligé de constater la triste évidence: Anna-Marion était bien défuntisée[18]. La petite buée avait probablement été causée par le contraste du chaud et du froid: la chaleur de l'intérieur de l'église et la froidure de l'extérieur.

C'est ainsi que vers trois heures de l'après-midi, le 8 décembre 1918, le marchand Joseph-Théodule Larouche-Saint-Sauveur donna la permission de remettre le corps de sa fille dans la tombe et de procéder à l'enterrement avec ceux de ses deux petites-filles. Gabriel trembla de douleur quand on disposa les deux petits cercueils de chaque côté de celui de leur mère. Un immense frisson le saisit tout entier lorsqu'il dut disperser la poignée de terre rituelle sur les tombes. Il haleta et le sang lui monta au cerveau. Il crut bien qu'il allait faire la toile. Il détacha de son cou le pendentif que sa mère lui avait brodé et qu'il avait porté durant toute la guerre. Il le lança dans le trou. Il fut pris d'un étour- dissement et il eut l'impression qu'il tombait lui aussi dans le vide. Mais quelques hommes le retinrent par les bras et il revint peu à peu à lui.

---

18. Québécisme du début du siècle signifiant morte.

Seulement après que la terre eut été déposée sur les cercueils, le père et grand-père Joseph-Théodule prit connaissance de la présence de Gabriel Commandant. Il lui offrit la main avec raideur. L'Algonquin avait devant lui un homme complètement brisé, au point qu'il en eut pitié malgré sa propre peine à lui.

Joseph-Théodule Larouche-Saint-Sauveur réussit à articuler:

— Ma femme est morte en novembre et aujourd'hui j'enterre ma chère Anna-Marion et mes petites-filles... Je suis un homme infiniment malheureux...

Il n'avait pas cru possible un tel malheur.

— Mes filles... réussit à articuler Gabriel.

Joseph-Théodule le fixa du regard comme on regarde un ennemi.

— Vos filles, Blandine et Lucie, en effet.

Et tous les deux restèrent de longues minutes côte à côte, dans le froid intense de décembre, les yeux embués de larmes, fixant le tertre qu'entourait déjà une petite neige fine et insistante. Un soleil blafard essayait de percer les nuages désolés qui commençaient à laisser tomber cette neige froide et désagréable.

12 | Maniwaki, terre de consolation

Gabriel retrouva sa petite pension et il vécut des semaines de douleur intense, marqué à jamais par cet amour dont il n'avait pas pu explorer la grandeur à cause d'une série de circonstances adverses.

Puis, il comprit qu'il n'avait plus rien à faire à Sault-Sainte-Marie. Il décida qu'il était temps de partir vers Maniwaki. Il s'arrêta au magasin de la Compagnie du Nord-Ouest, acheta son billet pour un passage en train. Pour les adieux, monsieur Larouche-Saint-Sauveur le reçut d'un air absent.

— Je suis venu chercher l'argent que vous me devez encore sur les fourrures que vous m'avez achetées avant que je ne parte pour la guerre.

Joseph-Théodule lui répondit avec hauteur :

— J'ai perdu ma fille, j'ai perdu mes petites-filles, Commandant, et je ne vous dois rien. Les affaires ne sont pas bonnes et je dois me payer de quelque façon.

Gabriel n'insista pas. Son âme généreuse ne pouvait pas comprendre la mesquinerie. Il eut pitié de cet homme qui l'avait tant fait souffrir en le séparant de sa femme et de ses filles.

Au moment où il allait passer la porte, le marchand le rappela. Il se baissa derrière son comptoir et il en sortit une pile de lettres, non décachetées, retenues par une ficelle. Il les remit à Gabriel en disant:

— Je ne les ai pas données à ma fille pour la raison que j'ai supposé que vous lui racontiez les malheurs de la guerre. Ce n'était pas une lecture pour elle qui était si sensible. Il valait mieux qu'elle les ignore, vous ne croyez pas?

Gabriel prit le paquet sans répondre, le cœur transpercé par une douleur vive, profonde, mais il se reprit aussitôt. Un jour prochain, il irait dans la forêt, sa chère forêt, et il placerait ces lettres au sommet d'un grand pin blanc. Les éléments et le temps les effaceraient peu à peu, comme toutes choses heureuses de la vie qui s'évanouissent dans le vent du malheur et dont le souvenir nous blesse à jamais...

✕ ✕ ✕

Le voyage en train jusqu'à Maniwaki permit à Gabriel de repenser à tout ce qu'il venait de vivre. Le visage d'Anna-Marion ne cessa de le hanter et sa douleur était ravivée à chaque instant. Il n'aurait jamais cru souffrir autant. Le souvenir des horreurs de la guerre était moins pénible à supporter que l'idée qu'il ne reverrait plus la jeune fille qu'il avait tant aimée.

On était au début de janvier 1919 et il faisait un froid glacial dans le wagon du Canadian Pacific Railways, malgré la chaleur que diffusaient les deux fournaises placées à chaque bout, et que les voyageurs nourrissaient de grosses bûches d'érable.

Gabriel n'engagea pas la conversation avec les deux passagers qui lui faisaient face sur la banquette. Tout à sa peine, il n'avait pas le cœur à s'intéresser à son entourage.

Il ferma les yeux et les rouvrit. C'est alors qu'il la vit dans le fond, tout près du préposé qui s'occupait du bien-être des passagers. Elle était si ravissante avec son air ingénu. Il ne pouvait pas se tromper: Anna-Marion était dans le train! Elle serrait sur son cœur deux petites filles qui lui ressemblaient à lui, Gabriel Commandant. Il lui fit un signe de la main, elle le lui rendit par son merveilleux sourire. Il cria:

— Anna-Marion! Anna-Marion!

Elle le vit et tout son visage s'éclaira, il l'entendit distinctement dire:

— Gabriel, je t'aime.

Il voulut se lever, courir jusqu'au fond du wagon, la serrer dans ses bras, l'amener pour toujours, elle et ses filles, à Maniwaki.

C'est alors qu'il s'éveilla tout en sueur malgré le froid qui régnait. Il avait dû crier dans son rêve, car les deux passagers devant lui le regardaient avec suspicion. Au fond du wagon, il n'y avait qu'une adolescente qui jasait avec un jeune homme, son frère probablement. Gabriel connut alors ce qui s'apparentait au désespoir. Une autre fois, des larmes ardentes coulèrent de ses yeux et roulèrent sur ses mains posées sur ses genoux.

✂ ✂ ✂

Manianne était là sur le quai, avertie par quelque pressentiment. Elle était seule et c'était bien ainsi. Gabriel se jeta dans ses bras en pleurant, lui disant la raison de son chagrin d'homme. Elle lui répéta des mots algonquins qui servaient d'habitude à consoler les enfants malheureux. Puis, main dans la main, ils cheminèrent, elle toute menue, lui grand jeune homme, encore habillé en soldat, tellement blessé qu'il en était pitoyable.

Le père et le fils parlèrent peu, chacun respectant cette douleur lancinante d'un amour perdu. Mais le père avait des gestes d'affection qui ne trompaient pas. Louis comprenait bien la souffrance de Gabriel, son garçon.

Puis, le père offrit au fils affligé de l'accompagner sur ses terres de trappage d'où ils étaient redescendus seulement pour venir l'accueillir. Gabriel accepta car la forêt et la trappe lui feraient peut-être un peu oublier son chagrin.

La famille Commandant passa le reste de l'hiver dans la haute forêt où il s'échangea peu de mots, mais où l'amour filial finit par guérir le fils blessé.

Sur un haut pin, balayé par le vent de l'hiver et par les premières pluies glaciales de mars, peu à peu l'écriture appliquée des lettres d'amour de Gabriel, écrites dans les tranchées boueuses de l'Europe en guerre, s'effaça. Au printemps, quand ils redescendirent, Gabriel avait repris à peu près le dessus sur son chagrin et il lui arrivait même de sourire aux agaceries de ses frères et sœurs.

Tout l'été se passa dans une oisiveté bienheureuse. À l'automne, quand les Commandant repartirent pour leur terrain de trappe, ils laissèrent derrière eux Gabriel qui avait pris pension chez Anna Mokat. Celle-ci gardait des pensionnaires indiens. Gabriel devint immédiatement ami avec un autre pensionnaire, Richard Karillen, surnommé « Petit Dick ».

Avant de reprendre le chemin de l'Abitibi pour une nouvelle saison de trappe, Gabriel retourna voir le chaman de Maniwaki. Théodore Machinak était véritablement un vieil homme maintenant et il ne vivrait plus très longtemps. Il fit signe à Gabriel de s'approcher de sa couche.

— Gabriel, voilà la troisième fois que tu viens me voir. Je sais aussi que c'est la dernière. À cause de moi, tu te nommes maintenant Homme de la source d'or, toi qui es le fils de Louis Commandant. Les premières fois, je t'ai parlé de ton bon destin. Aujourd'hui, je vais te parler de tes derniers jours : je vois une source d'eau claire qui réfléchit ton visage et qui va l'imprimer à jamais sur une terre bien plus au nord qu'ici. Mais je vois aussi cette source devenir sombre pour ton dernier temps, pourtant l'argent de sa surface t'éclairera et te consolera toujours... Elle se changera en or pur. Sache enfin que tu es l'un des Algonquins parmi tous ceux qui ont passé ou qui passeront sur le ventre de notre mère Aki dont on n'oubliera jamais le nom...

Le vieil homme ferma les yeux d'épuisement. Il eut cependant la force de serrer une dernière fois la main de Gabriel Commandant.

13 | Après le départ d'Anna-Marion (1919)

Gabriel Commandant venait tout juste d'avoir 28 ans et il était en pleine possession de sa jeunesse d'homme. Il venait d'être démobilisé. Il avait même reçu pour sa bravoure sur les fronts français et belge la Médaille militaire avec deux agrafes. Écœuré par toutes ces souffrances et ces morts de la guerre, il avait été voir ses parents à Kitigan Zibi et, ensuite, il était monté tout droit dans le Nord, avec son ami Richard Karillen, un autre Algonquin de Maniwaki. Il avait demandé un terrain de chasse et de pêche, celui-là même qu'il était habitué de fréquenter. Les agents du gouvernement lui avaient assigné les alentours du lac Kakinokamak[19]. Il avait été un peu déçu de constater que déjà, depuis quelque temps, pendant son absence de six années, les Blancs y étaient montés en assez grand nombre. La région bourdonnait d'activités. Les prospecteurs avaient déjà établi leur camp. Faisant contre mauvaise fortune bon cœur, Gabriel Commandant s'était proposé pour les diriger dans la grande forêt dans le but de trouver le précieux minerai dont la découverte récente avait échauffé les esprits. On avait éventuellement dans l'idée d'y

---

19. L'actuel lac Lemoine, près de Val-d'Or.

ouvrir des mines, car la rumeur voulait que l'on n'ait qu'à se baisser pour ramasser l'or à pleines mains. Rêve inconséquent de l'homme, car où pouvait-on ramasser l'or à la pelle? L'or véritable, c'était la sueur de l'homme, de tous les Céré, les Mitto, les Cyr, prospecteurs abitibiens ou venus du Sud, hantés par un seul projet: découvrir l'immense richesse du sous-sol abitibien et faire fortune. Non, nul mieux que Commandant ne pouvait explorer ces terres lointaines où seuls le sapin noir et la mousse avaient su s'implanter vraiment. Pays du Nord, absurde de beauté et de soleil, que l'Algonquin, Indien tenace s'il en fut, pouvait vraiment comprendre, grâce à l'expérience venue de ses ancêtres, à son immense connaissance du moindre repli du sol.

Pourtant Commandant avait des doutes. Il avait toujours en mémoire la phrase des Écritures que son éducation par les missionnaires oblats de Marie-Immaculée de Maniwaki lui avait rendues familières, phrase retenue et tant de fois répétée: « *[...] et elle était venue, ta colère, et il est venu le moment de donner le salaire [...] aux petits et aux grands et de détruire ceux qui détruisent la terre.* » Mais Gabriel Commandant ne voulait pas détruire la terre, il avait plutôt l'impression que son travail de découvreur était essentiel pour développer ce pays qu'il aimait tant. Il savait les famines de son peuple lorsque manquait le gibier et il savait que la vie traditionnelle était maintenant devenue précaire. Il n'imaginait pas encore le peu de respect que les Blancs avaient pour Aki, la Mère Terre, et leur capacité de laisser derrière eux des paysages qui n'avaient plus rien à envier à la désolation de la surface de la lune.

Gabriel Commandant était un homme grand, fort, puissant, qui pouvait porter des charges dépassant cent kilos sur des distances d'une quinzaine de kilomètres. Il se souvenait avoir transporté sur son dos un quartier d'orignal sur les bords du Kienawisik[20], peut-être sur trente kilomètres

---

20. Nom algonquin pour désigner le lac De Montigny, situé près de Val-d'Or; il signifie détour, portage.

en une seule journée, un jour fastueux de fin d'été. L'important pour lui était de mettre un pied devant l'autre sans penser à la longueur de la route. Jamais il n'hésitait. De nuit comme de jour, il avançait toujours avec une incroyable assurance. Comment s'y prenait-il ? Il ne le savait pas. Il ne pouvait l'expliquer. Il sentait qu'il devait passer par là et non ailleurs. Il ne connaissait pas sa route, mais il savait qu'il arriverait où il devait aller. Il avait l'impression que, même aveugle, sans rien comprendre à la route qu'il suivait, il irait là où on l'attendait. C'était surtout cela pour un homme de ce territoire : avancer sans penser à la fin du voyage. Ainsi les Algonquins et les Cris avaient conquis cet immense territoire de l'Abitibi couvrant des distances énormes. Mais pas seulement les hommes, les femmes ne donnaient pas leur place non plus avec un poupon sur le dos et deux ou trois enfants derrière, traînant des charges à faire plier les genoux de n'importe qui. C'est pourquoi les Algonquins étaient et resteraient les maîtres incontestés de ce pays. Nul plus qu'eux n'a marché avec tant de génie cette terre immense.

Gabriel Commandant avait refait le long chemin entre le Kakinokamak et son village natal quelques fois au début de l'été pour aller voir sa famille. Après une trentaine de journées de marche, il avait renoncé à revenir sur ses pas. Même s'il aimait profondément ses parents et ses aînés, il s'était aperçu qu'il y avait une distance importante qui l'éloignait de plus en plus des gens de sa région natale de Maniwaki. Son travail de prospecteur accompagnant les découvreurs miniers de toutes espèces, riches ou pauvres, venus des provinces anglaises comme l'Ontario et des États-Unis, était une raison de cette distance, et le fait que les gens du cru voulaient s'accaparer des immenses richesses de cette terre vierge en était une autre. On le payait car il était vaillant. Et être payé tout de suite ou plus tard, avec des produits d'épicerie ou en argent, avoir un toit sur la tête, c'était la compensation pour une trop proche fréquentation des Blancs, nouveaux arrivants. Il avait l'impression qu'il n'avait plus de racines. Seuls les esprits de la forêt l'accompagnaient toujours. Il se savait du peuple algonquin mais, sauf lors de rares rencontres avec les gens du grand lac Kitchisakik, il n'avait pas toujours l'occasion de fréquenter des Indiens, à moins de planifier un rendez-vous pour une cérémonie ou un rassemblement. C'était pour lui un état de fait, il n'en souffrait pas. Il s'était bien intégré aux Blancs, aventuriers du Nord, profiteurs de toute espèce qui surgissait du Sud pour conquérir cette terre de légendes et de grandeur, cet « Eldorado dans les glaces[21] ».

L'esprit de Gabriel Commandant était plein de reconnaissance pour cet accompagnement, typique de son peuple, qui rend les hommes frères. Il y a tant de plaisir humain à partager la création, qu'un Indien ne peut qu'être heureux sur cette terre de partage et d'abondance.

✕   ✕   ✕

Une lune généreuse entrait par la fenêtre et éclairait tout l'intérieur du camp en bois rond que prêtait à Commandant un certain Adolf-Johannes-Théodore Wendt-Wriedt, promoteur d'origine danoise de la mine Harricana, pour toute la durée de la saison d'hiver. Cette habitation, Commandant et Wendt-Wriedt l'avaient bâtie avec Robert-C. Clark, découvreur de la mine Lamaque. Elle lui servait de pied-à-terre pour se loger lorsqu'il effectuait des travaux exigés par le gouvernement pour pouvoir conserver le droit d'exploitation de sa mine qui, jusque-là, n'avait pas encore produit une seule once de minerai.

---

21. Cette expression appartient à l'écrivain valdorien Denys Chabot, et c'est aussi le titre d'un de ses premiers romans. La Commission de toponymie du Québec a baptisé de ce nom une des 101 îles du Grand Nord québécois.

Cette année-là, Gabriel Commandant avait décidé de quitter le bord de la rivière – il n'était pas très loin, à peine à une demi-journée du lieu où il avait son terrain de chasse – pour venir habiter tôt le camp près d'une source que les prospecteurs avaient baptisée Wendt-Wried-Creek. C'était bien la façon des Blancs de tout s'approprier. L'Algonquin sourit encore. « *Ils ne sauront jamais que la source qui forme un petit lac un peu plus loin, je ne l'ai pas nommée; nommer quelque chose, c'est prendre. Ils pensent me prêter un lieu et un toit, mais je sais moi que tout cela n'appartient à personne parce que cette terre sur laquelle je suis n'a jamais appartenu à personne. Mon peuple anishinabé est la chair de la terre, la terre ne lui appartient pas. Elle lui a été prêtée par le Créateur pour qu'il en vive et en prenne soin. C'est pour cette raison que nous avons laissé les Européens s'établir en Amérique. Jamais nos peuples n'auraient pu s'imaginer que les Blancs feraient tant de ravages sur la terre.* »

Gabriel Commandant n'avait pas envie de dormir, même s'il savait qu'il était tard. Il réfléchissait à sa vie et il entendait encore les paroles de son ami Joseph Cyr, avec qui il s'était très tôt lié d'amitié et qu'il avait conduit et fait engager comme cuisinier à la Green Stabell, une toute nouvelle mine qu'avait découverte Commandant et dont les propriétaires étaient des Anglais de Toronto :

— Un jour, Gabriel Commandant, il y aura ici un gros village et il portera ton nom, c'est moi qui te le dis !

— Ben, voyons donc ! Pourquoi ça ?

— Parce que tu habites et que tu travailles dans ce territoire. Qui ne connaît pas Gabriel Commandant, le guide des prospecteurs, l'ami du chasseur et du pêcheur, le découvreur de nombreuses mines ? Reste-t-il encore des lignes que tu n'as pas tracées dans cette forêt que tu as arpentée mieux que n'importe qui ?

Commandant réfléchissait à ces paroles et il finit par dire :

— Je n'aime pas les villages et les villes. Plus ils grossissent, plus je m'y sens mal à l'aise. Je ne voudrais pas qu'ils portent mon nom. Je n'y crois pas. Mon nom, y penses-tu, Joseph Cyr ? Si jamais tu prédis l'avenir et que tu as raison, moi, je partirai très loin, bien plus au nord. Il paraît qu'à un moment donné on voit le soleil la moitié de l'année. Il n'y a plus de nuit. C'est ce que disent les vieux. J'aimerais vivre dans ce pays où la nuit n'existe pas pendant quelques mois dans l'année.

Jos l'avait regardé avec un hochement de tête.

— Voyons donc, Gabriel, un pareil pays ne doit pas exister.

La conversation en était restée là.

14 | L'arrivée de Robert Karillen (1920)

Ce matin-là, quand Gabriel Commandant se leva, il sentit qu'octobre avait laissé prématurément sa marque : il faisait légèrement froid dans la cabane. En regardant par la fenêtre, il vit que le givre recouvrait l'herbe devant son habitation. Il prit nonchalamment le temps de se vêtir et il s'attarda longuement au laçage de ses bottes de bûcheron bien solides et imperméables, des *rubbers,* qu'il avait achetées dès le début du printemps d'un vendeur ambulant, Bill Ferguson, un autre qui voulait s'installer dans le Nord, un grand Anglais du Nouveau-Brunswick, attiré lui aussi par le développement du Nord. Il avait d'ailleurs l'intention de s'établir à Val-d'Or et d'y ouvrir un magasin général. Il fallait être bien chaussé dans ce pays où les pierres sont dures au bord des rivières et des lacs, où les routes à peine tracées sont inégales et raboteuses, car les pluies n'ont pas de respect pour les ouvertures dans la forêt. Elles amènent la terre et font des crevasses.

Du meuble qui servait d'armoire, Commandant prit un pain, le trancha et le mit bien en évidence sur la table. Puis, méthodiquement, il entreprit d'allumer le poêle à deux ponts. Il commença par du petit bois sec, du sapin qui, dès qu'il fut caressé par le feu d'une grosse allumette, se mit à pétiller sans retenue. Un fois qu'il fut bien pris, Gabriel se dépêcha d'ajouter deux grosses bûches de pin blanc et de bouleau. La cabane en bois rond toute d'une pièce ne tarda pas à se réchauffer. Après avoir étendu du saindoux sur les ronds du dessus, Commandant y plaça les deux tranches de pain qu'il avait envie de manger. Elles ne tardèrent pas à brunir. Alors il prit une poignée de thé dans la boîte de fer-blanc placée sur une tablette au-dessus de la table et, comme l'eau bouillait déjà dans la théière, il la jeta d'un geste précis dans le récipient et le retira aussitôt du feu pour le placer au fond du poêle. Il attendit un peu et, dès que le thé fut prêt, Gabriel Commandant s'en versa dans une tasse de fer-blanc. Puis il commença à manger son pain, en y trempant des morceaux qu'il détachait au fur et à mesure. Il aimait ce moment privilégié du début de la journée.

Gabriel Commandant ne souffrait pas de la solitude. Il y avait tellement longtemps qu'il vivait seul. Ce n'était pas que ça lui plaisait vraiment. Il se souvenait combien il avait été heureux dans sa jeunesse où toute action se faisait en groupe. Mais pour lui la vie en avait décidé autrement. Il l'acceptait. C'était son destin. Et il n'était pas pire que bien d'autres.

Il eut soudain un pincement au cœur. Les visages d'Anna-Marion, de Blandine et de Lucie, venaient de se présenter à son esprit. Il ne lui semblait pas possible qu'elles soient toutes parties. Bien sûr, elles étaient toujours présentes en lui. L'amour qu'il avait eu pour elles ne s'éteignait pas et, parfois dans ses longues trottes à travers son territoire, il entendait tout à coup au détour d'un sentier la musique de Chopin au piano. Il s'étonnait que ce soit toujours les mêmes notes. Malgré l'odeur familière de la forêt, brusquement montait jusqu'à lui le parfum d'Anna-Marion, l'envoûtant parfum de cette jeune femme tant aimée. Il revoyait en esprit ses traits fins, son profil de jeune femme. Puis se substituait à cette image le visage de sa mère, Manianne. Et enfin, celui de son père, le fier et solide Louis Commandant qui lui avait appris à être un Algonquin. Il se reprocha de ne pas avoir envie de leur rendre visite. Non, il n'avait pas l'intention de succomber aux souvenirs. Il prit la décision de descendre à Maniwaki pour les voir, leur parler. Il avait hâte de revoir ses frères et sœurs. Mais finalement il se demanda ce qu'il aurait à dire sur lui, sur sa vie. Vraiment, il savait qu'il évitait de retourner là-bas parce que tout lui rappelait Anna-Marion. C'était sans doute pour cette raison qu'il ne pensait pas retourner dans sa famille pour l'instant.

Adigen s'agita soudain, les oreilles dressées, sa queue faisant un large cercle. Il le regarda s'appuyer les pattes sur le rebord de la fenêtre basse. Il scruta les abords de la pièce d'eau, et c'est alors qu'il aperçut un jeune homme qui venait vers la cabane. À première vue, il s'agissait d'un Indien, assez jeune. Grand, il devait mesurer environ 1 mètre 85. Commandant était habile dans ces sortes de détails. Il aimait imaginer la taille des gens. L'inconnu avançait d'une allure rapide et bondissante, une démarche qui sembla vaguement familière à Gabriel Commandant. Un Algonquin sans doute. Sa nation, Gabriel Commandant le savait, était réputée pour avoir les plus beaux spécimens d'hommes de la province de Québec et peut-être du Dominion du Canada. Le visiteur portait une longue chemise de laine grise, striée de bandes de couleur, des pantalons d'un genre police montée et de souples bottes de bûcheron. Sa marche était à la fois agile, déterminée et bien balancée. Commandant ne put que constater que le garçon avait belle allure. Il le laissa venir sans se lever.

Adigen s'agitait de plus en plus. L'apparition du nouveau venu le perturbait.

Gabriel gronda :

— *Quiet*, Adigen !

L'animal eut un tremblement d'indignation. Le jeune homme frappait à la porte. Deux coups brefs qui résonnèrent dans la cabane.

Il entra et ils se considérèrent sans un mot. Commandant lui trouva un air familier et, tout à coup, il se souvint. L'autre expliqua :

— Je suis Bob Karillen. Et tu es Gabriel Commandant. Tu connais mon père... Little Dick...

Le visage de Gabriel s'éclaira d'un sourire discret. Il reconnaissait dans le jeune homme les qualités physiques qu'il avait constatées si bien chez le père. Son ami, Dick Karillen. Karillen, un nom qu'avaient donné les Hollandais qui fréquentaient le Québec à quelques familles d'Algonquins et que les missionnaires avaient retranscrit dans les registres ecclésiaux : il fallait bien donner un nom à ces nomades pour les livres du ministère des Affaires indiennes du gouvernement du Canada car, en ce haut lieu, on espérait toujours sédentariser ces sauvages de l'intérieur et, pour cela, il fallait recenser les familles chaque fois que c'était possible.

Gabriel avait ce souvenir frais à la mémoire : Little Dick, venu au pays de l'Abitibi en même temps que lui, avait été un compagnon de prospection, de pêche et de chasse très apprécié, un frère. Il le perdait seulement quand il arrivait dans la civilisation, car Petit Dick était un buveur invétéré et les semaines d'ivresse, ce n'était pas un problème pour lui. Dès qu'il franchissait le seuil d'une taverne, il dépensait tout ce qu'il avait pu gagner pendant des mois à conduire des prospecteurs à la recherche de nouveaux *claims* à l'intérieur du pays et, bien qu'il n'était pas un trappeur très habile, il arrivait à vendre quelques peaux accumulées pendant la saison. Les débits de boisson de Senneterre et de Val-d'Or le recevaient à bras ouverts, car les propriétaires, le sachant naïf et ivrogne, en profitaient pour lui dérober son argent. Gabriel Commandant avait dû intervenir plusieurs fois pour empêcher Petit Dick, dans ses rares moments de lucidité, de faire un mauvais sort aux profiteurs. Karillen avait déjà saisi Léo Leblanc, gérant du Black Horse, à Senneterre, un homme pesant bien les cent treize kilos, l'avait balancé un moment au-dessus de sa tête et l'avait projeté à quinze mètres au travers de la route. L'homme avait eu si peur – et il n'était pas le seul – qu'il se sauvait et allait se cacher dès qu'il apprenait que Richard Karillen était dans les parages.

⚜ ⚜ ⚜

Ils échangèrent une vigoureuse poignée de mains. Le jeune homme avait de grands yeux noirs insistants et chaleureux, un peu comme ceux du père, des yeux d'Algonquin, vivaces et attentifs. Les enfants algonquins apprennent jeunes à se servir de leur vision. Les mères les installent dans leur dos pour de longues périodes et, ainsi, ils ont tout le loisir d'examiner l'entourage devant eux. Ils deviennent très habiles à bien percevoir les détails de tout ce qu'ils observent. C'est pourquoi l'Indien est si précis dans sa description des êtres ou des choses qu'il voit au loin, alors que le regard des Blancs ne discerne rien du tout.

— J'ai du thé sur le poêle. Tu as faim?

Bob fit un signe de tête sans répondre.

Gabriel lui indiqua une chaise et le jeune Algonquin s'assit sans plus de manière. Il tendit la main, prit une des tranches de pain disposées dans une assiette de tôle et commença à prendre quelques bouchées. Il était évident qu'il avait faim. Gabriel alla au garde-manger et sortit un morceau de viande. C'était de l'orignal qu'il avait mis à faisander tout l'été et qui était enrobé d'une croûte noirâtre. Il la détacha, la donna à Adigen qui l'engouffra presque sans la mâcher avec une gourmandise évidente. La viande dessous, d'une bonne rougeur carminée, avait l'air appétissante. Gabriel prit une poêle qui avait sa place sur le réservoir à eau chaude, il y disposa les tranches de viande avec un peu de beurre. L'odeur était alléchante. Quand la viande fut cuite, Gabriel choisit deux grandes tranches et les mit dans une assiette qu'il déposa en face du jeune Bob. La bouche de celui-ci se fendit d'un large sourire sur son visage épanoui.

— Il y a des jours que je n'ai pas aussi bien mangé.

Adigen, sa grosse queue bien dressée, se mit à tourner autour de la chaise de Bob. Celui-ci lui donna une bouchée que l'animal happa prestement.

— Il s'appelle Adigen.

112

Le jeune homme se fit admiratif.

— C'est un beau renard.

— Il est surtout docile, il me suit comme un chien. Je ne peux faire un pas sans qu'il soit dans mes jambes.

Commandant se perdit dans ses pensées. Il revit le petit renard devant sa tente alors qu'il campait loin dans la forêt pendant les prospections et les chasses d'été. C'était au début de juin, les jours étaient ensoleillés et la forêt sentait bon le renouveau. Un tout jeune renard, à peine sevré, l'observait inlassablement pendant des heures alors qu'il vaquait à ses occupations journalières. D'abord il n'avait pas voulu le nourrir, mais il comprit vite que le petit animal allait mourir de faim s'il ne faisait pas quelque chose. Il n'avait pas l'air d'avoir de famille. C'est ainsi que, le troisième jour, il se décida à lui donner un morceau de suif de caribou auquel adhéraient de bons bouts de viande (une femelle qu'il avait chassée plusieurs jours de suite et sur laquelle il avait prélevé de la viande en quantité suffisante pour plusieurs semaines). Le renardeau sembla si content qu'il s'agita pendant de longues minutes, allant jusqu'à venir se frôler sur le cuir des bottes de son bienfaiteur.

Gabriel Commandant connaissait les lois de la nature. Il savait qu'il ne pouvait pas intervenir, qu'il ne pouvait pas continuer à nourrir ce presque bébé renardeau. Mais son amour des êtres fut le plus fort et il continua pendant quelques jours son manège de père nourricier. Le renard ne le quittait pas d'une semelle. Pourtant il fallut bien se résigner à l'inévitable et lever le camp. Commandant espérait que le jeune renard puisse survivre après son départ. Il devait bien avoir appris quelque bribes de la façon de chasser de sa mère.

Un matin, il monta son *pack-sack* sur son dos et partit à travers la forêt. Il marcha toute la journée et au soir, près d'un lac, il décida de camper pour la nuit. Il alluma un bon feu, car il voulait manger chaud et il avait bien le temps avant que la nuit ne tombe.

Il avait à peine pris la première bouchée de bannique cuite sous les cendres qu'il entendit un remue-ménage à l'orée du bois tout proche. Il vit arriver à toute vitesse le petit renard qui se jeta dans ses jambes avec un plaisir évident.

« Il est probablement trop loin pour retourner vers les siens; il a dû me suivre toute la journée », songea Gabriel.

Et alors, il se souvint de la dernière visite qu'il avait faite au vieux chaman de Maniwaki et où celui-ci lui avait parlé d'un renard, animal totem et esprit protecteur.

Il lui caressa la poitrine et le renardeau roula sur lui-même de contentement. Gabriel lui dit:

— Je vais t'appeler Adigen, « le petit orphelin ».

⚔ ⚔ ⚔

Bob dévorait toujours la viande à belles dents. Gabriel le regarda longuement. Il trouvait plaisant ce jeune homme athlétique au visage ouvert. Une question lui vint spontanément à l'esprit:

— Ton père, où est-il maintenant?

— Il est dans le Nord quelque part, avec des prospecteurs. Mon père est un homme secret. Il part, il vient. Et surtout il donne très peu de ses nouvelles. Il y a longtemps que je l'ai vu. Il m'a raconté qu'il était devenu ton ami à la lune d'octobre à Maniwaki, il y a de ça plusieurs saisons, et que vous avez passé l'automne et l'hiver, très loin, bien plus haut que le Matchi Manitou.

Oui, c'était bien cela. Gabriel s'en souvenait bien. Ils avaient chassé par des jours froids les lièvres maigres du début du printemps, bien avant la première verdure, car la saison avait encore des relents d'hiver.

Les deux Algonquins avaient vécu ensemble plus d'une année dans la même tente. Ils s'étaient rencontrés à Maniwaki où ils prenaient pension, après une soirée bien arrosée de gros gin et de Saint-Georges; au matin ils s'étaient réveillés tous les deux dans le fossé de la route, il faisait déjà assez froid puisqu'on était en octobre. De plus, ils ne se sentaient pas bien.

— Tu as envie de marcher, Petit Dick?

— Oui.

Ils étaient retournés au village chez la vieille Anna Mokat qui les hébergeait, avaient fait leurs bagages et avaient commencé leur long périple vers l'Abitibi. La première journée s'était passée sans trop de problèmes, quoique les deux hommes n'étaient pas au meilleur de leur forme.

Au soir, ils s'étaient arrêtés dans un camp de bûcherons et avaient demandé l'hospitalité, mais ils avaient été mal reçus par des hommes frustes que le travail harassant de la journée rendaient intolérants et polissons.

— Passez votre chemin, maudits Sauvages!

Devant cette hostilité sans raison, Gabriel Commandant, qui avait la réputation d'être un joueur de tours, avait décidé de leur donner une bonne leçon puisqu'un Algonquin ne se venge jamais gratuitement, pour la bonne et simple raison qu'il ne faut pas perdre son temps à entretenir des sentiments de revanche. Avec la souplesse d'une belette, sans le moindre bruit, il était monté sur le toit du camp. Les hommes d'ailleurs ne l'auraient sans doute pas entendu, même s'il avait été bruyant. Ils jouaient aux cartes et parlaient avec animation. Auparavant, faisant bien attention de ne pas être vu, Gabriel s'était rendu dans l'étable où il avait découvert un bout de chaîne. Cet instrument lui avait donné une idée et elle était diaboliquement ingénieuse. Il avait attaché un large bardeau (qu'il avait pris soin d'arracher au bas du mur de la grange et qui tenait à peine par un vieux clou rouillé) à un bout de la chaîne avec de la broche à foin dérobée dans la tasserie. Il déposa la chaîne dans le tuyau et il laissa dépasser le bardeau au bout. Le vent qui allait agiter la planchette ferait vibrer la chaîne et cet engin mènerait un bruit du diable.

Avec rapidité, il redescendit du toit par l'échelle appuyée au mur et, avec Richard, il alla se cacher dans le bois pour attendre la suite des événements.

Les bûcherons ne tardèrent pas à sortir du camp. Le bruit étrange de la chaîne raclant le tuyau du poêle les avait effrayés. Ils n'eurent même pas l'idée de regarder au bout du tuyau et d'ailleurs ils n'auraient rien aperçu puisqu'il faisait trop noir à cette heure de la soirée. Les hommes parlaient à voix basse entre eux. Un jeune monta le ton :

— C'est ça quand on refuse le gîte à des passants. Ces bruits, ce sont les cris de nos anges gardiens qui nous reprochent notre manque de charité...

Les hommes ne répondirent pas. La religion était tellement omniprésente qu'ils n'élevèrent aucune protestation. Certains croyaient que le garçon avait raison, d'autres se demandaient qui faisait ces gémissements. Ils coucheraient dehors par peur d'être agressés par les fantômes qui geignaient dans le dortoir.

Gabriel sourit à Petit Dick.

— Ça leur apprendra à nous traiter comme des moins que rien !

Karillen acquiesça :

— Il faut pourtant continuer notre chemin car, au matin, ils vont découvrir ton jeu et, pour cette raison, il ne faut pas traîner dans les parages...

Ils reprirent leur route, bien contents. Ils avaient fait la preuve que l'on ne se moque pas impunément des Sauvages.

✗   ✗   ✗

Le jeune Karillen finissait sa viande. Gabriel lui versa une grande tasse de thé brûlant. Le jeune homme, après y avoir déposé quelques larges cuillerées de sucre, souffla dessus pour le refroidir et il en but quelques gorgées avec une satisfaction évidente.

— C'est bon, dit-il.

Ce remerciement était la preuve qu'entre eux les Algonquins s'expriment et parlent sans restriction malgré la croyance qu'ils sont muets. C'est l'impression qu'ils donnent aux Blancs, mais, entre eux, c'est une tout autre chose.

Adigen, toujours intéressé, se mit sur ses pattes arrière et le renifla car le jeune Algonquin portait une veste en peau d'orignal dont l'odeur l'excitait. Bob, qui commençait à avoir chaud, l'enleva et la déposa sur une chaise. Le renard finit par appuyer ses pattes de devant sur la cuisse du visiteur et le regarda intensément. Bob lui caressa la gorge tout en lui parlant en algonquin. Le renard feula de plaisir. Le sourire amical, son doux parler et le don qu'il avait de le comprendre, tout cela fit que bientôt Adigen, sans gêne, grimpa sur lui et se lova dans ses bras, tandis que le jeune homme essayait de boire son thé.

— Il n'est plus sauvage. Je ne sais pas pour quelle raison il a été si facile à domestiquer. Il est rare qu'un animal de bois se domestique aussi facilement. Il a déjà des liens avec les humains. Il a peut-être déjà oublié la tragédie de son premier âge. Les renards sont presque aussi intelligents que les hommes et plus avisés. Leurs souvenirs, leurs sympathies et leurs antipathies ont un caractère personnel.

La voix de Bob était douce avec des inflexions égales. Il avait longuement mûri sa méditation sur le monde animal. Il était à peine croyable qu'il fût chasseur et trappeur. Il est vrai, par ailleurs, qu'un Algonquin des années 1920 ne pouvait pas gagner sa vie autrement. Il connaissait l'ancienne tradition algonquienne qui veut que l'on demande aux esprits des animaux de pardonner aux chasseurs ou aux trappeurs, leur prélèvement sur la vie.

— J'ai 19 ans et je dois trapper et chasser pour vivre. Je n'aime pas beaucoup, mais c'est ainsi que nous restons vivants : en nous appropriant d'autres vies. Les animaux inoffensifs ou redoutables sont responsables de l'ordre du monde et y associent les humains. Mais le monde est aussi métamorphose, il est en destruction-formation constante...[22] Après leur passage chez nous, les animaux retournent dans leur cache secrète au fond de la forêt ou de l'eau, satisfaits

---

22. Les mythes algonquiens.

d'avoir aidé les humains et enclins à revenir l'année suivante pour perpétuer la suite du monde.

— Tu parles avec une vraie sagesse, approuva Commandant. Tu sais, je vois les prospecteurs que je guide en plein bois manger dans des cannes de tôle de la viande et des légumes. Ça se transporte plus facilement, mais c'est très mauvais à manger. Viens, nous allons pêcher la truite dans le petit lac du Wendt-Wriedt Creek.

— Pourquoi lui donnes-tu ce nom?

— Parce que le camp que j'habite appartient à ce prospecteur, mon ami Adolf, Adolf-Johannes-Théodore Wendt-Wriedt, promoteur de la mine Harricana...

Le jeune fit un geste de la main.

— Moi, je pense qu'on devrait l'appeler la source Gabriel-Commandant...

Gabriel Commandant ne put faire autrement que de protester en riant:

— Cette source et ce petit lac ne m'appartiennent pas. Nous, Algonquins, nous savons bien que rien n'appartient à personne, que tout ce qui existe est à la disposition de tous dans le respect des êtres et des choses...

Ils marchèrent pendant quelques minutes côte à côte et le jeune homme demanda:

— Je pensais en venant ici qu'il y avait une grande chance que tu sois parti accompagner un prospecteur ou préparer tes trappes d'automne.

— Ça aurait pu arriver. Je suis souvent demandé comme guide, mais à ce temps-ci de l'année, comme les ours, je me prépare à hiberner et je reste dans ma ouache. Quand il fait beau, seulement alors je prépare mes trappes d'hiver. On ne nous demande pas pour aller en exploration à cette époque-ci de l'année, même si les habitants de cette contrée ne jurent que par le développement des mines, ils arrêtent leur activité dès la mi-septembre, car ici le froid arrive vite et la neige aussi. Au printemps, tout reprend, car ils ont un certain respect pour nous, nous sommes des guides efficaces.

Ça nous permet de vivre, car nous avons pris les habitudes des prospecteurs; ceux-ci ont de l'argent des promoteurs ou bien n'en ont pas du tout s'ils sont indépendants; ils commencent à prendre le Nord d'assaut et cherchent avec avidité les précieux minéraux qui procurent la richesse : l'or, l'argent, le cuivre, le zinc... Et nous avons tout ça ici. Mais ce n'est pas pour nous.

Les deux Algonquins prirent chacun une longue branche de saule et, avec un ficelle que Commandant avait rapportée du magasin général, ils se confectionnèrent des lignes à pêche en ayant soin d'y accrocher un hameçon de bonne grosseur pour la truite. Sous un tas de fumier de cheval, ils trouvèrent les vers de terre dont ils avaient besoin. Ils s'approchèrent du petit lac que formait la Source et ils se mirent à pêcher. L'eau était pleine de miroirs et c'était un agréable jour de mi-octobre.

Bob se mit à prier selon son habitude, comme le lui avaient appris les parents.

— Source, nous allons prélever un certain nombre des tes truites pour nous nourrir. Sois-nous favorable.

Comme si la Source avait répondu, un éclat de soleil en fit miroiter la surface et bientôt Gabriel tira de l'eau un jolie petite truite saumonée. Il dit à Karillen :

— Il paraît que le vrai nom de ces poissons est l'omble des fontaines, c'est un Canadien français qui m'a raconté ça.

— Les Blancs sont compliqués. Une truite, c'est une truite. Ils auraient avantage à prendre nos mots algonquins, ce serait moins mêlant.

Et Bob éclata d'un grand rire sonore qui rappelait sa jeunesse. Il avait peu de considération pour les habitants à peau blanche du pays, si peu intéressés à la nature et capables de baptiser tout ce qui les entourait de noms compliqués, dont ils se servaient rarement, et pour lesquels ils n'avaient pas vraiment de respect parce que ce n'était pas dans leurs mœurs.

Gabriel se rendit compte tout à coup que, même s'il ne connaissait Karillen que depuis quelques heures, il mettait du piquant dans sa vie. Sa jeunesse, ses réflexions, sa compagnie lui devenaient agréables. Il eut une certaine crainte que le jeune homme décide de repartir. Il y a comme cela deux ou trois rencontres dans la vie qui marquent, qui deviennent vite une présence nécessaire. Il y avait bien longtemps que Gabriel n'avait pas eu ce besoin de compagnie. Il n'en éprouvait pas la nécessité. Il se contentait de la forêt, de ses chants mystérieux que lui seul entendait. Parfois, bien sûr, il regrettait de n'avoir pas de famille pour l'accompagner dans ses longs périples de découvreur, de nomade, de coureur des bois. Il aurait pu faire suivre sa famille à condition que sa femme et ses enfants fussent algonquins, eux seuls auraient pu s'adapter à ses longues routes, à ses déplacements continuels. En outre, il pensait toujours à Anna-Marion. La souffrance l'envahissait à cette seule pensée. Si peu de temps pour l'aimer, si peu de temps pour la connaître. Le destin des hommes était illogique. Et le sien particulièrement.

Il se tourna vers son compagnon qui sortait sa troisième truite.

— Tu as l'intention de rester quelques jours?

Bob lui répondit avec promptitude:

— Mon père m'a déjà dit plusieurs fois que tu me recevrais pour l'hiver si jamais il me prenait l'envie de venir ici dans le Nord. Si ça te convient, je resterai. Je retournerai au printemps à Rivière-Désert... Ou bien, je ferai comme toi, je travaillerai pour les Blancs.

Gabriel fut presque soulagé. Il avait espéré cette réponse. Il n'ajouta plus rien, sachant bien que Bob avait compris qu'il acceptait.

La source était leur complice; elle avait cette beauté que le mois d'octobre jette sur les étendues d'eau. Il était midi et ils avaient assez de truites. Bientôt, il n'y en aurait plus à cause de la saison très avancée. Elles resteraient cachées sous la glace ou dans les fonds boueux. En haut de la source, ils cueillirent des racines de quenouilles pour les manger en même temps que les truites.

En remontant vers l'habitation de Gabriel, ils contemplèrent encore la source qui sous le soleil du midi était un rutilant miroir. Ils ouvrirent silencieusement les mains en signe d'offrande. C'était leur façon de remercier à la manière de leur peuple.

Et Bob resta. Avec l'aide de Gabriel, il se construisit un petit camp sur un terrain, actuellement la cour à bois de l'entreprise Les Bois Turcotte, sur la 5ᵉ Rue au bas de la 4ᵉ Avenue à Val-d'Or. C'est probablement le père François-Xavier Fafard (1856-1946), prêtre oblat de Marie-Immaculée, qui, lors d'un passage missionnaire dans le lieu qui commençait à s'appeler Valdor, a changé le nom de Karillen en celui de chemin Carillon, vers 1932, ou plus tard. Elle est devenue, par la suite, l'avenue Carillon. Il n'y a aucun acte officiel et peu de Valdoriens peuvent remonter le temps et se souvenir de ce fait, d'autant plus que beaucoup de ces premiers habitants sont aujourd'hui décédés. Il y a d'ailleurs aussi peu de gens qui, étonnamment, se souviennent que Gabriel Commandant ait demeuré sur les bords de ce qui est devenu la source Gabriel en son honneur pendant de nombreuses années.

C'était une pratique assez fréquente à l'époque de changer les noms indiens pour des noms plus français ou même anglophones.

Il ne tarda pas à y avoir un sentier entre les deux camps, celui de Commandant et celui de Karillen, et les premiers habitants le nommèrent le chemin Karillen jusqu'à l'intervention du missionnaire Fafard après le départ de l'Algonquin pour faire de la prospection dans le territoire de Chibougamau avec son père Richard. Le nom Karillen était d'origine hollandaise et les missionnaires, la plupart français ou belges, avaient une propension à donner des noms français aux rues et avenues des villages et villes qui commençaient à s'établir autour des mines et du chemin de fer, quitte à faire disparaître les noms originaux pour les remplacer par des noms français ou anglais de même consonance. On devait faire des concessions aux anglophones, majoritairement propriétaires et gérants de mines récemment découvertes et exploitées.

15 | Le procès des Waswanipis de la Mégiscane

Tribunal d'Amos, le 13 juin 1926.

L'honorable juge Cémé Bolduc se présenta et, d'une démarche hésitante, réussit à se rendre jusqu'au siège surélevé de la salle où était rendue la justice. Gabriel Commandant qui se trouvait dans le prétoire ne put s'empêcher de penser en lui-même que le magistrat serait plus sévère que d'habitude dans son jugement parce que, justement, il avait l'air de relever d'un excès de boisson. Il y avait des signes qui ne trompaient pas : les yeux larmoyants, les traits tirés et finalement une façon hésitante d'avancer. Son attitude ne trompait pas. Une fois assis, des yeux le juge fit le tour du tribunal. Il avait un affreux mal de tête et l'odeur âcre qui montait des personnes rassemblées, tout à la fois de sapinage et de sueur humaine, lui donna la nausée.

«Pourquoi est-ce si haut ?», devait se lamenter intérieurement le juge, contrarié au plus haut point. Il était vrai par ailleurs que le siège lui paraissait plus élevé que d'habitude car, reçu par des gens de la bonne société d'Amos, il avait abusé du cognac lors de la soirée précédente.

Le magistrat ne se réjouissait pas non plus de la cause qui lui était échue : deux Algonguins de la bande Waswanipi de

123

Mégiscane étaient accusés de nuisance sur les pièges et d'avoir incendié une cabane de trappeur blanc. Le juge Cémé Bolduc se jura en lui-même qu'il donnerait une sentence exemplaire selon sa manière, le maximum : deux ans de prison, c'est ce que lui permettait la loi.

Le tribunal était bondé, toute la bande de la Mégiscane était là avec une bonne représentation des autres Algonquins de Jackson Landing. Gabriel Commandant leur avait enjoint de se rendre à la cour car, leur avait-il dit, peu importait ce que valait la justice des Blancs, elle existait, et peut-être pourrait-elle, pour cette fois, pencher en faveur des accusés.

C'est pourquoi Gabriel demanda en premier à s'adresser au juge. Ce qui lui fut accordé.

— Votre honneur, je suis ici avec Archibald Belaney, un ami des inculpés, et notre but est de les aider dans leur défense.

« Encore des fatigants qui s'imaginent que je vais être clément parce que ces Indiens croient avoir des raisons d'être innocents. Dans quel monde vivent-ils ! » Il se força à répondre :

— Je n'y vois pas d'objection...

Pressé d'en finir, le juge trouva pénible d'expliquer d'une voix lasse :

« Nous sommes ici pour juger Charley Happyjack et Louis Trapper qui sont accusés d'avoir mis délibérément le feu à une cabane de trappeur et d'avoir répandu de l'huile de charbon sur les appâts, dans les pièges, dans le but avoué de nuire et de faire fuir les animaux, sous prétexte que ce chasseur avait envahi leur territoire. On appelle ça se faire justice à soi-même et ce n'est pas permis par le code pénal de ce pays... Je tiens à préciser aussi que le trappeur lésé est retourné dans la Beauce, car il ne vient en Abitibi que pour l'hiver, donc, il n'est pas présent. Mais il nous a laissé une déclaration qui ne saurait être mise en doute... »

Il lut d'une voix bafouillante l'acte d'accusation.

C'est Archibald Belaney qui commença à parler dans un anglais presque trop parfait, au point que le juge Bolduc eut grand peine à le suivre, mais il s'efforça d'écouter malgré sa grosse migraine.

— Si nous nous présentons devant vous, monsieur le juge, c'est à la demande de mes amis algonquins de la bande de Waswanipi, Happyjack et Trapper. Ils sont peu familiers avec la langue anglaise, pas plus qu'avec la langue française. C'est donc à moi et à monsieur Gabriel Commander qu'ils ont demandé d'exposer leur défense. Il est exact qu'ils ont commis les actes dont on les accuse, mais le trappeur blanc qui les a accusés, non content d'avoir envahi leur territoire de chasse et de trappe concédé par le gouvernement à nos amis indiens, s'est permis d'enduire ses pièges à loups et à renards de strychnine. Et pire encore, avant de redescendre vers le Sud à la fin de la saison de trappe, il ne s'est même pas donné la peine de relever les appâts inutilisés avec la conséquence que plusieurs chiens de mes amis de la Mégiscane sont morts au printemps passé après avoir avalé ces mêmes leurres empoisonnés.

Vous savez, votre honneur, que l'usage de la strychnine est parfaitement défendu et illégal sur les terres de trappe et de chasse dans tout le Dominion du Canada.

Le juge Bolduc attendit que l'Anglais finisse son plaidoyer. Son mal de tête empirait:

Êtes-vous citoyen canadien, monsieur Belaney?

Archibald Belaney savait où le juge voulait en venir. Mais il savait aussi très bien qu'il pouvait plaider, en l'absence d'avocats, même en étant sujet anglais, pour défendre des gens dont la présomption d'innocence était inscrite dans le droit canadien. Cependant, il fit passer au juge le document attestant son statut de Canadien qui lui permettait de prendre la défense des Algonquins et dont il avait eu soin de se munir des mois avant le procès, en fait, depuis son arrivée en sol canadien.

— Comme vous pouvez le constater, monsieur le juge, je suis habilité à parler au nom de messieurs Happyjack et Trapper. J'ai vécu assez longtemps au lac Témagami, en Ontario, avec mes amis indiens, pour avoir la capacité d'exposer ici l'affaire. De toute façon, maintenant j'ai choisi comme pays le Canada et, présentement, je suis trappeur dans les environs de Doucet, localité près de Senneterre.

Le juge eut un geste de contrariété. Il se demandait pourquoi des étrangers prenaient le parti des Amérindiens, ce qui n'arrivait presque jamais. Il fit semblant de consulter le code qui se trouvait à sa gauche, un gros livre qui contenait toute la législation canadienne. En définitive, il n'avait aucunement besoin de l'ouvrir : il était un des légistes les plus avertis de la région. Il avait déjà choisi dans son esprit la sentence qu'il allait imposer. D'ailleurs, il avait hâte d'en finir : la tête lui fendait et il se jura de ne plus abuser de la boisson, mais c'était là une promesse qu'il s'était faite bien souvent par le passé et il l'avait rarement tenue.

Il allait prononcer la sentence lorsque Gabriel Commandant demanda de nouveau la parole. Surpris, le juge se demanda ce qu'il allait dire. Il lui accorda ce privilège étant donné que les paroles de l'Indien n'auraient pas grande importance pour la suite du jugement.

Gabriel Commandant prit une voix mesurée, mais ferme :

— Peut-être, votre honneur, ignorez-vous le nom du trappeur venu du Sud pour occuper le territoire de mes frères de la Mégiscane, et qui a commis la faute d'empoisonner ses appâts ?

Le juge se demanda où ce Commandant voulait en venir. Il devait le ménager car il avait des amis haut placés dans la direction des mines. Il était d'ailleurs prodigieusement agacé par cette intervention. Il avait hâte d'en finir, car l'impatience le gagnait. Il comprit tout à coup qu'il venait de tomber dans le piège habilement tendu par l'Algonquin

Commandant qui le fixait d'un œil moqueur. Le juge baissa les yeux et s'entendit dire d'une voix mal assurée :

— ... Octave Bouchard...

Cémé Bolduc rougit, mal à l'aise, et s'agita sur son siège. Pour se donner une certaine contenance, il sortit son mouchoir et se moucha bruyamment. Il espérait que l'on n'avait pas fait de rapport quoiqu'il doutât que la question de Commandant ait été tout à fait innocente. Peu importe, il comprit d'un coup qu'il ne pouvait imposer la sentence qu'il avait prévue. Il était habitué à plus de soumission de la part des Indiens. D'habitude, ceux-ci ne posaient pas de questions et ils restaient silencieux. Il ne devait pas perdre la face. Il frappa deux coups de maillet.

— Bon, euh... après avoir soupesé les arguments des deux parties et après avoir délibéré, je suis en mesure d'imposer ma sentence. Messieurs Happyjack et Trapper, veuillez vous lever. Je vous condamne à deux mois de prison.

Et le juge se leva immédiatement, craignant un esclandre possible.

Même si cela ne parut pas, il y eut un certain soulagement dans la salle. Bien sûr, la bande de Mégiscane considérait cette sentence comme injuste, mais elle leur parut bien plus clémente qu'ils n'avaient cru possible. Ils le devaient à Gabriel Commandant et à Archie Belaney.

À la sortie du tribunal, le chef de Jackson Landing, Nias Papatie, questionna Gabriel :

— Pourquoi as-tu demandé au juge de donner le nom du trappeur blanc ? Tu as du front tout le tour de la tête !

Gabriel ne put faire autrement que de le taquiner :

— Nias, tu as compris ?

Le chef algonquin se gratta la tête.

— Qu'est-ce donc que j'aurais dû comprendre ?

Gabriel lui souffla comme en confidence :

— Ben, voyons, le trappeur Octave Bouchard est le cousin du juge du côté de sa femme.

Papatie prit un moment avant de demander un éclaircissement:

— Veux-tu bien me dire où tu as appris ça?

Gabriel lui jeta un coup d'œil narquois:

— Dans une taverne de Senneterre, il y a deux semaines
de ça. Alors que je buvais une bière avec Archie Belaney, j'ai
entendu deux hommes qui disaient: «Ces maudits Sauvages,
ils ne se doutent pas de ce qui les attend: ils vont passer
devant le juge Bolduc et c'est justement son cousin, le
trappeur, dont ils ont brûlé la cabane et sagagé les pièges.»

✗ ✗ ✗

La première neige était déjà tombée lorsque Gabriel se
rendit à Jackson Landing où le chef, Nias Papatie, l'avait
invité à venir.

— Salut, dit-il en l'apercevant dans la porte, j'espère que
tu n'as pas cassé le nez de la lune avant de venir!

— Sois-en sûr, Ignace, j'ai même pris de l'avance en
écornant la lune d'hiver!

Ils se mirent à rire tous les deux. Ignace, après un
moment, parla de ce qui le préoccupait:

— J'ai cherché à tisser des rets de bonnes intentions pour
capturer les mauvais rêves...

— Que veux-tu me dire par ça?

Le chef Papatie soupira longuement:

— Tu sais sans doute que les trappeurs blancs sont
montés du Sud encore une fois cette année; ils ont envahi
par centaines nos territoires algonquins du Grand Lac
Victoria et du lac Simon. Ils se permettent cette action
depuis dix ans au moins. Ils sont devenus une véritable
engeance. Tout ça depuis que le cheval de fer galope sur ses
rails jusqu'ici. Notre situation est difficile du fait que nous
n'avons pas signé de traité avec le gouvernement fédéral.
C'est à cause de ça que nous n'avons pas le contrôle sur nos
terres. Il y a deux ans, un des nôtres, Jérôme Mathias, a subi
l'invasion d'au moins une douzaine de trappeurs blancs sur

son territoire de chasse, et voilà que plusieurs membres de cette même famille Mathias ont été décimés par la maladie, donc ils n'ont pu défendre leurs sentiers de trappage. Les trappeurs blancs ont pu s'en emparer sans être inquiétés en retour et ils sont repartis au printemps après avoir dépouillé la région de tous ses animaux à fourrure...

Il fut interrompu à ce moment parce qu'entra dans le camp une jeune femme de belle prestance. Malgré la blancheur de son teint, c'était une Indienne sans nul doute et elle connaissait les airs à la façon dont elle était entrée. Elle était vêtue comme un homme, pantalon et veste en peau frangée d'orignal. Un autre des traits typiques des Iroquois ou Mohawks du bas de la province. Gabriel en avait assez fréquenté à Sault-Sainte-Marie pour reconnaître une des leurs. Elle était petite, élancée et brune, avec un visage avenant, ouvert et franc qui comportait quelque chose d'ingénu.

En l'apercevant, Ignace demanda :

— Qu'est-ce qui t'amène, ma sœur Anaharéo ?

Elle venait d'arriver dans la région avec son ami, un trappeur anglais, Archibald Belaney. Ils étaient venus du nord de l'Ontario et ils étaient aussitôt devenus amis avec les Algonquins. Nias avait même accepté à l'été de marier les nouveaux venus selon le rite algonquin, au lac Matchi-Manitou, car il s'agissait d'un jeune couple, et ce mariage avait eu lieu avant que l'Anglais Belaney ne reparte pour le parc québécois où il remplissait le rôle de garde-feu.

Archibald Belaney, dès son arrivée en région, était allé rencontrer Gabriel qu'il connaissait depuis la guerre, alors qu'il était blessé. Il en avait profité pour lui présenter sa nouvelle compagne Anaharéo. Gabriel avait tout de suite été séduit par la jeune femme enjouée et pleine d'entrain, au rire franc. Elle l'avait fait bien rire en lui racontant comment elle avait dû faire de la raquette l'automne précédent pour se rendre à la cabane de Belaney, située à soixante kilomètres de Doucet.

— Je suis arrivée sur les coudes et les genoux, j'étais crevée, car je n'avais pratiquement jamais mis des raquettes dans mes pieds. Des ampoules grosses comme des pustules de gomme de sapin !

Il la revoyait ce matin dans le camp en bois rond d'Ignace Papatie. Elle paraissait soucieuse. Elle leur apprit d'une voix indignée :

— Imaginez-vous donc que Hansel et Gretel sont disparus !

Il s'agissait de deux jeunes castors qu'elle et Belaney avaient adoptés le printemps précédent et qui, selon Belaney lui-même, avaient des comportements quasi humains. Ils se mouvaient, parlaient, s'occupaient et réagissaient aux actes des deux humains comme ceux-ci n'auraient jamais cru que puissent le faire des animaux. Les petites bêtes savaient construire des cabanes, se procurer des vivres et les transporter, élaborer des plans et les réaliser, se tenir solidement et résolument sur leurs pattes arrière. Ils savaient faire preuve d'une indépendance d'esprit parfaitement comparable à celle d'Anaharéo et d'Archibald, du moins ceux-ci pensaient-ils ainsi, allant jusqu'à les considérer comme des congénères et à les accepter comme égaux.

Lors d'une visite que Gabriel avait faite à la cabane des Belaney, Archibald lui avait confié avec amusement :

— Hansel et Gretel éternuent et toussotent comme des enfants, émettent de petits cris et de doux gloussements, réagissent au moindre geste affectueux, s'accrochent à nous avec leurs petites menottes antérieures, ou tapent du pied avec impatience. Tout cela ajouté à leur petite crise d'indépendance nous touche profondément, Anaharéo et moi, comme seuls savent nous toucher les petits et les faibles.

Gabriel avait souri à la description enthousiaste de l'Anglais. Il comprenait très bien ce qu'Archibald voulait dire, lui qui avait déjà élevé des oursons et des perdrix près de son camp. Même les volatiles avaient chacun une personnalité différente et bien évidente. Il expliquait cela par le fait que ces animaux fréquentaient des humains et avaient un sens de l'imitation très développé.

De plus, Belaney et sa compagne étaient affectés par la lente disparition de ces animaux dans le Nord et même tout le Canada. Belaney s'en indignait :

— C'est monstrueux de tuer de telles créatures. Jamais plus je ne le ferai. Au lieu de les persécuter, je vais les observer pour mieux les connaître. Peut-être même, dans un temps prochain, pourrai-je leur fournir un sanctuaire. Il ne faut pas que cette espèce disparaisse. La nature en a besoin.

Gabriel constatait qu'Archibald était un original doublé d'un sentimental. Il savait, par exemple, qu'il gardait toujours en souvenir un os de chaque animal qui lui avait fait une impression quelconque, qu'elle fût positive ou négative. Il lui avait d'ailleurs montré dans sa cabane une pleine malle remplie de souvenirs : photographies, bouts de tissus prélevés sur des vêtements de vieux amis, cônes de pin et pierres ramassées sur des sites que Belaney affectionnait. Il lui raconta même qu'une fois il avait pagayé sur au moins trente kilomètres pour retourner dans un lieu de portage où il avait oublié une petite cuillère ornée dont ses camarades de l'armée lui avait fait cadeau la veille de sa démobilisation. Aussi il conservait précieusement des rondelles de cornes d'orignal ornées de dessins que lui avait données Gabriel et qu'avaient sculptées les fils d'Ignace Papatie.

✗   ✗   ✗

Nias Papatie avança que les deux petits castors avaient peut-être décidé de retourner dans un ruisseau près de la cabane, mais Anaharéo protesta :

— Non, nous avons vu des traces de bottes de chasseur dans la petite neige de fin de printemps.

Gabriel constata :

— Tout le monde autour d'ici connaissait l'existence de vos castors. Il n'est pas improbable qu'un trappeur mal intentionné ait décidé de les attraper pour les peaux. C'était relativement facile...

Le silence retomba entre les trois. Puis, Gabriel conclut :
— Je vais m'occuper de trouver le coupable. Je vous en fais la promesse, Anaharéo.
— Merci, dit Anaharéo, en lui adressant son meilleur sourire.

Elle prit congé d'eux. Gabriel et Nias restés seuls revinrent à leur préoccupation.

Nias fit une requête à Gabriel :
— Tu es au courant que je ne sais pas écrire. J'ai besoin que tu le fasses à ma place puisque les missionnaires te l'ont appris à toi.

Il passa sa main sur une coin de la table et il l'invita à s'asseoir à côté de lui. D'une étagère en haut de l'armoire, il descendit une tablette de feuilles blanches qu'il venait sans doute d'acheter en passant à Senneterre, car l'humidité n'avait pas encore eu le temps de faire rondir le coin des feuilles. Il demanda à Gabriel d'écrire d'abord en algonquin, il traduirait ensuite.

Gouvernement du Canada
Direction des Affaires indiennes
Ottawa

Monsieur le premier ministre,

Je m'adresse à vous en qualité de chef représentant la bande du Grand Lac Victoria, de Jackson Landing et du lac Simon.
Je veux faire état d'une véritable tragédie qui se déroule sur nos terres ancestrales de chasse et de pêche et je réclame du même coup votre protection.
Je porte à votre connaissance le fait que des trappeurs étrangers à notre région montent par le chemin de fer et envahissent les terres de mon peuple Anisnabe. Par conséquent, nous ne savons plus où aller pour nourrir nos familles. En forêt,

les Blancs se saisissent de tout ce qui appartient aux Indiens, bien que la Bible condamne le vol. Ils nous apportent aussi beaucoup de maladies avec leurs drogues médicinales ou leur whisky. Aussi ils empoisonnent la forêt.

Je dois vous apprendre, monsieur le premier ministre, que cette situation est due en grande partie au fait que nous avons perdu beaucoup des nôtres, seuls cent quatre-vingts membres de notre communauté ont échappé à ce malheur, de sorte que nous ne pouvons plus protéger nos terres. Les trappeurs blancs peuvent donc chasser en toute impunité et ils ne repartent qu'après avoir dépouillé toute notre région de tous ses animaux à fourrure.

Monsieur le premier ministre, nous espérons que vous pourrez contrer par votre influence l'exploitation sauvage dont nous sommes victimes, et ce, dans les plus brefs délais.

Nous réclamons votre protection.

Et je signe :

Ignace Papatie, grand chef de Jackson Landing, de Kitcisagik, connu par vous sous les noms de Grand Lac Victoria et de lac Simon.

— J'en profiterai en passant par Senneterre pour déposer cette lettre au bureau de poste, si tu me le permets, Ignace, suggéra Gabriel.

— C'est bien. Pourvu qu'elle parvienne au gouvernement et qu'il nous écoute..

16 | Le sort des deux petits castors

Le printemps était avancé et l'été allait bientôt venir malgré le froid de la journée. On le sentait à respirer l'air et à la façon dont la forêt s'agitait. À l'œil averti, elle montrait des signes évidents que le printemps avait gonflé ses rus, ses lacs et ses rivières, car dans ce pays où les extrêmes se côtoient la saison des sèves a ceci de particulier qu'elle envahit tout à coup le pays sans presque s'annoncer.

Walt Flannigan, le trappeur, s'était assis pour se reposer un moment en cette heure de l'après-midi. Il avait fait un long trajet depuis les hauteurs de Doucet dans des chemins atroces où il était allé commettre une action méprisable. Il n'était d'ailleurs pas aimé dans le pays. Il y était revenu après avoir voulu purgé une peine de huit ans de pénitencier, accusé pour voulu assassiner une jeune Algonquine de 16 ans qu'on nommait La Princesse, à Jackson Landing. À son retour, après avoir purgé sa peine, il s'était établi à Colombière dans une cabane minable. On se demandait bien pourquoi. Certains parlaient de provocation, car Colombière n'était pas très éloigné de Jackson Landing où il avait commis son crime. Chaque hiver, il trappait pour se faire un peu d'argent, ce qui lui permettait de vivre toute l'année, et il n'hésitait pas à empiéter sur le terrain des Algonquins. Il est vrai qu'il n'y avait pas de pénalités importantes pour un Blanc, alors pourquoi s'en serait-il privé ?

Walt Flannigan était d'origine irlandaise, du moins il le prétendait, et son anglais parfait n'était pas sans lui donner raison. Il était venu au Canada alors qu'il avait une vingtaine d'années. Il chassait et trappait en toute impunité et repartait au début de l'été après avoir dépouillé son aire d'activité et tout animal à fourrure qu'il était capable de prendre.

Walt Flannigan appuya son fusil à un arbre, assujettit son paqueton sur un bout de toile où l'on distinguait des taches de sang séché. Il enleva ses mitaines, bourra sa pipe et soupira de contentement. Il savourait un bon coup.

Tout entier à ses pensées, l'Irlandais n'entendit guère le bruit de pas qui approchait. Il se retourna brusquement au son d'une voix.

L'homme qui le saluait, Walt Flannigan l'avait aperçu dans un des hôtels de Senneterre où il demeurait pendant le temps de la trappe d'hiver. Il ne le connaissait pas spécialement. C'était un grand Algonquin, bien taillé, d'à peu près 35 ans. Des yeux sombres, mais francs, observaient le trappeur sous la visière d'un casque à fourrure destiné à le protéger du soleil ardent en ce moment de la saison. Svelte, il portait un coupe-vent en peau d'orignal finement tannée, ceinturé à la taille et frangé à la mode algonquienne. Il tenait son fusil sur l'épaule dans un étui de toile. La surprise de son arrivée soudaine, ce ne fut pas cela qui donna à Walt Flannigan un frisson dans le dos.

— Salut, étranger. D'où venez-vous comme ça ?

Walt Flannigan ne répondit pas tout de suite. Mais, à la fin, il jugea plus prudent de dire avec une mauvaise grâce évidente :

— Du côté de Doucet. Je suis venu relever mes trappes...

Et il jeta un regard soupçonneux sur l'Indien.

— Avez-vous pris quelque chose ? demanda l'homme.

— Une martre et quelques belettes...

Il se garda bien de dire qu'il avait ôté la peau de deux petits castors qu'il avait rencontrés geignants sur sa route et qu'il s'était empressé de tuer pour leur enlever leurs fourrures soyeuses.

L'Algonquin s'assit lui aussi sur une grosse branche d'arbre. Il ne parlait pas, mais Walt eut l'impression détestable qu'il avait deviné son forfait.

— Par hasard, vous n'auriez pas rencontré deux jeunes castors sur votre route?

Cette fois, Walt Flannigan blêmit. Il bégaya:

— Sû... re... ment pas...

L'Algonquin se leva. Et Walt se demanda s'il n'était pas sur son terrain de trappe. Mais il semblait bien que non.

Brusquement, un ours noir traversa le sentier en les regardant. Les deux hommes se préparèrent à se lever et à faire face, mais l'ours eut peur et il s'enfuit au trot allongé.

En même temps, ils entendirent un arbre s'abattre dans le bois tout près d'eux. Ils cherchèrent à découvrir la raison de ce bruit. Ils atteignirent l'embouchure d'un petit affluent et ils s'arrêtèrent au pied d'une curieuse digue. Marchant dans les bois en silence, ils contournèrent l'obstacle. Ils s'arrêtèrent sur un buton et regardèrent tout autour pour finalement apercevoir une colonie de castors s'agiter, travaillant par petits groupes. Les animaux venaient, allaient d'un bord et de l'autre, besognant par petites troupes, chacun faisant sa part. Ils avaient barré la rivière; leur digue était haute maintenant de deux mètres et longue de vingt. La pièce d'eau s'étendait en amont sur une quinzaine de mètres. À peu de distance de la rive, on voyait émerger les toits ronds de leurs huttes.

Des animaux sur la rive, d'autres dans l'eau nageaient autour, occupés à réparer une brèche. La rivière grossie par les crues de la neige qui finissait de fondre avait entraîné un lourd tronc qui était venu frapper la digue comme un bélier. Cette ouverture s'étendait, l'eau s'y engouffrait et défaisait le barrage. Il fallait pour les castors réparer en toute hâte les dégâts avant que ne s'agrandisse encore la fissure. Quelques-uns abattaient des arbres surplombant le lac; ils s'attaquaient au tronc avec leurs dents. C'était le bruit d'une de ces chutes d'arbres qui avait surpris les deux hommes. Une fois les troncs abattus, trois castors les coupaient encore en pièces manœuvrables. Ils mangeaient d'abord l'écorce pour se nourrir. Deux autres tiraient les bouts de tronc vers la digue, ils les poussaient en travers du lac.

Walt et l'arrivant n'en revenaient pas de cette admirable organisation et du travail communautaire de ces castors. Il était visible que l'Algonquin éprouvait de l'émerveillement devant ce spectacle. Il semblait avoir pour ces animaux un respect certain.

— Vous voyez, l'ami, que ce travail des castors est prodigieux. Ces animaux intelligents ont tout pour le travail qu'ils doivent effectuer : une queue aplatie comme une rame et couverte d'écailles, leurs pattes sont palmées pour mieux nager, ils ont des griffes pour creuser la terre et saisir les pièces de bois. Et que dire de leur étonnante fourrure, épaisse, touffue.

En même temps, il jeta un regard inquisiteur à l'Irlandais qui devint manifestement mal à l'aise.

Ils s'éloignèrent pendant que des arbres s'effondraient encore avec fracas dans l'étang. Mais pendant qu'ils marchaient vers le sentier, le sac de Walt Flannigan s'ouvrit, peut-être parce que la fermeture était trop usée ou parce qu'il était trop chargé, et l'inconnu aperçut deux peaux de petits castors. Il ne dit rien, mais, avant de quitter l'Irlandais, il lui fit remarquer :

— Si j'étais vous, je fermerais bien mon *pack-sac,* car je connais deux personnes qui vous en voudraient à mort si elles apercevaient ce qu'il y a dedans... Vous faites mieux de vous arranger avec eux. C'est un conseil d'ami que je vous donne.

Cette fois, Walt Flannigan, mal à l'aise, rougit.

Après l'avoir quitté, l'inconnu cria de loin :

— À propos, je me nomme Gabriel Commandant.

— Et moi, Walt Flannigan, répondit l'autre à contrecœur.

Et il s'arrêta lorsque Commandant eut complètement disparu et referma soigneusement son sac.

Il n'avait qu'une hâte : aller vendre au plus vite ses fourrures à Val-d'Or, Senneterre étant trop près, il risquait de tomber sur des gens qui avaient entendu parler des petits castors...

17 | Été 1927

Il avait plu tout l'été, des pluies soudaines qui arrivaient du Nord avec des ciels où le soleil perçait quelquefois en rayons timides et éphémères. De mémoire d'homme, on ne se souvenait pas d'étés aussi pluvieux que les deux derniers. Tout le paysage était dissimulé par la vapeur qui montait de la terre imbibée. Une pluie rafraîchissait subitement l'atmosphère, chassée aussitôt par un vent tenace et monotone, un déluge obstiné, un martèlement d'averses. L'humidité imprégnait et éteignait toute vie. Comme le pays subissait une vague inhabituelle de froid, il semblait s'évanouir dans les buées et les brumes. Parfois, vers le soir, une clarté filtrait à travers la brume, les nuages étaient illuminés par les rayons obliques du soleil couchant.

Robert C. Clark, le prospecteur-propriétaire venu de Toronto, avait passé quelques jours dans la région pour s'occuper de ses affaires et voir à la bonne gestion de sa mine. Il y était demeuré quelques jours, mais il avait décidé de repartir en avisant Gabriel Commandant qu'il reviendrait à l'automne pour *claimer* d'autres terrains où l'or était présent. C'est avec l'Algonquin qu'il avait découvert, en 1923, le gisement de la mine Lamaque qui devait devenir le plus gros producteur d'or du Québec. Il y voyait déjà d'autres mines mises en exploitation et il deviendrait riche alors que tous ceux qui travaillaient encore sur le terrain resteraient de gentils assistants-prospecteurs avec des salaires minables et la misère des longues marches à faire dans des sentiers et des terrains impossibles. C'est ainsi que fonctionnait le monde d'alors. Ceux qui s'enrichissaient dans un pays qui ne leur appartenait pas le devaient au hasard et à l'argent venu d'ailleurs.

Non, Clark n'avait pas fait vieux os dans le pays en cet été 1927. Le petit homme râblé, vif et lourdaud d'esprit qui venait de passer le cap de la quarantaine, n'avait pas eu la patience et l'endurance suffisantes pour continuer de visiter ses terrains aurifères, mais ça n'avait pas d'importance puisqu'il les avait dûment enregistrés au bureau des mines à Val-d'Or et qu'il avait le choix de revenir l'année suivante. Gabriel l'avait guidé sur des terrains détrempés par cette boue qui tenait de la glaise et de la gadoue collante typique du sol abitibien.

De plus, il y avait des myriades et des myriades de moustiques et il fallait absolument les fuir ou s'en préserver pour ne pas voir les parties exposées du corps devenir des plaies vivantes à force de les gratter. Gabriel n'en souffrait guère, car il s'enduisait d'une décoction dont il avait le secret et qui lui avait si souvent servi. À base d'herbage, dont le fameux thé du Labrador et le gingembre, cette décoction très efficace éloignait les moustiques. Et, contrairement à d'autres, Gabriel vaquait toujours à ses occupations, pluie ou temps passable.

Commandant avait eu 36 ans au printemps; il était en pleine forme, ce grand homme dans les 1,91 mètre, mince presque svelte, aux traits fins et au regard pénétrant, au sourire perpétuel qui s'amusait de tout et qui cherchait à plaire à tous dans la mesure où ils en avaient besoin. Gabriel était un être profondément généreux, sans parti pris. Il avait accompli toutes les tâches : prospecteur, trappeur, guide, garde-forestier et garde-feu. Entre Blancs, Indiens et Métis, il avait une façon bien particulière d'instaurer l'harmonie par des paroles apaisantes, par des gestes qui désarçonnaient l'agressivité. Énergique et plein d'entrain, c'était un bon travailleur, connu pour sa force légendaire. Il était sociable et avait une attirance pour l'inconnu qui l'amenait à se lier d'amitié avec des gens de toutes provenances. Il parlait avec aisance trois langues: l'algonquin, l'anglais et le français.

Oui, Gabriel Commandant savait mettre l'harmonie entre les hommes. Parce qu'il y en avait de l'agressivité parmi ces hommes habitués à vivre de peu, à la dure, et qui ne passaient pas par quatre chemins pour se débarrasser des importuns. Mais la grande qualité de l'Algonquin, c'était qu'il était serviable et, comme il connaissait le pays comme le fond de sa poche, rien ne lui échappait, il n'y avait rien à son épreuve. Souvent, les officiers du gouvernement en poste dans le nord du Québec l'engageaient pour effectuer une reconnaissance du terrain et en donner une description précise. Car il y avait une querelle au sujet de la limite de l'Ontario et du Québec dans le Haut-Témiscamingue. Gabriel Commandant avait été engagé pendant plusieurs mois du printemps et de l'été pour tracer une route d'homme à travers la forêt, délimitant ainsi les deux provinces, avec leur accord, c'est-à-dire celui des politiciens en place. Puis, les deux gouvernements s'étaient tout à coup désintéressés du projet de frontière. Gabriel continua à cumuler les fonctions de garde-feu pour le Québec pendant les autres mois de l'été. Il ne se passa absolument rien, les visiteurs se faisant rares à cause de la pluie, justement. Quant aux feux de forêt, il y en eut bien quelques-uns, mais l'humidité et le peu de vent les empêchèrent de s'étendre bien longuement.

Ce même été, Gabriel apprit qu'il y avait eu un recensement des Indiens en 1924. Il y figurait maintenant comme membre sans enfant de la bande Rivière-Désert. Le recenseur venu de la grande ville de Québec ne se préoccupa pas de noter que Gabriel ne vivait plus en réserve depuis des années et qu'il était devenu guide recherché pour la prospection dans les terres du Nord. Il est vrai que les gouvernements n'aimaient pas beaucoup voir les Sauvages, comme on les appelait alors, s'éparpiller sur toutes les terres nouvelles du Dominion du Canada, car cela rendait ardue la tâche de les suivre pour mieux les contrôler et les sédentariser, ce dernier point étant la hantise des fonctionnaires qui tenaient à procurer des terres nouvelles aux colons qui arrivaient du Sud, menés par des curés colonisateurs. On commençait d'ailleurs à prendre les enfants algonquins aux parents pour les élever dans les pensionnats des missions religieuses, catholiques comme anglicanes.

Si les Indiens adultes entraient trop profondément dans des territoires pour la plupart inaccessibles, il devenait compliqué de tenir un compte exact de ces populations indigènes, beaucoup d'entre elles étant composées de perpétuels nomades qui changeaient de nom au gré de leur fantaisie, donc impossibles à suivre par les autorités. Les missionnaires tenaient bien un compte exact de leurs ouailles dispersées, mais, là, ils se heurtaient à une difficulté de taille : certains autochtones pouvaient passer des années dans la forêt sans revenir vers la civilisation, hantés par leur désir de liberté et au gré des pêches, des chasses et des trappages pour survivre.

Cette question d'émigration de ses frères était loin d'être une préoccupation pour Gabriel Commandant. Tout l'été, faute de pouvoir se déplacer ou faire de la prospection à cause de la pluie, il avait nourri et élevé quelques perdrix qu'il avait capturées au printemps, petits poussins, et qu'il avait placées dans une grande cage de broche à poule. Blagueur impénitent, il faisait rire les visiteurs en donnant des noms amusants à ces poules majestueuses, comme il les appelait; ces noms ou surnoms étaient toujours en relation avec les principales commères de l'agglomération. Ça ne plaisait pas toujours aux principales intéressées quand la rumeur leur venait aux oreilles, mais elles n'osaient pas trop protester de peur d'attirer l'attention sur elles.

Gabriel Commandant se débrouillait avec les salaires que lui versait le gouvernement comme garde-feu et garde-forestier. Il ne se préoccupa aucunement de la pension à laquelle il avait droit comme ancien combattant et qu'était supposé lui procurer le ministère de la Guerre du Canada puisqu'il avait été soldat. Et comme c'était un Indien, les fonctionnaires d'Ottawa l'avaient déjà rayé de la liste des anciens combattants sans aucun scrupule, comme c'était la tradition au sujet des Indiens qui, il faut le préciser, n'en faisaient pas la demande.

18 | Expédition au lac Nottawé

L e lac Nottawé – ainsi nommé en raison des Iroquois, ceux-ci étant montés jusqu'en Abitibi –, à une demi-journée de Doucet dans la région de Senneterre, brillait dans la splendeur de ce bel après-midi de la mi-octobre 1927. Il s'amusait à jouer au miroir en reflétant le ciel calme et étal. Les pluies d'été étaient déjà oubliées et c'était un beau début d'automne.

Gabriel Commandant avait accepté d'accompagner Archibald Belaney pour délimiter le terrain de trappe que celui-ci avait obtenu du ministère de la Chasse et de la Pêche du Québec. L'Anglais, devenu Canadien, avait quitté depuis septembre 1925 le camp Wabikon du lac Temagami, en Ontario, où il accomplissait le rôle de guide et de gardien. Il avait décidé de venir au Québec pour la simple et bonne raison que, même s'il se prétendait Indien, il passait d'abord et avant tout pour un Blanc qui avait probablement du sang indien sans pouvoir le prouver et, pour cette raison, le gouvernement ontarien ne lui avait pas délivré de permis, ayant adopté une loi interdisant aux trappeurs autres qu'Indiens de piéger les animaux à fourrure dans cette province. Naturellement, pour la même raison, Archibald avait échoué dans sa tentative de se faire enregistrer en vertu de la Loi sur les Indiens. C'est pourquoi il était venu dans la région de Senneterre, réputée pour avoir en abondance des animaux à fourrure. Il avait même réussi à convaincre de l'accompagner dans sa cabane à une soixantaine de kilomètres de Doucet – arrêt du chemin de fer situé à quelque quarante kilomètres de Senneterre – l'Iroquoise Gertrude Bernard, surnommée Pony, que, dans son goût d'indianiser tout ce qui l'entourait, il avait rebaptisée Anaharéo. Belaney se gardait bien de dire qu'il avait été marié deux autres fois et que son fils de 9 ans, qu'il avait confié à une famille d'Indiens amis, les Ojibwés Espaniel, et dont il ne s'occupait guère, n'hésitait pas à l'appeler par dérision « baloné », sorte de gros saucisson qu'on surnommait le « steak des pauvres ». Et ce, pour se venger du peu d'intérêt que lui portait son père.

Souvent, il arrivait à Gabriel d'aller chercher Archibald dans la grande salle de l'hôtel Vautour remplie à pleine capacité. Archibald, le futur Grey Owl, buvait énormément et, quand la boisson manquait, il ne crachait pas sur de l'extrait de vanille ou sur de la cire à chaussure fondue. Commandant dut le défendre plusieurs fois contre des hommes qui voulaient lui faire un mauvais parti, car Archibald Belaney avait la détestable habitude de porter sur lui un revolver. Il prétendait que c'était un présent de sa mère, une Séminole du Mexique. Et, si on l'agaçait trop, il menaçait de s'en servir. Commandant intervenait pour empêcher les rixes de dégénérer en batailles rangées. D'autant plus qu'Archibald aurait pu tirer sur un de ses assaillants, car une fois ivre il n'avait plus aucun contrôle sur ses faits et gestes.

✗   ✗   ✗

Tout en marchant dans la forêt aux arbres dénudés par les premiers froids, Archie confia à Gabriel qu'Anaharéo était son inspiratrice, sa passion et son tourment. Gabriel fut surpris de cette confidence spontanée. Il n'était pas habitué à ce qu'un homme lui parle ainsi, les hommes de la forêt faisaient plus volontiers des blagues sur leur femme que de grandes déclarations d'amour. Gabriel Commandant avait d'ailleurs l'impression que l'esprit et la langue anglaise se prêtaient mieux à ce genre d'aveu entre hommes. Belaney ne parlait que l'anglais et ça ne lui causait pas de problème dans cette région du Québec si proche de l'Ontario où tout le monde était plus ou moins anglicisé.

Rejoint par un homme, commissionnaire, c'est-à-dire chargé de faire le lien entre des gens éloignés les uns des autres, qui était descendu de Senneterre et qui lui en avait fait la demande au nom d'Archibald, Gabriel avait accepté de quitter son camp du Kakinokamak pour venir passer quelques jours dans la région de Senneterre dans le but d'aider l'Anglais à marcher son terrain de trappe, comme on disait alors, car l'Européen ne semblait pas avoir un sens inné de l'orientation et des frontières. De toute façon, pour Gabriel, ce n'était pas là une corvée : il aimait marcher dans la forêt des heures et des jours et les distances ne lui faisaient pas peur. D'autant plus qu'il avait un sens de l'orientation très développé.

Les trappeurs étaient fermes sur la délimitation de leur terrain accordé et, comme Belaney avait empiété les années d'avant d'un peu plus d'un demi-kilomètre, souvent plus, sur leurs limites territoriales, les représailles n'avaient pas tardé et avaient consisté en des vols d'animaux pris dans ses pièges. Gabriel Commandant balisait les territoires au moyen d'une écorce de bouleau qu'il attachait aux arbres et donnait donc à son compagnon une idée précise des distances pour lui permettre de respecter les concessions qui entouraient la sienne. Il y avait une autre raison à cela : c'était dans l'intention d'avertir les trappeurs blancs qui montaient du Sud à chaque saison de trappe pour razzier la région de ses bêtes à fourrure de se tenir loin et de respecter les chasses-gardées concédées aux Algonquins. Les limites étant bien établies, il était rare qu'un trappeur blanc osât les franchir. Il en savait les conséquences : aucun animal ne viendrait se prendre dans ses pièges. Aucun trappeur n'avait l'imprudence de le faire quand il savait que c'était Gabriel Commandant qui était venu établir le périmètre des terrains accordés, car il s'avérait aussi un arpenteur chevronné. Cela s'était su rapidement, Commandant avait sa petite recette pour les convaincre de ne pas empiéter sur les autres : le fautif ne trouverait jamais rien dans ses trappes si Gabriel Commandant était passé par là. Il saupoudrait les appâts d'une décoction de thé du Labrador et de gingembre dont l'odeur faisait fuir les animaux. Les trappeurs du Sud avaient appris assez rapidement qu'on se s'opposait pas à Gabriel Commandant qui avait le sens de la justice et que, si on le faisait, la victoire serait impossible. On avait beau surveiller les sentiers, bien cachés derrière un épais rideau de sapins, on ne l'apercevait jamais. Même le bruit courait qu'il pouvait se rendre invisible. C'était là une rumeur qui, naturellement, n'avait aucun fondement, mais qui impressionnait fort ces esprits simples. Pourtant, il était venu et avait accompli son acte de droit, Dieu sait comment... C'est pourquoi sa réputation s'était répandue; on le respectait énormément et il n'avait jamais eu à subir de préjudice pour ses actes.

Plusieurs fois dans la matinée, Gabriel Commandant avait dû ralentir le pas : Archibald Belaney ne semblait pas avoir une santé très solide. Il souffrait d'étourdissements, de nausées, et s'en excusa piteusement :

— Vous savez, Commandant, j'ai rapporté ça de la guerre...

Il ne mangeait presque pas : deux oeufs crus par jour lui suffisaient.

Mais il n'élaborait pas là-dessus. Gabriel savait, par ailleurs, qu'une fois qu'il l'eût sauvé dans les tranchées d'Ypres, après qu'il eut attrapé une balle dans un pied, Archie avait été rapatrié en Angleterre et qu'un an plus tard, au London General Hospital, on l'avait amputé du quatrième orteil du pied droit. La blessure n'avait jamais complètement guéri et ce pied faisait souffrir Archie Belaney lorsqu'il marchait trop longtemps. Mais ce que savait aussi Gabriel pour l'avoir accompagné, c'était que Belaney buvait beaucoup et qu'il n'était pas regardant sur ce qu'il buvait : whisky maison qu'il distillait lui-même et qui avait un taux d'alcool capable d'assommer un Polonais, et tout ce qui lui tombait sous la main et qui était susceptible de l'enivrer. La boisson ne manquait pas dans sa cabane non plus, au grand désespoir d'Anaharéo. Mais elle aussi buvait. Et des chicanes homériques s'ensuivaient entre les deux conjoints, chicanes dont étaient témoins des visiteurs arrivés d'une façon impromptue.

En cours de route, deux fois, Belaney avait failli perdre connaissance. Pourtant il avait déjà dit à Gabriel qu'il n'avait pas encore atteint la quarantaine. Vers midi, Gabriel proposa un arrêt près du lac Nottawé où ils étaient parvenus. Archibald accepta avec empressement, soulagé par ce moment de répit.

— Allez-vous être capable de visiter tous vos pièges une fois par semaine, Archibald ?

L'Anglais soupira avant de répondre :

— Je prendrai mon temps et Anaharéo s'est offerte pour m'accompagner. Elle est forte, vous savez, elle n'aura pas de répugnance à ramener sa part... Elle insiste toujours pour m'accompagner... quoique, depuis l'année dernière, elle semble toute retournée en voyant ces cadavres de bêtes piégées, tordues par la douleur, et aussi les petites bêtes encore vivantes qu'on doit assommer, qu'on pend pour les étouffer alors qu'il faut ensuite encore amorcer les trappes. Il ne faut pas oublier qu'Anaharéo est une fille de la ville, tout Iroquoise qu'elle est, et qu'elle n'était pas habituée à toutes ces cruautés.

Archibald se tut, le front soucieux. Une pensée sembla l'obséder. Il s'en ouvrit à Gabriel :

— Moi-même, je me questionne sur le bien-fondé de mon métier. Il est vrai cependant que je ne peux pas vivre avec seulement le chèque de dix-huit piastres que m'envoie le gouvernement canadien comme pension de vétéran...

Ils s'assirent sur des souches. Gabriel s'informa :

— Pourquoi avez-vous quitté le camp Wabikon, sur le Temagami, où vous m'avez dit que vous étiez guide ?

— Il y avait de moins en moins d'animaux à fourrure à trapper dans ce coin-là. Ils disparaissent rapidement, l'avez-vous remarqué ? On m'avait dit que c'était très bon ici au nord du Québec, mais l'hiver passé j'ai eu à peine de quoi survivre avec mes prises de toute la saison. Heureusement que le gouvernement du Québec m'a engagé les deux derniers étés comme garde-feu. Grâce à vous d'ailleurs. D'autant plus que, depuis quelque temps, comme je vous le disais tout à l'heure, je me pose de sérieuses questions sur l'activité de la trappe. Ça n'a pas été une illumination soudaine, ma démarche est plutôt une longue suite de questionnements et de revirements, de prises de conscience et de rechutes. Même la chasse, avec toutes ses rigueurs, n'avait pas exigé de moi autant de discipline et d'acharnement. Puis, il y a eu la tuerie de mes deux castors, Hansel et Gretel, le printemps passé, qui m'a grandement affecté. On a retrouvé leurs entrailles sur le bord de la route conduisant à Senneterre. Je vous remercie encore, Commandant, d'être intervenu auprès de cette brute de Walt Flannigan. Il s'est aperçu de vos soupçons, car il m'a envoyé l'argent de leurs fourrures. Moqueur, il ajouta : seul un Irlandais pouvait faire un tel geste !

Il soupira avant de continuer :

— ... Pour en revenir à ma venue ici, ce n'est pas une longue histoire. On m'avait souvent décrit les paysages spectaculaires de l'Abitibi, la neige d'une épaisseur de six à dix pieds et les magnifiques peuplements forestiers. Je suis donc venu avec Anaharéo.

Il laissa passer un certain temps, puis il continua :

— Vous savez, Commandant, c'est moi qui lui ai donné ce nom. Je détestais son surnom de Pony dont on l'avait affublé. Ses grands-parents sont originaires d'Oka, près de Montréal. Ils ont perdu leur statut d'Indiens parce qu'ils ont quitté la réserve, donc Anaharéo n'est plus considérée comme Indienne, je trouve ça très injuste.

Gabriel Commandant était bien d'accord :

— Si mes renseignements sont exacts, Oka n'a jamais été considéré comme réserve. C'est une terre qui appartient aux Sulpiciens et qu'ils prêtent aux Iroquois. Je suis dans le même cas qu'eux, Algonquin, il y a bien longtemps que je ne suis pas retourné dans le village où j'ai vécu enfant. Je vis et je travaille parmi les prospecteurs et je suis pourtant toujours considéré comme un membre à part entière de la réserve de Rivière-Désert, même si je n'y ai mis les pieds que très rarement, ces dernières années. Il devrait en être de même pour votre épouse...

— Anaharéo a perdu sa mère à l'âge de 4 ans et elle a été élevée par ses grands-parents à Mattawa puis, lorsqu'ils ont été trop âgés, elle est allée vivre chez une tante et un oncle. Ensuite, elle a décidé de demeurer avec son père, son frère et sa soeur. De sorte qu'elle a été difficile à suivre, c'est peut-être une autre raison pour laquelle elle a perdu son statut d'Indienne. J'ai dû lui apprendre tout de la forêt car elle a été élevée en ville. Mais elle apprend vite : elle est d'une intelligence supérieure à la moyenne, même si elle n'a pas été très longtemps à l'école. Elle a une vaste connaissance des choses qui ne sont pas enseignées dans les écoles.

Gabriel comprenait qu'Archibald Belaney aimait beaucoup la jeune femme pour en parler ainsi. Aussitôt passa dans sa mémoire l'image d'Anna-Marion. La voix d'Archibald le tira de sa rêverie.

— Elle avait 19 ans et elle était serveuse au camp Wabikon. Elle voulait aller poursuivre ses études dans un pensionnat catholique de Loretto Abbey à Toronto. J'ai réussi à la convaincre de n'en faire rien et de me suivre jusqu'ici.

Il arrêta de parler et tous les deux se laissèrent absorber par leurs réflexions respectives. Ils en furent tirés par le bruit d'un orignal mâle qui venait d'entrer dans le lac. Il n'avait pas encore aperçu les deux hommes et il continuait de s'ébrouer dans l'eau avec un plaisir évident. Gabriel toucha l'épaule de l'Anglais et lui chuchota à voix basse :

— Je lui réserve une surprise !

Sur un signe de l'Algonquin, ils commencèrent à ramper derrière les buissons et les graminées jaunes entourant le lac. Puis, Gabriel s'arrêta et, d'une voix si basse qu'on aurait dit un chuchotement, car les sons portent beaucoup sur l'eau et, s'ils avaient été plus hauts, ils auraient pu alerter le cervidé, il précisa :

— Je vais essayer de passer derrière lui. Je vais marcher dans l'eau, il n'y en a pas tellement, et j'ai de bonnes bottes. Je suis habitué à me mouiller de toute façon. Une fois que vous me verrez tout près et qu'il aura la tête dans l'eau, frappez la surface du plat de la main et vous verrez bien ce qui arrivera.

Archibald était intrigué. Il se demandait ce que Gabriel voulait vraiment accomplir, mais il n'osa pas le lui demander dans la crainte que sa voix parvienne jusqu'à l'orignal. Gabriel entra dans l'eau jusqu'à mi-bottes. Il était à environ dix mètres à l'arrière de l'élan, face au vent. Les vagues produisaient un bruit constant car le vent était assez fort. Il n'y avait pas de raison que l'animal soit alerté par une présence, car rien ne présageait une attaque quelconque. Parvenu à quelques mètres de l'animal, Gabriel s'arrangea pour parvenir parallèlement à la hauteur du flanc gauche. L'orignal perçut soudain une présence et tourna brusquement la tête. Mais c'était déjà trop tard, son mouvement pour se jeter par en avant aida l'Algonquin qui, dans un élan vigoureux, lui sauta sur la croupe. Effrayé, l'élan fit un bond de côté, mais il fut gêné par le poids de l'homme et il entreprit de galoper, soulevant de longues gerbes d'eau. Gabriel, accroché à deux mains à la bosse du garrot de l'animal où le poil était plus long, maintint fermement sa prise, évitant en même temps les coups de tête, car l'animal faisait tout pour se débarrasser de ce poids gênant. Il se mit à galoper avec fureur, essayant désespérément de gagner la terre ferme. Il était effrayé, pensant probablement avoir affaire à un loup ou à un autre prédateur, à cause de la pesanteur sur son dos, mais comme rien ne se passait, qu'il ne sentait aucune morsure, il ralentit l'allure et continua de galoper sans se presser. Parvenu près de la plage, il hésita. Il ne semblait avoir aucune envie de s'engager dans les joncs et ensuite parmi les arbres dénudés de la forêt. S'il l'avait fait, Gabriel aurait été en danger, car il aurait difficilement pu éviter les branches basses des arbres. Et aussi, il aurait couru un danger plus grave encore, celui d'être désarçonné, jeté à terre et piétiné par l'animal furieux. Alors ç'aurait été la mort, car les sabots effilés comme des rasoirs lui auraient infligé des blessures mortelles.

Après quelques minutes de ce manège, Gabriel se laissa glisser jusqu'au sol au moment où l'orignal sortait de l'eau. La bête, surprise, s'arrêta net et tourna la tête vers l'homme. L'orignal se mit à souffler bruyamment de ses naseaux et à se balancer la tête d'une façon menaçante en venant lentement vers son cavalier. Il avançait lentement, en se dandinant. Il n'avait plus que les sabots dans l'eau et se sentait plein d'assurance. Manifestement, il avait l'intention d'en découdre avec celui qu'il pensait menaçant. Tout à coup, il se cabra et se mit à frapper l'eau avec ses pattes avant comme s'il se préparait à s'élancer. Archibald, croyant Gabriel en danger, n'hésita pas un instant. Saisissant la grosse branche d'un arbre mort qui traînait sur la berge, il frappa la surface de l'eau plusieurs fois derrière l'animal. Celui-ci, dérangé par ce nouveau bruit, se figea instantanément. Il tourna la tête avec inquiétude. Il renâcla en apercevant Archibald, resta un moment immobile, puis, sans plus insister, il posa les pattes sur la terre ferme et, sans demander son reste, se mit à courir. S'éloignant d'un pas cadencé, il entra dans la forêt et disparut rapidement.

— Il aurait attaqué ? questionna Archibald.

— Probablement pas, il essayait seulement de nous impressionner. Vous savez, Archie, il n'y a pas si longtemps, je trappais dans le canton Ducros, à vingt-cinq milles au nord d'ici, et il y avait tellement d'orignaux qu'ils battaient des pistes dures comme du ciment. Il y en avait beaucoup. Les loups ne tuent que les petits, je ne les ai jamais vus tuer les animaux malades, malgré la rumeur. Ensuite, ils disparaissent pendant un an ou deux. Les loups qui chassent le font en petites bandes de trois, ils le font en silence pour surprendre les animaux couchés, car autrement ceux-ci se regroupent pour se défendre. Un loup saisit une femelle dans les nerfs au bas de la cuisse, un deuxième paralyse le jeune orignal et le troisième lui ouvre les flancs pour lui sortir les entrailles du corps. Ils mangent le foie en premier, c'est leur morceau de prédilection. Les orignaux se défendent en utilisant leurs pattes de devant et ils manquent rarement leur coup. Il leur arrive même de tuer un loup. Les orignaux s'arrangent pour tomber sur l'animal et, comme ils ont les sabots très aiguisés, ils infligent des coupures profondes au corps de la bête attaquée. Mais les loups sont très astucieux : en tranchant le bas des pattes arrière des femelles, ils les immobilisent pour une journée ou deux, puis ils reviennent le lendemain. La femelle a la patte raide comme du bois, elle ne peut se défendre. Les loups s'attaquent d'abord au petit resté près de sa mère et, ensuite, ils vont faire un festin avec la femelle. Prétendre que les loups ne chassent que les animaux malades est pure prétention : je n'ai jamais vu ça...

Archibald alluma un feu, car il était temps de se restaurer et de mettre à sécher les bas et les bottes de Gabriel. Il fit chauffer une pierre à blanc pendant une bonne demi-heure et il jeta dessus quelques tranches de lard; il les laissa crépiter jusqu'à ce qu'elles deviennent grillades. Il confectionna une bannique qu'il fit cuire jusqu'à ce qu'elle soit dorée et croustillante. Il enleva la croûte de cendres avec son couteau. Ils mangèrent en silence, heureux de se trouver en pleine nature.

Le ciel était maintenant strié de petits stratus, ce qui lui donnait une couleur particulière. Le soleil était déjà haut dans le ciel et il avait cette brillance si particulière à l'automne : une lumière douce, irisée et déjà moins prononcée.

C'est alors que, sur la grève, ils virent passer une belette avançant par petits bonds, avec la démarche sautillante propre à l'espèce. Parvenue à leur hauteur, elle se lova sur elle-même, se détendit et continua sa marche agitée pour disparaître finalement dans la forêt humide. Archibald se releva et alla examiner de près les pistes qu'avait laissées le petit animal sur le sable brun de la plage gorgée de flaques d'eau. Il se tourna vers Gabriel :

— Vous ne trouvez pas étrange, Commandant, qu'une belette se promène par ici en plein jour ?

— Dans le monde animal, il y a parfois des comportements insolites. En tout cas, elle avait besoin de sortir de son trou. Elle nous a fait voir que nous étions ici à notre place.

Belaney se pencha de nouveau sur les traces de l'animal. Il examinait attentivement les empreintes délicates des pattes. Il s'exclama :

— Elle a la patte avant gauche inerte. Encore un de ces maudits pièges, probablement. Et cela a dû lui arriver l'hiver ou le printemps passé.

Gabriel s'approcha et fut à même de constater la même chose.

— Une femelle d'à peu près quatre ans. Elle est plus grosse qu'une belette ordinaire, sûrement parce qu'elle s'est bien nourrie pendant l'été.

Archibald se fit admiratif :

— Comment pouvez-vous dire cela avec autant de précision ?

— Les animaux qui ont subi la perte d'un membre sont insécures. Pour cette raison, ils ont tendance à compenser en mangeant plus, comme si cette façon d'agir allait faire repousser le membre absent. Leur instinct les avertit qu'ils n'ont pas autant de possibilités de trouver de la nourriture que leurs congénères mieux équipés pour affronter les difficultés de la chasse. Ils peuvent vivre longtemps sur leur réserve de graisse.

— Vous avez un sens aigu de l'observation. Mais pourquoi une femelle et comment savez-vous qu'elle a quatre ans?

— C'est bien simple. Examinons la trace des pattes arrière. Vous voyez? L'empreinte des pattes a tendance à s'évaser sur la droite; seule une femelle de quatre ans peut faire une telle impression dans la boue. Pour un mâle, l'empreinte aurait été plus ferme, plus nette, avec les griffes tournées vers l'extérieur. Et si elle avait été plus jeune, les marques auraient été plus profondes. J'en connais la raison, les mâles sont moins nerveux et plus lents. C'est ce que m'a appris mon père dans ma jeunesse et je ne l'ai jamais oublié. Quant à l'âge, c'est la force de l'empreinte qui l'indique : plus une belette vieillit, moins sa marque est forte. En vieillissant, elles sont moins nerveuses, moins craintives, elles s'arrêtent moins fréquemment, peut-être parce qu'elles connaissent mieux leur habitat, de sorte qu'elles sont moins attentives aux bruits et aux apparitions d'autres animaux. Ces bêtes savent qu'elles sont capables de s'attaquer à n'importe quelle proie sans problème. C'est leur façon aussi d'avertir les membres de leur espèce qu'elles peuvent se battre avec plus de férocité s'ils décidaient d'empiéter sur leur territoire...

Le futur Grey Owl n'en revenait pas de la science de son compagnon. Il aurait tant voulu tout connaître des habitants de la forêt. Il essayait d'apprendre et il était un bon élève : il n'oublierait jamais les enseignements de Gabriel Commandant. Il n'avait jamais vu quelqu'un chevaucher un orignal sur un lac dans l'eau froide et il ne se souvenait pas d'avoir rencontré un Indien qui, à la seule vue d'une piste, pouvait dire le sexe et l'âge d'un animal. Même celui qui lui avait tout appris à Bisco dans le nord de l'Ontario, l'Ojibwé Alex Espaniel, son père spirituel en quelque sorte, qui lui avait montré à trapper et à respecter la nature, ne lui avait jamais enseigné ce que Gabriel Commandant lui apprenait par ce bel après-midi d'automne sur le Nottawé.

✕ ✕ ✕

Plus tard, vers la fin de l'après-midi, ils revinrent vers Doucet et la cabane d'Archie. Celui-ci, tout en poursuivant la route, confessa encore une fois à Gabriel qu'il commençait à en avoir assez d'être obligé d'attraper des animaux pour survivre.

— Je réfléchis beaucoup depuis un certain temps. Comme je vous l'ai dit auparavant, je commence à me poser de sérieuses questions sur cette activité. En tout cas, il n'est plus question pour moi de trapper le castor, car l'espèce est en voie de disparition, du moins en Ontario. Et mon aventure avec Hansel et Gretel m'a assez sensibilisé à l'horreur de telles tueries... Il ne restera plus rien bientôt de la vie sauvage canadienne : les arbres qu'on abat, les animaux qu'on tue pour de l'argent...

Commandant était bien d'accord :

— Il n'y a pas que les animaux. On n'a jamais compris que les arbres nous parlent. Ils nous disent la splendeur de vivre, car ils sont innombrables et leurs espèces ne s'éteignent jamais... Je marche dans la forêt et je ressens une telle profondeur de vivre que j'en suis tout ému. L'arbre nous conditionne à être. Et je reviens consolé de la grandeur et de la beauté du monde qui m'entoure.

Ils gardèrent le silence un bon moment, réfléchissant tous les deux à ce problème qu'ils devaient affronter. De l'autre côté du lac ensoleillée, une femelle orignal et son petit nageaient vers un point connu d'eux seuls. Quelques oiseaux vinrent les survoler à quelques pas. Finalement, Gabriel Commandant donna son avis :

— Moi non plus, je n'aime pas tuer des animaux. Mais je me fais violence et je garde à l'esprit que je dois remercier l'animal de me donner sa vie pour ma subsistance. Nous ne faisons pas autrement que le loup qui tue pour se nourrir. La vie s'éteint partout autour de nous. Nous n'avons qu'à regarder avec attention ce qui se passe vraiment. Par exemple, actuellement, ce sont les feuilles qui sont tombées et, en d'autres saisons, il y aura encore des êtres qui payeront leur tribut de mort pour permettre à d'autres de survivre. Je remercie le Créateur de ne pas nous oublier. Pour le reste, j'arrête de trapper dès que mon quota de fourrure est atteint, autour du mois de février. Je considérerais mal de continuer seulement dans le but de faire de l'argent. Quant aux cadavres dépouillés de leur peau, je les redonne à ma mère la Terre qui s'occupe de les transformer. Vous savez, Belaney, la vie est ainsi faite, des créatures doivent mourir pour que d'autres vivent. C'est la loi universelle du monde visible.

Il s'arrêta et prit le temps de sortir sa pipe qu'il bourra de tabac Grand Rouge, celui qu'il préférait.

— Vous n'avez jamais fumé, Belaney?

— Non, j'ai essayé plusieurs fois, mais je n'aime pas ça. J'ai souvent pensé à m'y mettre à cause de la cérémonie du calumet de paix, car vous savez que j'essaie de m'identifier le plus près possible aux rites des Indiens.

Gabriel Commandant saisit l'occasion de dire ce qu'il avait appris sur le sujet dans sa prime jeunesse:

— Le feu dans les temps passés était indispensable et nos pères avaient toujours peur de le perdre. Ceux qui vivaient dans les villages pouvaient garder le feu aisément, mais ceux qui voyageaient l'hiver en traîneau à travers les tempêtes et l'été en canot sur les cours d'eau avaient de la difficulté à conserver le feu, je parle avant qu'on puisse se procurer des allumettes. Le perdre, c'était mourir. C'est pourquoi « donner le feu » était un grand signe d'amitié. C'était aussi un signe de confiance. Vous avez vu sûrement le feu ravager la forêt, avec quelle rapidité il s'étend et dévore les arbres. Certaines bandes se servaient du feu pour faire des échanges et conclure des traités de paix. C'est pour cette raison que donner du feu est devenu un signe de confiance en l'autre. Le calumet portait le feu, il marquait la paix; celui qui transmettait le calumet à son voisin témoignait de son désir de l'aider et de l'amitié qu'il lui offrait. Je pense souvent à ça quand j'allume ma pipe.

Archibald Belaney avait écouté religieusement.

— Il y a beaucoup de sagesse dans la conduite et le comportement des Indiens. Je sais qu'ils demandent à l'animal la permission de prendre sa vie. C'est vous qui me l'avez appris.

Gabriel prit le temps d'enjamber un ruisseau avant de donner son opinion:

— La vie est certainement l'événement le plus important, mais la mort l'est aussi. C'est un acte d'amour envers la mère Terre et, si elle est donnée pour permettre à des êtres de prolonger leur vie, c'est un acte d'une grandeur indicible, au point que nous ne pouvons même pas le comprendre, nous, les humains. Mes pères, depuis de nombreuses générations, posaient les restes d'animaux dans l'eau des rivières avec la conviction qu'ils en semaient d'autres pour les temps à venir. Le créateur donne la vie, mais il la prend aussi. Il reçoit notre fin avec autant de sagesse qu'il a eue pour notre commencement. Il ne lui est pas indifférent que nous mourions, il ne lui est pas indifférent qu'une herbe même soit arrachée et meure. La fin est dans le commencement même si, à nos yeux, elle est incompréhensible. Toute vie doit commencer, mais aussi finir, c'est une loi inscrite dans tout ce qui nous entoure.

Archibald Belaney approuva:

— Nous nous heurtons à un mystère qui nous affecte, Commandant. Combien la guerre a été génératrice de carnages! Sur le front d'Ypres, rappelez-vous, vous m'avez sauvé, car je n'aurais pas eu l'énergie de me traîner jusqu'à la position que mes camarades et moi occupions. J'ai abattu plusieurs soldats allemands comme franc-tireur, j'en ai vu mourir. Je suis entré dans l'armée en qualité de simple soldat et je l'ai quittée de même. Quand j'ai pu regagner ma forêt canadienne, mes capacités avaient diminué, mais ma foi en l'homme avait davantage été ébranlée par mes fonctions de tireur. La seule leçon que j'ai tirée de la guerre, c'est la profonde absurdité de l'humanité... Aujourd'hui, avec l'essor de la civilisation, il ne devrait plus être question de la guerre : on dirait que l'homme n'a rien appris de son passé.

Gabriel reprit après un silence :

— Finalement, ça prouve que nous faisons bien partie du monde animal. Quand un renard tue un lièvre ou une perdrix, c'est pour survivre, mais nous, les hommes, nous outrepassons cette loi, nous tuons sans raison bien souvent, nous avons laissé se dégénérer notre propre nature qui est de préserver la vie. Toutefois, nous devons nous convaincre que la mort est aussi importante que la vie. Pour le reste, Archie, nous devons faire confiance au Créateur. Lui seul sait la raison de tout ça.

Archibald était impressionné par la sagesse de son compagnon :

— Comme vous avez raison. Cependant, il y a des images qui me restent de la mort et pour lesquelles j'éprouve une horreur indescriptible. Par exemple, pendant la guerre, une nuit chaude dans les tranchées, j'avais enlevé ma vareuse pour la suspendre à une branche. Savez-vous ce que j'ai découvert le matin suivant ?

— Non.

— Et bien, j'ai découvert que la branche, en réalité, c'était le bras d'un soldat mort...

Tous deux restèrent un long moment à réfléchir à cet événement horrible. Gabriel tira la conclusion suivante :

—Oublions tout ça, c'est le passé et il n'est jamais bon de revenir sur le passé puisqu'on ne peut pas le changer. Grâce à Dieu, nous sommes éloignés de ces horreurs de la guerre. Profitons de la forêt, de son calme et de son pouvoir de guérison.

159

19 | Le malheureux destin d'un bouvillon (1933)

L'abbé Pierre Lévesque avait le front soucieux en cette matinée du 12 juin 1933. La dame qui lui faisait face, elle, était tout à fait détendue en se laissait aller à ses médisances habituelles et le prêtre n'avait pas d'autres choix que de l'écouter d'une oreille. Il savait que c'était inutile d'essayer de la faire taire. Non seulement aurait-il manqué à son devoir de charité, mais cette sorte de personne pouvait lui causer beaucoup de tort en rameutant son cabinet de commères contre lui si elle le sentait le moindrement réticent ou hostile.

Une année auparavant, l'évêque d'Haileybury, en Ontario – le territoire de l'Abitibi étant rattaché à ce diocèse – son excellence monseigneur Rhéaume, avait nommé l'abbé Lévesque missionnaire des cantons Bourlamaque, Vassan et Dubuisson, regroupés peu après sous l'appellation de paroisse Saint-Sauveur-les-Mines.

Et ce n'était pas un travail facile. Le jeune prêtre avait dû s'adapter à une population catholique cosmopolite de gens arrivés de partout: immigrés de pays slaves (Ukrainiens, Ruthènes, Polonais), de l'Italie, de la France et, naturellement, population locale venue de toutes les régions de la

160

province de Québec pour participer au développement du Nord minier, promesse d'une vie meilleure. En somme, des hommes et des femmes rudes et aventureux, plus occupés à poursuivre leur rêve de richesse qu'à s'occuper du salut de leur âme. Ce qui ne les empêchait pas d'être très religieux et travailleurs, mais avec des défauts gros comme le bras : plusieurs étaient des buveurs impénitents, querelleurs et mesquins sur les bords. Malgré tout ça, il fallait les mener jusqu'au paradis, ce qui était la mission première du prêtre et probablement pas des plus faciles.

Un autre travail lui pesait lourd sur les épaules : son évêque lui avait donné mandat d'entreprendre, cette année même, la construction du presbytère. Ensuite, dans l'année à venir, il lui faudrait commencer l'édification de l'église à la jonction des municipalités de Val-d'Or et de Bourlamaque. Après, il deviendrait le premier curé de Val-d'Or, c'est ce qu'on lui avait promis.

Le prêtre soupira : lui revenaient à l'esprit des événements récents dans lesquels il avait été obligé d'intervenir avec fermeté. Par exemple, cette affaire de la salle de cinéma Princess où il célébrait la messe du dimanche, faute d'église.

Des paroissiennes s'étaient insurgées contre cette décision : « Notre Seigneur Jésus-Christ ne peut se contenter d'un lieu aussi méprisable pour s'immoler sur l'autel. N'oublions pas que c'est dans cet endroit qu'on passe des films de *gribiches...* »

Elles faisaient référence aux films où l'on voyait des actrices fardées et grimées s'exhiber dans des tenues vulgaires, et même dans le plus simple appareil, au grand scandale de ces bigotes. Le *French Cancan*, quoi ! Ce dont les mineurs avaient besoin pour oublier le pénible travail quotidien et rêver de ce monde de belles femmes qu'on voyait dans les films. Mais, derrière toutes ces acrimonieuses protestations, il y avait une rancœur dissimulée contre le propriétaire du Princess, Dimitri Chalikoff, catholique ruthène dont les interventions politiques avaient le don d'exaspérer certains paroissiens. Chalikoff avait son franc-parler et il racontait un peu partout que les commères lui en voulaient parce que ses affaires allaient bien et qu'il avait réussi à couper l'herbe sous le pied de l'époux de l'une de ses détractrices, celle-là même qui montait la tête de toutes les autres, Marie-Anne Cavalcadour. Il est vrai que le Ruthène était aussi près de ses sous et qu'il n'avait aucun scrupule à barrer le chemin à un compétiteur. Et, suprême scandale, il avait eu le front de demander vingt-cinq sous par messe célébrée dans son établissement. Un autre sujet de dispute. « Comment osait-il faire payer notre sainte mère l'Église pour une service dont il bénéficiait spirituellement lui-même ? » protestaient ces dames. À cela, il répondait avec une étincelle malicieuse dans l'œil que le curé demandait bien d'être payé pour ses messes. Lui, le propriétaire du Princess, pouvait bien faire payer pour l'occupation de son bâtiment. Les bonnes femmes s'indignaient et arguaient que c'était aussi absurde de collecter de l'argent pour cette raison que si l'on avait exigé du Christ une pièce de monnaie lorsqu'il avait emprunté l'âne pour entrer dans Jérusalem.

L'évêque Rhéaume du fond de son lointain diocèse ontarien, alerté par l'abbé Lévesque, avait dû intervenir à contrecœur et il avait fait lire une lettre épiscopale en chaire dans laquelle, en substance, il enjoignait les paroissiennes de Saint-Sauveur-les-Mines d'accepter l'arrangement de la paroisse avec Dimitri Chalikoff qui, pour l'instant, s'avérait posséder le seul endroit assez vaste pour contenir et accueillir tous les paroissiens en attendant de bâtir l'église. Il disait aussi que le seul fait de célébrer le saint sacrifice dans cette salle effaçait toutes les visions pécheresses et même jusqu'aux poussières du péché de luxure commis en esprit.

Mais c'était sans compter Marie-Anne Cavalcadour, femme énergique, habituée à tout commander autour d'elle puisque son époux, Jérémie Cavalcadour, venu de Bretagne, possédait l'important et très fréquenté hôtel Cavalcadour sur la grand-rue, cette même rue que les deux époux espéraient, par une cabale bien orchestrée, faire nommer le boulevard Cavalcadour. Ce qui n'allait pas sans soulever des protestations populaires ; on disait que la ville était trop petite pour posséder un boulevard. De plus, les Cavalcadour étaient réputés hautains et méprisants. En fait, le couple d'hôteliers prenait beaucoup de place. Arrivés à Val-d'Or au début de 1927, les Cavalcadour venaient de la ville de Québec où ils avaient résidé quelques années, après que l'homme de descendance bretonne eut immigré. Il avait rencontré Marie-Anne au Canada dès son arrivée et l'avait épousée. On chuchotait même qu'ils avaient été expulsés de la ville de Québec pour cause de chicanes acrimonieuses au sujet d'un terrain qu'ils auraient revendu deux fois à deux personnes différentes. De plus, de mauvaises langues encore répandaient que Marie-Anne avait été, dans sa jeunesse, une fort jolie femme et qu'elle vendait ses charmes à des messieurs importants de la haute-ville de Québec. Si tel avait été le cas, elle avait bien changé, car elle était devenue plus vertueuse que Jeanne d'Arc elle-même. Petite, potelée, noire de cheveux et de teint, avec de grands yeux inquisiteurs qui lui dévoraient le visage, au-dessus d'une bouche si petite qu'on l'aurait dit découpée comme une boutonnière, Marie-Anne Cavalcadour entreprenait la cinquantaine avec une énergie surprenante qui la poussait à s'ingérer dans tout, à donner son opinion sur tout et à faire subir sa hargne à ceux et celles qui ne partageaient pas ses vues. On ne se gênait pas pour parler dans son dos, car on la craignait: d'une phrase, elle faisait ou défaisait une réputation en moins de deux. De plus, elle était fière d'avoir épousé un Français et non pas un Canadien sans culture et sans finesse.

Son époux, Jérémie, était physiquement tout le contraire de sa femme. D'une taille démesurée, le visage étroit, les sourcils en accents circonflexes, l'air constamment préoccupé, il semblait se complaire dans l'ombre de Marie-Anne et il avait bien soin de dire comme elle. D'ailleurs, il parlait un français impeccable, presque sans accent, ce qui impressionnait toujours puisqu'il était doté d'une voix profonde et qu'il parlait avec lenteur et affectation comme s'il eût pesé tous ses mots. Il parlait «en cul de poule», se moquaient les gens.

Le litige qui les opposait à Dimitri Chalikoff concernait d'abord et avant tout le cinéma Princess. Jérémie Cavalca-dour, après un important héritage d'une vieille tante bretonne, avait fait bâtir presque en même temps que le Princess un édifice qu'il destinait aussi à servir de cinéma. Mais les films choisis par Chalikoff semblaient plaire davantage que ceux de Marie-Anne Cavalcadour qui les faisait venir par train de Montréal. Pendant qu'au Princess on passait des films d'amour, mettant en vedette la merveilleuse Madeleine Sologne et l'incomparable Jean Marais, des histoires d'amour torrides pour l'époque, au Cavalcadour Théâtre, on passait *La vertueuse Marie Tuller*, un ennuyeux documentaire, traduit de l'anglais, sur une dame charitable de New York qui gavait les pauvres Noirs d'une charité ostentatoire, leur faisant présent d'une cravate alors qu'ils n'avaient même pas de souliers dans les pieds. Certes, c'était un certain dépaysement moral, mais qui n'avait rien d'exaltant sur le plan des distractions. Rien pour susciter l'intérêt passionné ou amusé d'une population travailleuse qui avait besoin de rêves plutôt que de morale. La fréquentation du Princess était toujours à la hausse, celle du Cavalcadour Théâtre connaissait une baisse constante.

Devant la désaffection du public, Jérémie Cavalcadour, pour éviter la ruine, avait décidé de convertir sa salle de cinéma en hôtel. Dans ce domaine, il avait réussi, car il y avait beaucoup de voyageurs qui arrivaient continuellement; ils venaient s'installer à Val-d'Or, car la région bourdonnante d'activités avait grand besoin de main-d'œuvre pour son développement en continuelle effervescence.

Les Cavalcadour auraient bien voulu que l'abbé Lévesque célébrât la messe dans leur établissement au lieu de continuer à le faire au Princess. Ils s'étaient même dit prêts à abattre des murs pour agrandir l'espace afin que les fidèles soient à l'aise. Mais l'évêque Rhéaume, consulté, s'était montré intraitable. Il n'était pas question qu'il change d'avis. Il était déjà établi que la messe serait célébrée chaque dimanche au Princess. Les époux avaient grincé des dents et ils s'étaient promis dans leur for intérieur que l'affaire n'en resterait pas là.

Mais, les mois passant, ils avaient fini par se résigner et ils avaient tourné leur intérêt vers autre chose, toujours pour amasser de l'argent. Par exemple, ils s'étaient lancés dans l'élevage d'animaux de boucherie, ce qui manquait cruellement dans le village qui se développait à un rythme effréné. Il y avait aussi le fait qu'ils servaient des repas à l'hôtel. Un cuisinier français qu'ils avaient fait venir de Québec avait d'ailleurs fait bonne réputation à leur table. Les hôteliers s'étaient aussi aperçus que la viande manquait cruellement. La vente de la viande ne pouvait faire autrement que d'être un commerce très lucratif. Celle qui arrivait par le train du sud de la province ou de la région n'était pas ce qu'il y avait de plus frais. Souvent, même, on se contentait de gibier pour ne pas avoir à en acheter. Les Calvacadour avaient donc sauté sur l'occasion et ils avaient fait défricher un lopin de terre derrière l'hôtel qu'ils avaient pris soin d'ensemencer de bonne avoine, de luzerne, et y avaient placé un troupeau de sept ou huit vaches et bouvillons qu'ils faisaient tuer et débiter et dont ils vendaient la viande à l'automne dès les premiers froids. On se précipitait pour avoir l'occasion d'en acheter et seuls les plus pauvres s'en privaient.

Ce matin-là, face à Marie-Anne Cavalcadour, l'abbé Lévesque était profondément ennuyé. Dans la quarantaine, il était trapu. Et peu communicatif. Il avait ce regard vide qui signifiait bien des choses, qu'un interlocuteur non avisé n'aurait pu comprendre, mais qui indiquait bien qu'il aurait voulu se trouver ailleurs.

— Je sais, mon père, que je dois vous avertir; c'est mon devoir de chrétienne. Vous imaginez un Sauvage qui a déjà eu un renard comme animal domestique! Il paraît qu'il lui parlait comme à une personne. De la vraie sorcellerie. C'est peut-être un suppôt de Satan...

— Madame Cavalcadour, vous allez trop loin!

Le prêtre lui jeta un regard courroucé. Il y avait assez peu de femmes intéressées aux affaires de l'Église, pourquoi fallait-il qu'il tombe sur une punaise de sacristie, suffisante et médisante!

— Et vous savez, monsieur l'abbé, il pue en diable!

— Madame Cavalcadour! Là, je pense que vous allez vraiment trop loin! Gabriel Commandant est l'homme le plus propre que je connaisse. Il est bien entendu qu'il se met sur la peau une décoction de son cru qui sent un peu le pétrole, mais que voulez-vous, il a le bon sens d'essayer d'éloigner les moustiques qui nous mangent tout crus en ce temps-ci de l'année. Il n'a pas besoin de sentir l'eau de Paris, ce n'est pas une femme!

— Qu'il s'enduise donc d'huile de citronnelle comme tout le monde... D'autant plus que d'avance les Sauvages ne sentent pas trop bon.

Le prêtre se prit la tête entre les mains:

— La charité, madame, ce n'est pas dans vos cordes!

— Je vous dis ça sans vouloir manquer à la charité. Imaginez-vous donc qu'il a pris place derrière mon siège au cinéma Princess dimanche passé pour la messe. Le cœur m'a levé dru...

En même temps qu'elle disait cela, la Cavalcadour jeta un regard par en dessous au pauvre abbé. Elle lui asséna l'argument suprême:

— ... et je suppose qu'il ne paye même pas son banc, lui?

Elle faisait allusion à une aumône que la fabrique de la paroisse demandait aux assistants chaque dimanche pour soutenir l'Église dans ses besoins financiers.

L'abbé Pierre Lévesque, cette fois-ci, rugit d'une colère impossible à contenir :

— Non, il ne paye pas son banc ! C'est un Algonquin et il y a une tradition dans les paroisses de ne jamais leur faire payer leur place à la messe. Ils sont déjà assez pauvres comme ça (il lui jeta un regard enflammé); je vous suggère de le faire à leur place puisque vous en avez les moyens...

L'hôtelière prit un air pincé :

— Commandant travaille pour les prospecteurs, il doit avoir assez d'argent pour payer sa place d'église comme tout le monde.

Le prêtre répliqua sur un ton outré :

— Comme prêtre missionnaire, je n'ai pas à prendre cela en considération. Je crois que nous avons assez pris aux Indiens; ne l'oublions pas, ils ont été les premiers occupants de ce pays. Ils ne vivent pas comme nous avec la seule idée de se remplir les poches. Nous leur devons beaucoup.

La femme ne répondit pas. Elle ne se sentait pas concernée. Elle était assez à l'aise, l'hôtellerie et la vente de la viande rapportaient fort bien. Elle pensait d'abord que la charité bien ordonnée commençait par soi-même. Elle hésita avant de poursuivre; elle était contrariée par l'opposition du prêtre à ses idées.

— Il paraît que ce Commandant se retire dans le bois pour parler aux Esprits...

L'abbé Pierre Lévesque resta interdit. Il n'en revenait pas de tant d'effronterie. Il considéra la médisante avec un regard lourd de menaces.

— Je connais Gabriel Commandant et je sais qu'il aime se retirer à l'écart pour prier. C'est un homme qui aime prier. C'est dans les mœurs de certains Algonquins. Il est un exemple, car je connais peu d'hommes en cette contrée qui aient autant de profondeur spirituelle. Il s'adresse à l'Esprit de Dieu et c'est bien comme ça !

L'abbé pour clore la discussion se fit menaçant :

— ... Si vous racontez encore des choses aussi abomi-
nables sur le compte de Commandant, je vous le dis tout
droit, je vous dénonce en chaire !

Il se leva pour couper court car il était gêné de tant de
bêtise. Le visage de Marie-Anne Cavalcadour avait pris la
couleur des cerises à grappes. Elle aussi se leva et choisit
d'ignorer les dernières phrases prononcées par le prêtre.

— Je vous remercie de m'avoir écoutée. Il faut que je
parte, mon mari m'attend.

Le curé de Saint-Sauveur-les-Mines referma la porte
derrière elle avec soulagement. Ce genre de femme
l'énervait au plus haut point. Il pensa en lui-même : « Elle
reproche à Gabriel Commandant son odeur, pourtant sa
puanteur à elle vient de l'âme... » Il se mordit les lèvres,
choqué d'avoir manqué à la charité lui aussi. Il se promit
d'aller parler à Gabriel pour lui demander de s'asseoir loin
des Cavalcadour. Mais l'été passa et il n'avait toujours pas
rencontré l'Algonquin.

Marie-Anne Cavalcadour, selon ses habitudes matinales,
commença par remplir l'abreuvoir des animaux. Elle mit
aussi quelques poignées de grains dans la mangeoire. Elle
supputait avec délice la somme qu'elle allait pouvoir retirer
de la vente de la viande de son troupeau, car ce serait bientôt
le temps de faire boucherie puisqu'on était au début
d'octobre. Elle avait bien pris soin de ses bêtes, car elles
étaient grasses et en bonne santé. Dans deux semaines, au
moment des premiers froids, Jérémie engagerait deux
bouchers pour immoler les bêtes. Déjà, plusieurs habitants
de Val-d'Or avaient réservé les bonnes pièces carnées.

Jérémie, assis à la réception de l'hôtel, fut soudain alerté
par les cris stridents de sa femme. Il eut peur d'un accident
dont elle aurait été victime, par exemple une ruade ou un
coup de corne de l'un des bouvillons. Il sortit en trombe. Il

vit Marie-Anne appuyée à la clôture et qui lui désignait le bétail. Sa voix tremblait d'indignation :

— Jérémie ! On s'est fait voler le taurillon !

En effet, Jérémie Cavalcadour constata que la jeune bête n'était plus là. Il l'avait achetée au début du printemps d'un cultivateur d'Amos et, aussitôt qu'il avait été dans le pâturage, Marie-Anne s'était occupée de l'engraisser. C'était l'animal qu'elle aimait le plus. Elle lui caressait l'encolure et les flancs avec des gestes presque maternels. Elle était convaincue qu'avec ce traitement il serait bien plus gros que la normale.

Le nouvelle fit le tour du village en un rien de temps. Certains s'indignaient de ce vol, d'autres riaient sous cape de la déconvenue des vaniteux Cavalcadour.

On manda le policier Turnbull, de Rouyn, le seul policier de réputation établie qu'on pouvait trouver en Abitibi. Il expédia vite son enquête, faute d'indices, et il s'en retourna. Il était agacé qu'on le dérange pour si peu, mais il n'aurait eu garde de ne pas répondre et de ne pas faire son travail, car le couple d'hôteliers avait des accointances avec les hauts personnages du gouvernement et ils n'auraient eu aucun scrupule à lui faire perdre son emploi plus politique qu'autre chose.

Un semaine plus tard, un promeneur découvrit les restes de l'animal, entrailles, peau et tête, sur les bords de la rivière Lamaque.

Les Cavalcadour ne décoléraient pas : ils s'étaient jurés d'avoir la peau du voleur. Ils se doutaient bien que le voleur ou les voleurs avaient dépecé le bouvillon et en avaient vendu la viande. C'était là aussi que le bât blessait, car les hôteliers avaient eu l'intention de garder pour eux-mêmes cette viande.

Pendant ce temps, en cachette, on riait de la déconfiture des deux époux.

L'affaire en serait restée là si Charles Moulin, un bûcheron reconnu dans la région pour sa force physique, n'avait pas révélé ce qu'il savait.

⚒ ⚒ ⚒

Le missionnaire de Saint-Sauveur-les-Mines était embarrassé. Il était venu rencontrer Gabriel Commandant à son camp de la Source. Au bout d'un moment, après avoir parlé des derniers travaux de prospection, il finit par entrer dans le vif du sujet :

— Gabriel, vous savez l'estime que j'ai pour vous, mais il faut bien en qualité de guide spirituel de cette paroisse que je connaisse le fond de cette histoire de disparition du taureau des Calvacadour qui a déjà assez soulevé les passions...

Gabriel Commandant se retint de sourire.

— Oui, je suis d'accord. Cette histoire a trop pris d'ampleur. Il s'agissait pourtant d'un accident et nous avons pris la décision la plus intelligente devant la tournure des événements. Voici : il y a un mois de cela, nous étions rassemblés ici, Joseph Cyr, Charles Moulin, Swayne Wendt-Wriedt, Bob Karillen et mon ami Emmanuel Johnson qui, comme vous en avez peut-être entendu parler, est l'Algonquin le plus fort de toute l'Abitibi. Nous avons bu quelques bières et nous avons commencé à nous agacer sur nos capacités respectives à soulever le poids le plus lourd. C'était entre Emmanuel et moi. On a soulevé des roches. Mais on a été difficiles à départager, car on est de force presque égale. C'est alors que Bob a eu une idée : «Si on allait dans le clos des Cavalcadour et si un de vous essayait de lever à bout de bras leur petit beu, on saurait qui des deux est capable de le lever... » Naturellement, l'idée nous a paru bonne. Il n'y avait personne derrière l'hôtel, nous en avons profité.

On a réussi à coincer le bœuf dans un coin du clos. Manuel a commencé le premier. De peine et de misère, il a réussi à le lever assez pour que les pattes ne lui touchent plus à terre. C'était mon tour. Le petit beu était énervé. J'ai quand même réussi à le lever comme si c'était une poche de patates et je l'ai même mis sur mon dos. Mais il était pesant et il se débattait en beau diable. Je n'ai pas pu le mettre à terre, il m'a glissé des mains. Il est mal tombé et on a bien vu qu'il s'était blessé, probablement une patte cassée. Je vous assure, mon père, qu'on était joliment embêtés. On se demandait quoi faire avec lui. On ne voulait pas qu'il souffre trop. Emmanuel a proposé de l'emmener plus loin et de faire boucherie avec. C'était la seule solution. On l'a traîné au bout du pacage, on l'a saigné, on lui a ôté la peau, on a découpé sa viande et, après s'être entendus, on a décidé de la donner un peu autour à des familles qui ont la charge de plusieurs enfants. On n'a rien gardé pour nous autres.

Le prêtre, ému par tant de générosité malgré la gravité de l'acte, soupira :

— Cela vous honore.

Gabriel continua :

— Ensuite, on a envoyé Bob jeter les restes assez loin pour qu'on ne les retrouve pas, mais il avait trop bu et ne les a pas fait disparaître assez loin, faut croire. Mais ne vous en faites pas, monsieur Lévesque, après nous être entendus, nous avons décidé de dédommager les Cavalcadour.

Le curé se détendit, il avait eu peur que ce ne soit pas le cas. Il commençait à trouver l'histoire plus amusante que dramatique. Il interrogea :

— Et naturellement, vous avez pensé à moi pour aller leur remettre l'argent ?

Gabriel prit un air marri :

— Eh oui, monsieur l'abbé. S'il y a quelqu'un qui peut mettre fin à l'affaire du petit beu des Cavalcadour et servir d'intermédiaire, c'est bien vous. C'est déjà assez fatigant pour nous autres, les quatre totos ! On aurait bien dû penser que ça tournerait mal de manipuler un animal de cette pesanteur.

— Ça vient de la vanité, Gabriel. Quelle importance de savoir qui est le plus fort entre toi et Emmanuel Johnson ? Heureusement que vos intentions n'étaient pas mauvaises. C'est la seule raison pour laquelle j'accepte de servir d'intermédiaire entre vous et les hôteliers. Donne-moi l'argent, je vais les voir de ce pas. Espérons qu'ils seront de bonne humeur !

Le prêtre fit ce qu'il avait promis. Les deux époux jetèrent les haut cris. Heureusement que la compensation financière était plus que suffisante pour combler la perte du taurillon. Mais Marie-Anne ne put s'empêcher de dire avec acrimonie :

— Évidemment, je savais que le Sauvage de la Source devait être pour quelque chose dans le vol et l'abattage de notre bœuf. Mon mari, si tu es d'accord, on va aller voir les familles qui ont accepté de la viande et on va les faire payer...

L'abbé Pierre Lévesque sursauta d'indignation. Il éclata :

— Quoi ! mauvais chrétiens, vous auriez le cœur d'ôter le pain de la bouche des pauvres alors que vous avez été amplement payés pour votre petit bœuf ? Je ne veux plus entendre parler de cette histoire à partir d'aujourd'hui et, si jamais j'apprends que vous avez réclamé une seule cenne des familles qui ont reçu de la viande, vous allez avoir affaire à moi !... Il ajouta, menaçant : Ça finit ici !

Il se leva vivement et marcha vers la sortie, sans un regard pour les Cavalcadour.

C'était sans compter sur le désir de vengeance de Marie-Anne. Elle n'hésita pas à colporter partout que l'abbé était probablement de mèche avec les voleurs. C'était tellement gros que personne ne la crut, mais le mal était fait. L'abbé Lévesque fut mis au courant et, le dimanche suivant au prône, il ne ménagea pas la commère :

— M'est parvenu aux oreilles, mes frères, une accusation que je réfute entièrement. J'aurais été, semble-t-il, complice d'un vol d'animal. Je ne suis pas de cette farine-là ! Cette méchante langue aura peut-être le sort d'Hérode. On dit que sa langue fut mangée par les vers dans sa bouche parce qu'il avait dit du mal de Jean-Baptiste. Personnellement, si j'étais cette personne qui mange du prêtre, j'aurais peur que ce sort ne me soit dévolu...

L'assistance retint son souffle. Le prêtre, tout à son indignation, hurla presque :

— ... Je ne vous dis pas le nom de cette langue sale, mais je la vois là, au premier rang !

Et sans le faire exprès – ce n'était sûrement pas dans son intention – indigné, il désigna d'un doigt tremblant Marie-Anne Cavalcadour qui, surprise, rougit de honte. Elle aurait bien voulu se trouver à deux mètres sous terre, car elle vit bien les fidèles qui, en la lorgnant, souriaient malicieusement.

20 | Partir pour avoir la paix ! (1934)

Gabriel Commandant fut réveillé brutalement par un raffut de tous les diables que faisaient encore les poules du voisin, sans doute harcelées par le chien Papinovich, un bâtard énorme et pataud. C'était sa seule utilité : faire glousser les poules de peur, agacer les cochons qui lançaient des couinements sur un mode si aigu qu'on pensait aussitôt à des soprani italiens ivres. Tout cela, c'était l'agitation matinale continuelle.

Depuis des mois, c'était toujours pareil.

Gabriel savait que ce n'était plus vivable. Il aimait trop le silence et la tranquillité. Trop de monde s'était installé autour de son lac Pakitanika, rebaptisé depuis quelque temps le lac Blouin en souvenir de l'arpenteur-géomètre Alphonse Blouin, venu dans les années 1905. À ce lac, Gabriel Commandant donnait toujours le nom algonquin. Il trouvait bien dommage ces changements de noms indiens pour le nom de quelqu'un qui n'avait passé que quelques mois dans la région, mais il savait que c'était le gouvernement et les nouveaux arrivants qui effaçaient peu à peu les vraies significations de l'habitat de ses ancêtres, c'est-à-dire, dans ce cas-ci, qu'il s'agissait du lac à l'outarde, le Pakitanika.

Son terrain de chasse et de pêche où il vivait la plus grande partie de l'année était devenu grouillant d'activités. Il s'y était établi en 1924, à l'extrémité sud du lac, d'où il avait une vue imprenable sur le seul quai et d'où il pouvait maintenant observer les centaines de barges transportant de l'équipement destiné à la mine Lamaque.

Gabriel avait été heureux autour de ce lac Pakitanika. Il se souvenait des matins d'été pleins de soleil ou de pluie, de ses chasses fructueuses aux orignaux qui venaient s'ébattre dans les joncs et les nénuphars. C'était une époque de bonheur tranquille. Aujourd'hui, ce bonheur avait disparu. Les fermiers étaient venus s'établir sur le pourtour de la pièce d'eau où ils avaient pris des terres et s'étaient mis à l'élevage des animaux pour fournir en nourriture les nouveaux arrivants, aventuriers et prospecteurs de toutes espèces. Le pays se développait à la vitesse de l'éclair. Gabriel voyait très bien arriver sur le lac les bateaux transportant à la fois des marchandises et des voyageurs au petit quai situé à plus d'un kilomètre de son habitation. Tout cela était relayé par les cris des cochers transportant des marchandises et des voyageurs dans des waguines (curieux véhicules aux roues fines qui s'enlisaient facilement dans la boue, mais dont la légèreté était une garantie de pouvoir passer, car ils ne demandaient pas trop d'efforts aux chevaux, ce qui ne pouvait se faire avec les voitures plus lourdes). Mais il y avait aussi des véhicules de toutes espèces trafiqués avec des pièces de provenances les plus étonnantes, par exemple des pneus et des essieux prélevés sur une automobile dont le moteur avait rendu l'âme et dont la carrosserie était en ruine. Tout ça traîné par des chevaux de trait, percherons ou flamands, capables de tirer des charges impressionnantes.

Depuis quelque temps, il y avait même deux ou trois camions qui prenaient, de peine et de misère, le chemin presque impraticable conduisant à Val-d'Or, à la mine Lamaque et aux quelques autres mines récemment mises en exploitation. Le prix de l'or était passé de 25 $ à 35 $, ce qui avait provoqué un surcroît d'activités et d'immigration de prospecteurs, de mineurs et de travailleurs occasionnels.

Gabriel comprit qu'il n'avait plus le choix et décida, ce matin-là, qu'il irait vivre à longueur d'année au camp de la Source où, depuis des années, à l'automne, il allait demeurer jusqu'au printemps avant de reprendre ses tournées d'exploration ou son travail de garde-feu.

« *Je n'ai plus de tranquillité ici, il faut que je décampe au plus vite...* »

En réalité, il y pensait depuis des mois, mais il avait été engagé pour des recherches en prospection et en jalonnement; il avait donc été absent assez souvent, de sorte qu'il n'avait pu mettre plus tôt son projet de déménagement à exécution. Il s'était mis à préparer ses affaires et il en déduisit qu'il aurait deux voyages à faire.

Il allait dîner vers onze heures et demie lorsque son voisin, Rudolf Papinovich, l'immigrant russe, arriva. Il ne frappa même pas à la porte et entra, tellement il était familier avec Gabriel. Apercevant quelques poches de jute – servant à entreposer à l'origine de l'avoine ou d'autres grains pour nourrir les bestiaux et que Gabriel avait ramassées chez Papinovich justement – remplies de pièces et d'objets usuels divers, les seules possessions de Commandant, Rudolf s'exclama dans un mauvais français truffé d'un fort accent :

— Mon ami, il va partir ?

Gabriel était trop poli pour lui exprimer son désagrément au sujet des bruits de sa ferme et il se contenta de répondre :

— Oui, je vais me cabaner à la Source...

Après un long silence fait de surprise et de déception, car Gabriel l'avait souvent aidé pour la rentrée des foins dans la tasserie et pour d'autres tâches rudes de fermier où il fallait être deux, le Russe s'exclama, du dépit dans la voix :

— J'ai regret fort beaucoup que toi partir...

En même temps, il soupira. L'homme râblé, large d'épaules et aux muscles puissants, au visage rubicond, continua piteusement :

— Toi, vrai bon voisin. Toi vendre ton shack?

Il voulait parler de l'habitation de Gabriel naturellement.

— Non mais, Rudolf, tu pourras t'en servir comme tu le voudras.

— Ça pas déranger toi? Vrai?

— Mais non, répondit Gabriel.

Il espérait tout de même que le Russe n'aurait pas la mauvaise idée d'installer des animaux dans son shack, au cas où il voudrait y revenir, mais c'était peut-être trop lui demander.

De toute façon, Gabriel Commandant était bien décidé à quitter pour toujours l'endroit. Les choses allaient en augmentant et il y avait peu d'espoir que la tranquillité revienne, ne fût-ce qu'un peu. Gabriel n'avait pas de regret. Comme tous les nomades, il savait qu'il ne s'installerait pas définitivement dans un lieu ou un autre. Non seulement ce n'était pas dans ses habitudes d'Algonquin et de prospecteur, mais encore le travail pour vivre commandait d'être prêt à prendre son paqueton et à partir à tout moment. De plus, Gabriel avait l'âme d'un solitaire, il avait peu d'intérêt pour la vie en groupe. Vivre en marge lui convenait, même s'il acceptait de fréquenter les gens quand l'occasion et son travail le demandaient, dans les chantiers, ou pour travailler avec d'autres. Il aimait plus que tout la vie retirée. Il se plaisait dans la vie aventureuse, c'est pourquoi il n'hésitait à partir lorsqu'on le demandait pour une tournée d'exploration et de prospection. Le seul caprice qu'il se permettait, c'était son appareil radio. Il le traînait toujours avec lui, car il aimait écouter les nouvelles le midi. C'était sa récréation et son plaisir. Il lui avait été donné par Jean Cyr, justement.

Infatigable pagayeur, Gabriel accompagnait souvent les découvreurs, ce qui rendait bien difficile le fait de demeurer à un endroit bien longtemps. Quelques mines, notamment du côté de Saint-Mathieu, ont pourtant reçu son nom parce que les agents miniers ne trouvaient pas d'autres propriétaires, mais, lorsque ces mines furent mises en exploration, on lui offrit des sommes minimes en guise de compensation et on changea son nom de découvreur. Il accepta comme si c'était dans l'ordre des choses. Au fond, il s'est toujours comporté avec l'esprit algonquin : posséder n'était pas dans ses gènes et allait à l'encontre de son sens du partage. Gabriel savait au fond de lui-même qu'il n'avait pas la capacité peut-être de se lancer dans les affaires minières, si compliquées et si pénibles pour n'importe quel patron. C'en aurait été fini de sa liberté. Le goût de la richesse n'était pas non plus dans ses plans. Parce que cela exigeait trop de calculs inutiles et d'emprisonnement dans le temps. Il éprouvait plus de contentement à vivre comme il l'entendait, libre et content de ce qui l'entourait. Servir sans espérer de grandes récompenses. L'aventure, les randonnées dans des régions inconnues, les découvertes, convenaient bien à Gabriel. Ainsi, il se sentait affranchi. C'est bien pourquoi il quittait sa cabane sur le lac Pakitanika ou Blouin, pour échapper aux bruits et à l'agitation qui lui devenaient de plus en plus insupportables.

— Toi venir nastradrovia avec moi pour départ de toi ?

Le fermier voulait parler d'un sorte de fête d'adieu, bien en vogue chez les Russes qui ont amené avec eux certaines de leurs traditions.

Gabriel accepta et suivit Rudoph Papinovich jusqu'à sa petite ferme. Le chien vint à leur rencontre en gambadant et en se trémoussant de façon très canine. Il reçut de son maître un coup de pied dans les flancs qui le fit geindre. Rudolf Papinovich évita ainsi que le cabot folichon ne mette ses pattes sur lui, elles qui étaient enrobées de boue et de fumier. L'animal mal dressé avait la mauvaise habitude de se précipiter et de monter sa face à l'haleine chaude et désagréable jusqu'au visage des visiteurs en appuyant ses pattes sur la poitrine des malheureux, les salissant imman-quablement. Aussi, Gabriel ne prit pas de risque, il tordit doucement l'oreille du chien qui ne demanda pas son reste et s'enfuit à toutes jambes pour le plus grand soulagement des deux hommes.

Papinovich invita Gabriel à s'asseoir au bout de la table. Il régnait dans la cuisine aux murs de planches une odeur indéfinissable de kabocha (gros saucisson russe ou polonais fortement épicé) et de choux roulés; il y avait aussi des tresses d'ail tout autour de la pièce, surtout autour des fenêtres. Un chou rouge à moitié tranché était resté sur la table, vestige probable d'un dernier repas.

— Nous boire bonne bagosse, moi faire ça en whisky, recette canadienne...

Et il éclata d'un bon gros rire malicieux. Gabriel ne put s'empêcher de sourire. Il savait ce qu'était la bagosse, une boisson alcoolique de fabrication domestique. La qualité de cette mixture a toujours été sujette à caution, car il n'a jamais été possible d'en stabiliser le degré d'alcool, ainsi elle pouvait atteindre une soixantaine de degrés et plus. Fermentée dans des conditions précaires, elle fut souvent frelatée et, de ce fait, dangereuse pour la santé.

Papinovich donna un commandement en langue russe à son épouse, une femme bien en chair, qui s'empressa de prendre deux tasses et alla derrière le poêle où dans un grand récipient fermé par un linge d'une propreté douteuse fermentait la fameuse bagosse. Elle retira le bout de tissu et en écartant l'écume sur le dessus du liquide, à l'aide d'une grande louche, elle remplit à ras bord les tasses aux contours ébréchés. Elle en présenta une à Gabriel avec un gros rire paysan ; sans doute avait-elle l'habitude des effets hilarants du breuvage. Gabriel, quant à lui, se demanda pour un instant si ce liquide n'allait pas réveiller ses maux d'estomac, maux d'estomac qu'il ressentait depuis quelque temps. Un forte odeur de levure émanait du récipient. Après avoir cherché un bout de rebord uni, il porta la tasse à ses lèvres: à peine put-il avaler une gorgée qu'il s'étouffa lamentablement. Il n'y avait rien d'étonnant à ça: la rumeur voulait que l'on se serve de cette boisson comme antigel dans les rares véhicules à moteur qui circulaient dans la froide Abitibi!...

Par politesse, Gabriel réussit à boire le liquide jaunâtre dont le goût se rapprochait du salpêtre, mais il dut s'y prendre à plusieurs reprises. L'effet fut immédiat : il ressentit un bien-être et un début d'ivresse assez agréables. Ses hôtes avaient déjà englouti d'un trait le contenu de leur tasse et ils étaient déjà très joyeux, riant pour tout et pour rien.

— Ça valoir vodka, ironisa l'homme qui semblait savoir de quoi il parlait.

Il se leva aussitôt pour ouvrir un petit rideau d'indienne cachant une tablette sur le haut de l'armoire et il sortit une bouteille au liquide transparent. Il trouva des verres à la propreté douteuse sur une autre tablette, il en prit deux, les remplit généreusement et les plaça devant lui et Gabriel. Les femmes russes n'avaient pas le droit de boire de la vodka, car elles n'étaient pas aptes alors à faire une bonne cuisine. Il prit son verre, le porta à ses lèvres, le but d'un trait et le lança sur le mur derrière lui où il se brisa au grand désespoir de son épouse qui lança de grands cris d'indignation. En même temps, l'homme hurla joyeusement :

— Nastradrovia !

Il ne tarda pas à présenter un début d'ivresse marqué de grands rires et de paroles prononcées d'une grosse voix de cosaque en russe et en français primaire, absolument primaire. Gabriel, quant à lui, eut la plus grande difficulté à boire sa tasse. Il y réussit avec les encouragements des deux hôtes. Au moins, cela eut l'avantage de faire disparaître ses maux d'estomac.

La femme, aimablement, offrit à Gabriel un bon repas de roulés au chou, de viandes grasses à la mode de l'Ukraine et d'un bon morceau de gâteau vraiment délicieux. Le tout bien arrosé. Peu dans le cas de Gabriel, beaucoup dans celui des habitants de la maison qui semblaient en avoir l'habitude.

Gabriel prit finalement congé. En revenant vers sa cabane, il réalisa qu'il n'avait plus le pied très ferme. Pour se rassurer, il se disait que dans quelques heures l'effet de la boisson se dissiperait entièrement. Mais, prudemment, il décida de remettre son déménagement au lendemain.

Tôt le matin, remis de son ivresse de la veille, même s'il se sentait la bouche pâteuse, Gabriel prit ses sacs de jute, son maigre bagage, les jeta sur ses épaules et se dirigea vers la Source où il s'installa, fit un dernier voyage, décidé à demeurer, à partir de ce moment, dans le camp près de la Source.

Lorsqu'il arriva sur les lieux, il faisait un bel après-midi de fin juillet. Avant d'entrer dans le camp, Gabriel déposa son bagage et il contempla le petit lac formé par l'eau claire de la source. Elle jaillissait de la terre, limpide et agréablement froide : elle jouait de plus de nombreuses notes musicales qui s'harmonisaient et formaient un mélange de sons des plus doux et des plus agréables qui soient. Une fois sortie de terre, elle formait une petite étendue, peu profonde, mais large et longue. L'eau était d'une pureté extraordinaire. Plusieurs années avant, une grande compagnie de fabricants de bière canadienne avait eu l'intention de construire sur les lieux mêmes, au bord de ce cours d'eau, une usine d'embouteillage pour une importante compagnie de bière canadienne. Cinq ans plus tôt, dans les années 1930, on y avait embouteillé de l'eau gazeuse, car la pureté de cette eau était si exceptionnelle qu'on n'avait jamais eu besoin de la traiter.

Le petit lac étincelait dans la lumière du soleil au point qu'il ressemblait à du cristal liquide et, quand la lumière le frappait, il scintillait comme des milliers de diamants. En algonquin, on disait, pour désigner la source, « *là où l'eau miroite*». Gabriel Commandant trouvait le lieu si beau et si agréable qu'il ressentit un certain bonheur d'y revenir pour l'habiter définitivement. S'assurant qu'il n'y avait pas de témoin autour, il fit la prière aux Esprits de la source et, ensuite, il éprouva tellement de plaisir qu'il décida de se baigner. Il nageait assez bien, ayant eu l'expérience, chavirant en canot une fois ou deux, de devoir se débrouiller pour s'en sortir. Il avait pris l'habitude de se baigner souvent aussi dans les cours d'eau rencontrés lors de ses pérégrinations à travers les terres du Nord qu'il traversait, d'autant plus qu'il y était bien obligé lorsqu'il sombrait avec son embarcation dans les rapides où les eaux trop agitées. C'était un des rares hommes qui avaient cette bonne habitude de la propreté.

En entrant dans l'eau de la Source, il ressentit aussitôt un bien-être tout à fait plaisant et il s'en donna à cœur joie.

21 | Le sauvage de la source (1935)

G abriel Commandant repassa dans sa tête les événements récents. Les Wendt-Wriedt, père et fils, venaient de partir pour la région de Launay, toujours en Abitibi, où ils voulaient relever un nouveau défi en ouvrant une autre mine, la Wendt-Wriedt Consolidated Mines. Le Virginien père avait été profondément déçu par l'échec de l'Harricana où l'on n'avait pas trouvé la moindre pépite d'or, les autres minerais n'ayant pas beaucoup d'importance. Mais cette sorte d'échec faisait partie de l'aventure. Quoique rares, certains payaient pour des rêves bien plus que pour la réalité. Les terrains de l'Harricana appartenant à Wendt-Wriedt seraient vendus pour établir la ville de Val-d'Or et c'est Octave Germain et sa fille Colette, devenue sa secrétaire, intelligente et active, qui s'en occuperaient, car lui avait l'âme d'un agent d'immeubles et elle, une débrouillardise étonnante. Femme de ressources, femme de tête, sociable, Colette Germain allait appuyer son père dans cette tâche qui n'était pas de tout repos, car il fallait agir avec prudence, les gens n'ayant pas toujours l'honnêteté et l'argent promis.

Mais toute cette agitation d'une ville naissante ne signifiait pas la fin de travail de Gabriel Commandant. Il se trouvait souvent dans la région de Chibougamau en tournée d'exploration, car le développement commençait et on avait besoin d'hommes pour effectuer les travaux qui sont communs à ces sortes de territoires.

Au printemps 1935, Gabriel Commandant avait 44 ans. Il était en excellente santé puisqu'il vivait d'une façon saine. Il buvait plus modérément que dans sa jeunesse. Bien sûr, vu les mœurs viriles de son temps, il levait le coude parfois, mais lui seul savait si c'était assez ou trop. Avec un sourire entendu, il disait timidement en regardant dans les yeux son interlocuteur : « *J'ose espérer que je ne suis pas un biberon !* » Un biberon, c'était un homme qui buvait beaucoup. Dans ces agglomérations d'hommes rudes, la boisson faisait souvent des ravages importants. Il n'était pas facile d'être vertueux sur ce chapitre précis. En tout cas, il était dans la pleine force de l'âge et avait du travail plus qu'il ne pouvait en faire, les mines s'ouvrant d'un bord à l'autre du territoire. Heureusement que l'aire de jalonnement et celle de *claimage* étaient assez circonscrites autour de ce qui devenait la ville de Val-d'Or. Et il pouvait revenir à la Source où la population commençait maintenant à venir puiser l'eau pour l'usage courant. Deux jeunes garçons, Lionel et Raymond Morisette, entre autres, venaient régulièrement remplir un tonneau installé sur une voiture à roues tirée par un bon gros bœuf nommé Monsieur Charlemagne et allaient vendre cette eau à travers les rues pour dix sous le seau.

Un jour, à la Source, Lionel, alors âgé de 14 ans, décida de faire peur à son jeune frère. Il lui indiqua la direction du camp de Gabriel Commandant qui, souvent absent, n'était pas particulièrement connu. On le regardait de loin, car il courait beaucoup de bruits effrayants sur sa personne :

— Tu sais, là-bas, il y a un géant, un Sauvage, qui peut te transformer en castor ou te changer en truite, selon son bon vouloir. Il paraît qu'il se change lui-même en bête monstrueuse comme les gargouilles qu'on voit dans les livres d'histoire à l'école et qui sont accrochées aux quatre coins des cathédrales en Europe...

— Aïe ! Aïe ! Arrête de me conter des histoires, espèce de plouc !

— Si tu me crois pas, suis-moi donc, insista Lionel, un sourire en coin.

Il attacha Monsieur Charlemagne à un arbre et fut suivi de son jeune frère qui commençait déjà à claquer des dents.

Il approchèrent du camp de Gabriel avec des ruses d'Inuits pour ne pas être vus. Mais Commandant les ayant aperçus, lui qui désirait la paix, se mit en frais de les effrayer. D'autant plus que cela ne lui déplaisait pas du tout de jouer un bon tour, ce qu'il l'amusait par-dessus tout. Il se revêtit rapidement d'une vieille peau d'ours et s'attacha au front un panache de jeune orignal. Il ouvrit la porte du poêle et, avec de la suie, il se dessina des yeux sur le front et se fit un visage horrible. Il devina plutôt qu'il ne vit les jeunes gens qui rampaient dans les buissons entourant le camp. Lionel, le plus hardi, finit par se mettre à découvert, mais il s'affala aussitôt, car il venait d'entendre le bruit de la porte du camp qui s'ouvrait. Alors, à quelques mètres de lui, il se trouva face à un animal épouvantable. Juste à ce moment, par une de ces coïncidences comme il en arrive peu dans la vie, un coup de tonnerre déchira le ciel. L'animal abominable rampa dans la direction de Lionel en miounant, c'est-à-dire en se lamentant avec des sortes de feulements. Celui-ci, bleu de peur, retraita avec tant de rapidité qu'il en oublia son petit frère, Raymond, paralysé par l'épouvante. Il ne put se lever et suivre son grand frère; il resta là, sans pouvoir bouger. Il ferma les yeux, espérant que la créature cauchemardesque disparaîtrait. Effectivement, Gabriel Commandant, conscient de son effet, riant sous cape, se retira prudemment dans l'ombre, à l'intérieur du camp.

Rouvrant les yeux et ne voyant plus la bête, le jeune Raymond ne demanda pas son reste et détala lui aussi comme un lièvre, jetant de temps en temps un regard horrifié vers l'ouverture, la porte n'ayant pas été complètement refermée. Devant tout ce branle-bas, Monsieur

Charlemagne fut lui aussi effrayé. D'un coup de tête, il détacha sa longe et se mit à courir derrière les deux garçons. Cet effort l'empêcha de se retenir et il fit dans ses basques et sur le bacul. Comme il souffrait de diarrhée, inutile de dire qu'il n'y eut pas de distribution d'eau cette journée-là!

Les deux petits Morisette racontèrent à tout venant, en l'exagérant, la vision d'horreur dont ils avaient été témoins, provoquant ici et là des blêmeries de peur ou des sourires entendus. D'autres, surtout parmi les enfants, y crurent mordicus, répandant le bruit qu'il ne faisait pas bon se frotter au Sauvage de la Source. À la longue, cela fit que Gabriel Commandant eut définitivement la paix, peu se hasardant à venir fouiner autour de son camp. Quant aux autres venant chercher de l'eau à la source, ils jetaient un regard inquiet vers la cabane de Gabriel Commandant, en retrait, et ils n'osaient jamais aller jusque-là. L'Algonquin n'était donc pas dérangé par ce va-et-vient.

Quand la journée de travail était terminée et surtout quand il n'était pas en tournée de jalonnage ou de prospection loin de Val-d'Or, Gabriel Commandant était heureux d'aller passer la soirée au Café Windsor ou à l'hôtel Gold Range où, avec Amable Odjick, venu demeurer à Val-d'Or, Bob Karillen et Bill Ferguson, il discutait de tout et de rien pendant des soirées entières; c'était un moment de repos inouï pour les trois ou quatre compères attablés autour d'une Black Horse. Gabriel Commandant aimait surtout ces moments de délassement où il se savait enfin débarrassé des myriades de moustiques s'élevant sans cesse sur le passage des hommes dans la forêt. Il était l'un de ceux que les brûlots, maringouins, mouches noires, laissaient tranquille, mais les autres jalonneurs, les arpenteurs, les prospecteurs et les promoteurs miniers qui l'accompagnaient étaient littéralement mangés sur pied, car ils refusaient l'insecticide maison propre à Gabriel. Le liquide en question était un peu collant et avait une forte odeur. Même au début d'août, les insectes étaient toujours actifs. Gabriel taquinait ses compagnons de travail:

— Vous sentez le savon comme des catins et les moustiques aiment cette odeur, car ils adorent le parfum des femmes!...

Les autres n'avaient pas la force de répondre. Tout ce qu'ils voulaient, c'était arriver à le suivre, car il marchait vite sans sembler en éprouver de la fatigue, tout en les exhortant:

— Grouillez-vous, espèces de gros lards! En marchant vite, c'est la seule façon de ne pas trop s'enfoncer dans la tourbe et c'est surtout la seule façon d'échapper aux bibittes piquantes, elles n'aiment pas être éventées.

— Maudite engeance!

Gabriel Commandant parlait rarement de ses tournées de prospection ou des découvertes avec les prospecteurs qui ne lui étaient pas familiers pour la simple raison qu'il fallait garder une certaine discrétion; quelques-uns de ces personnages peu scrupuleux devançaient les vrais découvreurs et allaient enregistrer les *claims* à leur nom. Gabriel se méfiait aussi de ceux qui demandaient où il avait été avec son groupe car, par recoupements, ils pouvaient deviner en quel endroit ils s'étaient à peu près rendus et alors il suffisait d'une petite indiscrétion de ses employeurs ou de ses accompagnateurs pour que l'on sache où la veine minérale avait été mise à jour.

✕ ✕ ✕

Bill Ferguson était toujours le premier à les attendre à l'hôtel. Il roulait inlassablement ses cigarettes avec du tabac Zigzag: véritable expert, il plaçait sur un genou de son pantalon une petite quantité de tabac bien disposée, en colonne, ensuite, il mouillait les bouts du papier et prestement il l'emplissait de tabac en une parfaite colonne, le roulait, collait les deux extrémités formant un cylindre parfait. Sa cigarette était de formation égale d'un bout à l'autre. Pour cette seule activité, le marchand du Pionner Store suscitait déjà l'admiration, étant donné que, s'il y avait beaucoup de fumeurs, bien peu étaient capables d'un tel art de bien rouler une cigarette.

Bill était un homme simple, généreux. Brun de cheveux et d'yeux, il était taillé en athlète. Anglophone, venu du Nouveau-Brunswick, il baragouinait assez mal le français, mais ne se forçait pas à cet exercice, préférant parler anglais. Propriétaire avec Bill McKeown du magasin général servant aussi de casse-croûte et de bureau de poste (le bâtiment venait à peine d'ouvrir ses portes), Bill était renommé pour son accueil et sa cordialité. Il aimait rivaliser de force avec Gabriel en soulevant des poches d'avoine dans une pièce à l'extrémité du magasin, tout près d'une porte bien située pour emplir les voitures des acheteurs sans avoir trop d'efforts à faire. Gabriel l'emportait toujours, mais, entre les deux compères, c'était une façon de démontrer leur amitié virile.

Ce soir-là, Bill accueillit Gabriel avec son affabilité habituelle :

— Pis, mon Gabriel, tu t'es encore pris les pieds dans les branches aujourd'hui?

Gabriel répondait immanquablement :

— Tu peux bien parler, toi, tu bouges pas beaucoup de ton magasin... et c'est pas les branches qui te font peur !

Bill allait répondre par une de ses boutades préférées quand Amable Odjick et Bob Karillen entrèrent et vinrent s'installer à la table. Bob parla le premier, tout heureux de la nouvelle qu'il allait leur révéler :

— Imaginez-vous qu'il y a eu ici même cette après-midi une réunion...

— Une réunion? coupa Bill.

— Oui, monsieur, une grosse réunion, continua Bob. Vous ne devinerez jamais pourquoi !

Les trois hommes attendirent, suspendus à ses lèvres, la grande révélation.

Karillen profita de son avantage pour faire languir les trois autres.

— Aboutis, Bob! ordonna Gabriel qui n'avait jamais apprécié les lenteurs.

— Mes chums, ils vont faire construire la première école française en bois rond. Ils ont décidé ça ici même cet après-midi. Et savez-vous qui ils ont nommé comme maîtresse d'école?

— Qui? Qui?

— Mercédes Bourgeois!

— Tabatoire! La belle Mercédes!

— Oui, monsieur!

— Je connais des élèves qui ne s'ennuieront pas! lança Bill, joyeux. Moi, je ne suis pas trop instruit, et en anglais de plus, mais pour avoir une maîtresse comme ça, je retournerais bien sur les bancs d'école et en français, s'il vous plaît!

Gabriel en profita pour le taquiner.

— Tu es bien trop laid, elle ne te remarquerait même pas...

— Et toi, vieux carcajou, elle sortirait de l'école dès que tu y entrerais! Ton odeur ferait fuir même une bête puante!

Bill ne manquait pas une occasion de taquiner Gabriel.

— N'empêche que moi, j'aurais aimé ça m'instruire, car j'estime que, si c'est bon pour les Blancs, c'est bon pour nous aussi, grommela Bob Karillen avec une pointe de regret dans la voix. Gabriel se débrouille bien mieux que nous parce qu'il a eu la chance de se faire instruire, lui, par les prêtres de Maniwaki.

— Et tu serais devenu aussi paresseux qu'une truite dans l'eau chaude, comme ces gars que Gabriel conduit dans les terres de prospection! grogna Bill. Moi, je suis allé à l'école jusqu'au grade trois et je ne suis pas plus bête qu'un autre. Je sais mon calcul, je me contente de me comprendre dans les chiffres...

— Si tu es si bon que ça dans l'argent, paye-nous donc une bière! lança Amable Odjick, hilare.

— Ben, toi, on sait ben, c'est juste la boisson qui t'intéresse, fit remarquer Bill, et il leva la main pour attirer le garçon à leur table. Waiter! il y a quatre gosiers secs ici, présente-toi donc avec de la Black Horse.

Gabriel Commandant conclut:

— Je suis bien de ton avis, Bob, il est toujours bon de s'instruire. Moi, j'ai pu en profiter quand j'étais jeune. On m'a donné des cours de français, d'anglais, de calcul, de musique et on m'a appris à bien me comporter. C'est toujours utile. En retour, on ne m'a rien demandé. Pour nous autres, Algonquins, il est parfois nécessaire pour entrer en contact avec les autres de connaître certaines choses avec lesquelles ils sont familiers.

Ils burent les premières gorgées en silence. Ils réfléchissaient sur le développement brusque de Val-d'Or. Ville complètement anglophone, elle commençait au moyen de l'école à s'ouvrir à la langue française. D'ailleurs, elle venait tout juste de prendre le nom de Val-d'Or au début de l'année. Bien sûr, il y avait eu des tractations pour l'orthographier d'une manière correcte: Valdor, ce qui convenait aux deux langues, mais finalement la version française avait triomphé essentiellement grâce à la volonté du gouvernement de la province et on l'orthographiait maintenant Val d'Or. Le trait d'union n'était pas encore de mise.

Ce n'était plus la ville des débuts, cet amas de tentes et de campements disposés sans ordre où régnait une certaine anarchie. Ce ne serait plus ce qu'ils avaient connu dans les premiers temps. Une école signifiait le début d'une vraie ville ou, du moins, d'un gros village. Puis finalement, le village deviendrait une ville grâce à la population qui augmenterait brusquement. Tout bougeait. Et tout près, dans Bourlamaque, les promoteurs de la mine Lamaque qui venait d'ouvrir, avaient fait construire pour les mineurs cinquante-trois habitations en bois rond avec de larges rues. Un vrai luxe. Une ville naissait autour d'une mine.

De passage au printemps, le nouveau chef du Parti conservateur du Québec, Maurice Duplessis, avait promis:

— Mes chers concitoyens du nord de la province de Québec, quand je serai premier ministre, je m'arrangerai pour que vous autres, qui cherchez dans les entrailles de la terre le minerai, richesse de notre patrie, soyez justement rémunérés de toutes les gouttes de sueur qui coulent sur vos fronts de travailleurs. Vous êtes vaillants. Vous êtes notre rempart contre les spéculateurs venus de la province voisine et d'autres riches messieurs qui traversent nos frontières et qui cherchent à faire main basse sur notre patrimoine sacré...

Mais personne ne prenait au sérieux le jeune tribun au verbe tonitruant et aux expressions colorées qui n'était après tout que le chef d'un parti auquel on croyait plus ou moins, l'Union nationale.

— Je trouve que ça va trop vite, observa Amable. Moi, je vais disparaître d'ici frette sec si ça continue. Je vais m'enfoncer assez loin dans le bois que l'on ne me retrouvera jamais...

— Je suis bien d'accord avec toi, approuva Gabriel, ça va trop vite. Moi aussi, si ça continue, j'ai l'intention de partir pour la Chibougamau. Il paraît que là, présentement, les promoteurs miniers ont besoin d'hommes. J'ai déjà quitté ma *wache* du lac Pakitanika parce que les cultivateurs m'achalaient avec leurs animaux et que je n'avais plus la paix.

— Oui, je sais, pour avoir été couché dans ta cabane, admit Bob. Il faut des cultivateurs pour nourrir tous ces hommes qui arrivent de partout. Et c'est toi qui paies pour ça, puisque tu dois partir.

Quatre autres bières furent déposées devant les quatre compères. Bill se remit à parler:

— Oui, on peut dire que ça grouille vite en maudit. Les nouveaux arrivent par bateaux entiers sur le Blouin, les mines se développent dans le temps de le dire. On croirait même que nous allons devenir riches.

— Ça, n'y compte pas! dit tout haut Gabriel. Nous autres, on travaille à la sueur de nos fronts. Ce n'est pas avec ton magasin général que tu t'enrichiras.

— Là-dessus, je suis loin de te donner tort. Mais si on vit ici, c'est bien dans l'espoir de devenir riches avec tout cet or qui nous traîne sous les pieds, réfléchit encore Bill.

Bob s'exclama:

— Quelques-uns le deviennent pourtant! Il paraît que ceux qui ont trouvé Stanley Siscoe sur la glace du lac Matchi-Manitou ont vu de l'argent éparpillé tout autour de lui.

— Ça, c'est une histoire que j'ai de la misère à croire...

— Comme vous le savez, c'était le propriétaire de la Siscoe sur l'île du lac Kienawisik ou de l'autre nom qu'on vient de lui donner: De Montigny. Il a même débaptisé l'île pour lui donner un nom autre qu'algonquin. D'après ce que j'en sais, il était d'origine polonaise et son vrai nom, c'était Stanislaw Szyszko. Mais c'était trop dur à prononcer et il a fini par s'appeler tout simplement Siscoe. Je l'ai vu de mes propres yeux, ils sont en train de creuser la mine sous le lac et on trouve là des filons d'or de la grosseur du doigt. C'est une des mines les plus riches de la région. Ils ont sorti la première brique d'or en 1929. Pour en revenir à Siscoe, il paraît qu'il était en boisson. Il est parti en petits souliers et en habits de ville. Il a sauté dans son avion au nouvel aéroport de Québec et il a dit à ses proches qu'il se rendait à sa mine ici dans le Nord. Faut être fou pour faire des plans comme ça! L'avion a fait défaut sur le Matchi-Manitou.

— Un lac qui porte malheur, coupa Bob.

— ... en tout cas, pour Siscoe, ça été ça. Ce sont des Algonquins qui passaient par là qui l'ont découvert. Il était gelé raide mort. Il faisait au moins 30 degrés sous zéro. Un avion a été chercher son corps et ils l'ont posé avec l'argent autour de lui.

— Qu'ont-ils fait de cet argent?

— S'il y a vraiment eu de l'argent, ils ont dû le rapporter avec le corps. Ça devait être la paye des mineurs. Mais la pose qu'ils ont pris de lui avec un kodak le montre sur la neige, étendu, avec rien autour...

— Si c'est vrai, l'argent à dû être tout emporté par le vent sur le lac. J'imagine que Siscoe, qui se voyait mourir, a dû comprendre que l'argent n'achète pas tout et qu'il a dû être enragé de se voir pris les poches pleines. Lui qui avait été prospecteur, il a dû comprendre l'imprudence qu'il y avait à partir seul, avec des vêtements bien trop légers. Seule la boisson peut expliquer un tel comportement.

— Il paraît que, quand il est parti, il faisait très doux et du soleil plein le ciel. C'est en route que le temps s'est gâté, surtout quand il a pris la route du Nord. Ça pardonne pas. Je pense surtout qu'il regrettait de nous avoir si mal payés lorsque nous avions travaillé pour lui dans les débuts de la mine..., fit remarquer Bob presque amèrement.

C'était le langage d'un jeune homme dans la trentaine qui aurait désiré avoir son dû. Mais les patrons étaient habitués à mal payer les Indiens et ça ne leur faisait ni chaud ni froid de ne pas appliquer une justice élémentaire dans le paiement des hommes.

Et la soirée se poursuivit. Ils parlèrent de choses et d'autres, surtout de leur travail harassant et des nouvelles venues du Sud.

22 | La pénétration du territoire abitibien

Gabriel Commandant sentait que le monde changeait à l'aube de cette année 1935. Au printemps, il fit le parcours entre Val-d'Or et Amos. Il fit l'aller-retour pour livrer le courrier et des messages entre les deux villes, car la route tracée en plein bois était impraticable pour au moins deux mois du printemps et, à l'automne, avant les neiges, c'était pareil. Au printemps, en raquettes, sur la croûte neigeuse ou dans la neige collante et la pluie glaciale, d'un pas régulier, il franchissait les distances avec une rapidité qui étonnait, ce qui faisait dire à son ami Jos Cyr :

— Dis-moi donc, Gabriel, as-tu fait un pacte avec les oiseaux qui te prêtent leurs ailes ?

La blague faisait bien rire l'Algonquin qui se contentait de répondre :

— Pourvu que ce ne soit pas un pacte de vitesse avec le diable, ça me suffit bien !

Durant ces longues marches solitaires, Gabriel Commandant en profitait pour réfléchir.

Il comprenait que sa chère solitude serait bientôt derrière lui et, depuis un assez long temps, il songeait sérieusement à partir vers un nouveau territoire, plus au nord, là où peut-être, si c'était vrai, le jour devenait la nuit pendant six mois et la nuit devenait le jour pendant les six autres. Mais cela, c'était le pays des Inuits. Ce n'était pas pour lui, habitué qu'il était au jour et à la nuit de même longueur. Il n'avait pas peur de se retrouver très loin, non, ce n'était pas ça, mais il avait tant d'amis parmi les Algonquins, les Cris, et même les Inuits puisqu'il avait beaucoup voyagé dans ses tournées avec les prospecteurs et qu'il s'était souvent arrêté dans des villages inconnus. Il avait même visité le cratère du haut du Québec, perché là où peu d'hommes avaient envie d'aller. Le lac Smith qu'il s'appelait et on y trouvait des truites bleues avec des déformations de la colonne vertébrale, Dieu seul savait pourquoi! Oui, Gabriel Commandant avait visité des amas de civilisations lointaines où il avait eu vite la réputation d'être un chaman, c'est-à-dire un homme d'une grande spiritualité, toujours relié aux bons esprits de la terre et du ciel et par sa finalité, Dieu, principe premier de la création. Il avait ce langage des anciens Indiens pour désigner les phénomènes naturels, par exemple il disait pour désigner un ouragan «l'oiseau des vents vient faire son nid dans les nuages». Peut-être parce qu'il aimait se retirer à l'écart et qu'il priait, ce qui commandait le respect chez ces hommes secrets qui n'osaient pas trop en faire. Certains étaient très religieux à cause de leur enfance; elle avait baigné dans la foi et la peur du péché. Reliquats des églises catholiques et anglicanes. Mais ces hommes frustres, les Blancs, faisaient toujours attention de trop se montrer pieux, ce qui n'était bon que pour les femmes.

De plus, Gabriel Commandant n'avait pas son pareil pour guérir certaines maladies au moyen de rognons de castors séchés et d'herbages, remèdes connus de tous les vieux Indiens. Gabriel pouvait compter sur eux aussi pour faire sa vie dans un autre endroit que dans cette ville naissante et trop agitée pour lui, Val-d'Or, car son statut d'Indien lui donnait le droit de choisir un terrain de chasse et de pêche sans avoir la crainte d'empiéter sur celui d'autres chasseurs et pêcheurs; de toute façon le territoire était si vaste qu'il trouverait bien une place pour lui. Et si jamais il se rendait bien plus loin, au pays des Inuits, il savait qu'il serait capable de s'adapter. Il était fort, en bonne santé, et en pleine possession de ses moyens intellectuels et physiques. Ce qui lui convenait, c'était la tranquillité, la pleine nature et l'appréciation de son entourage. Jusqu'ici cela ne lui avait pas manqué, pourquoi ailleurs en serait-il autrement?

Il pensait aussi que le pays sans nuit, c'était trop loin, alors il rêvait de Chibougamau où il avait déjà travaillé. Il aimait cette région austère et lointaine.

Mais il hésitait. Il aimait Val-d'Or et se savait attaché à sa région et même à la ville par toutes les fibres de son corps et de son âme. Il avait habité et marché tout le territoire tant de fois depuis sa jeunesse – il disait en riant qu'il le connaissait par cœur – et, surtout, il avait vu naître l'agglomération dont il avait été le tout premier occupant. Il avait eu la nourriture du silence et la sérénité des paysages et de sa source, en particulier durant les dernières années. Car, bien sûr, la source était devenue sienne au point que les gens la nommaient maintenant Gabriel's Creek, à l'anglaise. Val-d'Or était une ville très anglophone parce que la majorité de ses fondateurs ou de ceux qui y faisaient un bref séjour étaient des immigrés parlant plus facilement cette langue. La source avait perdu son nom ancien de Wendt-Wriedt Creek. C'était dans l'ordre des choses puisque c'était lui, Gabriel Commandant, qui l'avait imprégnée de sa présence et de son esprit. Comme c'était l'habitude chez les Algonquins, il en avait fait le lieu de rencontre entre le Ciel et la Terre en la consacrant par le fait même endroit de rites et de tradition. C'est un secret qu'il gardait pour lui et personne ne pouvait même imaginer l'âme qu'il lui donnait. C'est dans ce lieu qu'il avait si souvent invoqué les esprits de la nature, ceux de l'eau, du vent, des nuages et des astres, oui, des astres aussi, et il passait souvent des nuits à contempler ces feux cloutés sur le velours bleuté du ciel. Il en tirait un tel bonheur, une telle satisfaction qu'il n'avait aucune appréhension à quitter le monde de la terre. Selon les idées que Manianne, sa mère, lui avait inculquées, il savait qu'il serait pleinement heureux dans le paradis algonquin. Mais, pour l'instant, il lui restait, du moins le croyait-il, des années encore à vivre sur la terre. Il voulait les vivre dans la paix et la sérénité.

Comme beaucoup d'autres, il avait un doute quant à l'utilité des centres où les gens se rassemblaient en nombre croissant et où il se passait trop de choses, où trop d'activités rendaient les hommes avides et pleins de désirs insatisfaits. C'était une forme d'atteinte à son esprit d'aventurier et de nomade.

Pour éviter d'être constamment dérangé par les enfants ou les adultes qui visitaient la source Gabriel que lui avait laissée Adolphe Wendt-Wriedt, l'immigrant danois, ancien promoteur de la mine d'or Kienawisik avant qu'elle ne prenne le nom de mine Harricana, il avait décidé de se créer un personnage mystérieux : il portait son chapeau de feutre au large rebord sur les yeux, ce qui gardait son visage dans l'ombre et, lorsqu'il y avait des témoins, il tendait théâtra-lement les mains vers les arbres en geignant plaintivement et se retournait brusquement. Comme il parlait peu avec les visiteurs, ce comportement faisait fuir les jeunes qui se dispersaient comme une volée de moineaux et ne tardaient pas à disparaître là-bas du côté de la nouvelle ville. Il finit par avoir la réputation qu'il souhaitait. Les mères se mirent à menacer leurs enfants pas sages de les mener à la source Gabriel où résidait un sorcier indien fort méchant qui les changerait en renard ou en truite, qui leur mettrait sous les pattes ou sur la queue des poids de plomb, ce qui les empêcherait de voler ou de nager. C'était plus que suffisant pour les éloigner. D'ailleurs, Adigen n'était pas des plus doux avec les étrangers. Il n'acceptait que les gens que son maître acceptait, sinon il courait dans les jambes des intrus et leur causait une terreur étrange. Ensuite, il allait se cacher à l'orée du bois. Pour lui, c'était un jeu, pour eux, c'était l'incarnation d'un diable. On n'avait jamais vu de renard domestiqué et cela donnait le frisson de penser que c'était un être d'un autre monde, ce que leur faisaient croire les vieux. Si Gabriel s'absentait, Joseph Cyr venait nourrir son renard et ses perdrix captives.

Quand il n'était pas éloigné par son travail, il allait rencontrer ses amis, les prospecteurs et les hommes de mines, au bar-café d'un hôtel ou d'un autre qu'il fréquentait pendant les chauds mois d'été. Il y venait avant de prendre son relais d'automne et d'hiver d'où il visitait ses collets et ses trappes, toujours accompagné d'Adigen qui s'amusait comme un fou dans le sentier. La vente de lièvres et de fourrures lui suffisait à bien vivre et c'était cela qui lui importait. L'été et l'automne, il chassait l'orignal dans l'environnement de la tour à l'eau de Val-d'Or et il vendait à Bill Ferguson, son ami du Pioneer Store, la viande à dix sous la livre ou à dix dollars du quartier arrière. De cette façon, il vivait sans dette et était apprécié pour ses services. Contrairement à beaucoup d'autres, il payait rubis sur l'ongle. Il était profondément reconnaissant au Créateur pour tous les biens qu'il dispensait aux Algonquins.

Il jetait un regard de philosophe sur tous les changements qui survenaient dans la région. Le train du Canadien national pénétrait maintenant dans tout le territoire de l'Abitibi. Avant lui, c'était par Amos qu'il fallait passer pour se rendre à Val-d'Or, l'été par la voie du fleuve Harricana, l'hiver sur les surfaces glacées des cours d'eau et par les chemins forestiers, mais la voie ferrée se rendait jusqu'à la ville de Val-d'Or en passant par Senneterre, car la ligne entre les deux villes ne serait inaugurée qu'en 1937. Du moins, ce sont les bruits qui couraient. Et on disait que bientôt il y aurait du chemin de fer jusqu'à Rouyn et une route qui, en passant par Louvicourt et Colombière, allait conduire jusqu'à Montréal. C'était la rumeur. Les locomotives avec leur panache de fumée, leurs cris rauques et stridents surprenaient le silence de ces vastes espaces jusqu'alors inviolés. En réalité, c'était depuis l'automne 1913 que la voie ferrée avait fendu la forêt abitibienne, un an après son premier séjour sur cette terre du Nord. Quelle évolution depuis! Le train, en plus d'amener avec lui des ouvriers pour la continuation de la voie ferrée, déversait maintenant sa cargaison de colons défricheurs et d'hommes de mines, prospecteurs et mineurs, dans le pays.

— Pourquoi aller si vite? s'interrogeait Commandant, pourquoi transporter tant de choses inutiles?

Il avait l'impression d'être le seul à penser ainsi, non qu'il fût contre le progrès ou l'avancement de la civilisation, il savait ce que ce dernier mot voulait dire car, après tout, il avait vécu quelques années en Europe et il avait vu tant de choses que plus rien ne pouvait le surprendre. Mais ici, dans les terres sauvages du Canada et dans la province de Québec surtout, le train signifiait peut-être, comme il l'avait signifié aux États-Unis, souvent, la fin d'un peuple aborigène dont il traversait les terres. Commandant, comme beaucoup d'autres Algonquins, savait que c'était par la pénétration du train que bien des peuples indiens avait perdu leurs terres ancestrales. Que deviendrait le territoire algonquin de l'Abitibi maintenant que le train le sillonnait d'un bout à l'autre? Commandant avait une certaine crainte. Même si, mieux que quiconque, il avait conscience de l'immensité du territoire abitibien, il percevait bien qu'une immigration massive de gens venus d'ailleurs pouvait signifier la fin de cette vie tranquille qu'il avait connue. Il savait qu'il ne fallait pas tant d'hommes pour éradiquer la riche moisson des animaux qui, jusqu'ici, avait assuré sa survie et celle des Algonquins et des Cris du passé.

Les nouveaux colons allaient prendre les terres et, selon l'effronterie et la folle ambition des Blancs, ils allaient en défendre le passage. Peut-être les Algonquins allaient-ils perdre leur territoire de chasse et de pêche, peut-être allaient-ils, à lui, Gabriel Commandant, barrer la route pour aller d'un endroit à l'autre? Il ne serait plus libre de circuler dans ce pays qu'il aimait plus que tout puisqu'il était pour lui et pour tous les Algonquins synonyme de liberté.

Certes, depuis longtemps, il avait vu arriver les prospecteurs et les aventuriers de toutes espèces et il avait été porté à trouver ridicule cette fièvre qui les poussait à tout envahir. « *L'or. Ce mot scintille à leur horizon, comme une étoile polaire.* »

Mais, outre qu'ils étaient en petit nombre, ces ambitieux de tous acabits travaillaient trop et ils étaient trop préoccupés à s'amuser et à boire pour nuire vraiment au territoire et aux animaux. Mais, à supporter cette envie de tout envahir et de tout peupler pour arracher aux entrailles de la terre ses métaux précieux, il y avait fort à parier que le pays de l'Abitibi ne serait plus qu'un souvenir avant longtemps.

D'autres présages avaient inquiété Commandant. Par exemple, au commencement de l'installation de la voie ferrée vers Val-d'Or, il avait aperçu un orignal blanc sur la voie. Dans la tradition algonquine, l'orignal albinos est un phénomène extrêmement rare et il est le signe avertisseur d'un changement radical dans le système de vie d'un territoire et d'une nation. Plus souvent qu'autrement, l'animal blanc annonce toujours une ère de difficultés de toutes sortes. Dans les temps passés, il avait précédé des périodes de famines, de maladies et fatalement des hivers rigoureux et neigeux, rendant la vie pénible sinon impossible à cause des déplacements qu'il fallait faire pour trouver de la nourriture dans des conditions extrêmes.

Cependant, Commandant était un homme réaliste et généreux. Il savait qu'on ne pouvait imaginer garder le pays pour les seuls Indiens, il savait qu'on ne pouvait stopper l'avancement de la civilisation et son premier geste serait de prendre le train entre Val-d'Or et Senneterre quelques années plus tard. En Europe, il avait toujours refusé de prendre ce moyen de transport, voyageant plutôt par camion militaire. L'expérience ne lui avait pas plu – il se souvenait trop de son voyage entre Sault-Sainte-Marie et Maniwaki après la mort d'Anna-Marion – et il était revenu de Senneterre par la voie terrestre, en empruntant la rivière Bell, en passant par le lac Simon, jouissant tout au long de son voyage de la quiétude de la forêt et de la vision de la vie animale qui pullulait encore. Commandant pouvait marcher des heures sans fatigue, il ne faisait pas de bruit en se déplaçant, comme le lui avait appris Louis, son père, et ainsi il avait accès à un monde dont la qualité échappait à d'autres.

✂ ✂ ✂

Gabriel Commandant était fasciné par le train; tout ce bruit des wagons qui s'entrechoquaient, le sifflet qui surprenait par sa force, presque un cri de rage qui déchirait un pan entier du ciel et de la terre. Souvent, surtout après l'inauguration de la gare de Val-d'Or, il s'y rendit pour attendre le train qu'il considérait comme une belle réalisation du génie humain. Il était profondément admiratif devant le fait que le train pouvait transporter tant de marchandises. Bien sûr, il se disait qu'il n'aurait jamais besoin de beaucoup de ces choses; de toute façon, les camions, les bateaux et les avions transportaient déjà tout ce dont le monde avait besoin. Toutefois, les denrées comme la nourriture coûtaient moins cher et semblaient bien plus accessibles puisqu'on n'avait qu'à ajouter des wagons pour en apporter plus. Il fallait quand même acheter cela, mais Commandant n'en avait cure. Ses gages comme guide et prospecteur lui suffisaient amplement, car il avait des goûts très simples, même spartiates, étant habitué à peu et dans des conditions précaires.

Finalement, malgré les dangers que représentait l'arrivée du train en Abitibi, section Senneterre-Rouyn, le bruit, la fin de la solitude nordique, l'arrivée en masse des nouveaux immigrants, il n'en restait pas moins qu'il avait l'avantage d'abolir les distances. Le train était populaire pour parvenir d'un point à l'autre en une seule journée et beaucoup de gens l'utilisaient déjà pour venir du Sud travailler ou s'installer comme colons au Nord. Il n'avait pas l'inconvénient des portages de canots, des kickers, petits moteurs qu'on attachait à un canot, qui puaient l'essence et faisaient un bruit du diable. Quant aux *S.S. Siscoe* et plusieurs autres bateaux et barges à vapeur, ils étaient souvent chargés à ras bord et il y régnait une telle promiscuité qu'il fallait être sur ses gardes. Plusieurs voyageurs avaient fini dans la rivière Piché pour s'être trop approchés des rambardes, soit qu'ils aient été poussés, soit qu'ils n'aient pas eu le pied marin.

Le train restait mythique; il permettait des exils définitifs et des voyageries imaginaires. Pour certains, c'était encore les rumeurs et les croyances les plus étonnantes. Un Chinois arrivé tout jeune à Val-d'Or, n'ayant jamais voyagé par train et qui n'était jamais ressorti de la ville, un nommé Béli Luan, avait même demandé à Gabriel lors de son retour de Senneterre s'il avait été projeté contre les parois du wagon quand le train avait pris de la vitesse dans une courbe. Commandant avait ri de cette méprise et avait patiemment expliqué au Chinois que personne ne bougeait de son siège, peu importe la vitesse du train. Il avait bien compris; Luan, né à New York et venu à Val-d'Or en auto, en canot et par bateau, avait ouvert avec sa famille un restaurant et un hôtel et, le travail étant continu, il n'était plus jamais ressorti de Val-d'Or. Ces sortes d'exils étaient relativement fréquents. On s'installait pour toujours puisque rien ne manquait pour vivre sa petite vie de travail et de société.

Bien sûr, le voyage par train, ce n'était pas souvent pour lui, Gabriel Commandant. Il se souvenait trop bien de l'ennui et de la corvée qu'était pour lui le travail qu'il avait dû effectuer dans sa jeunesse à Sault-Sainte-Marie.

Pourtant, il aimait se rendre dans les gares et il allait l'attendre, le train. Tout cet afflux de voyageurs l'intéressait.

Il arrivait tellement de choses étonnantes quand le train stoppait. Un après-midi, par exemple, ce fut l'arrivée de l'automobile du docteur Bigué, réputé médecin régional. Soufflant comme une grosse bête, le train entra pesamment en gare. Lorsqu'il fut arrêté, on le déchargea. On ouvrit en dernier le wagon où se trouvait l'auto. Le chauffeur envoyé par le concessionnaire de Montréal se mit en frais de la sortir. En quinconce, après plusieurs essais, on réussit à faire descendre l'automobile tandis que le docteur Bigué criait tout en dirigeant la manœuvre :

— Pour l'amour du saint Père, faites attention de ne pas égratigner la peinture !

Enfin, la De Soto, noire et brillante, fut à quai. Le médecin d'Amos s'y engouffra à côté du chauffeur, non sans avoir distribué quelques calendriers vantant sa pharmacie de Malartic, la Bigué Drug Stores. L'automobile pétaradante, tonitruante, puante, écrasa bientôt la route près de la voie ferrée et finit par disparaître dans un épais nuage de poussière. Les badauds, enchantés de cette apparition, se mirent à discuter marques et mécanique, même si leurs connaissances en ce domaine étaient plus que primaires et ne se basaient que sur des ouï-dire. Tous ces hommes espéraient bientôt faire assez de gages dans les mines pour acheter eux aussi une automobile.

— Il paraît que le jeune fils du docteur Bigué, Germain, tanné de voir son père toujours absent, a mis des cailloux sur la voie ferrée pour que son père ne puisse pas s'absenter, racontait Bill Ferguson en riant avant de se tourner vers Commandant.

— Oui, car le docteur utilise la voie ferrée pour aller visiter ses malades au moyen d'un pompeur[23], ajouta Commandant qui trouvait que ces machines devaient être fort utiles pour un professionnel comme le docteur Bigué. En tout cas, s'il y a urgence, le médecin peut se déplacer très vite, ce ne sont pas des roches déposées sur la voie ferrée par son fils qui vont l'empêcher de circuler. Maintenant, il va sortir plus facilement avec son automobile.

---

23. Draisine : il s'agit d'un wagonnet mû à bras ou à moteur servant à voyager sur une voie ferrée.

— Surtout là où on est en train de faire des routes. Il n'y a qu'une seule vraie misère: la maudite poussière qui salit tout et brouille la vue. Il va y avoir de gros accidents si ça continue...

⚒ ⚒ ⚒

Commandant, cet après-midi-là, allait quitter le quai d'embarquement lorsqu'il remarqua un attroupement vers les derniers wagons de queue qui se trouvaient en ce moment pas très loin de la porte de la gare. Par curiosité, il se rendit voir. Avant le wagon de queue qui servait d'habitation aux ouvriers chargés de maintenir la voie en bon état, il vit, pas très éloigné de la voie ferrée, un camp qu'il avait vu abandonné auparavant et qui maintenant semblait habité.

— Regarde pas là, ricana Bill Ferguson, les mangeuses de balustres vont le remarquer! C'est là que Boxcar Annie sert de la boisson.

Gabriel le regarda sans comprendre. Les mangeuses de balustres, c'étaient les bonnes épouses qui devaient donner l'exemple. Le missionnaire Pierre Lévesque était maintenant devenu curé après avoir été auparavant missionnaire de Saint-Sauveur-les-Mines devenu la paroisse de Val-d'Or. L'église et le presbytère avaient été bâtis. Le prêtre devait être à l'écoute de ces dames de la congrégation, c'était son devoir. Il avait la réputation d'être un bon vivant. Il n'hésitait pas à aller boire une pinte avec les boss de la mine Lamaque et, s'il prêtait l'oreille aux ragots, c'était par nécessité. Il savait qu'on le dénoncerait à l'évêque s'il ne faisait pas office de directeur spirituel. Et les bonnes femmes se montraient particulièrement acrimonieuses à l'endroit des prêtres, inventant des médisances et des histoires plus ou moins vraies pour se rendre intéressantes.

23 | Boxcar Annie

Donc, Gabriel Commandant, cet après-midi-là, allait quitter le quai d'embarquement de la gare de Val-d'Or lorsqu'il remarqua un attroupement devant un camp en bois rond qui se trouvait un peu à l'écart. Par curiosité, il se rendit voir de quoi il retournait, toujours avec Bill Ferguson sur les talons. L'endroit était joliment aménagé, avec de jolis rideaux aux fenêtres.

Bill l'exhorta de nouveau :

— Pose pas les yeux sur ce bâtiment ! Je te dis : les mangeuses de balustres vont te lapider.

Il n'y avait pas d'enseigne, comme si le propriétaire ne voulait pas attirer l'attention. De toute façon, dans le désordre de la ville naissante, personne n'était obligé de se déclarer aux autorités.

Bill lui expliqua :

— C'est la buvette de Boxcar Annie ; à ses débuts à Montréal, elle s'installait dans la voiture de queue du train, ce qui lui a valu ce nom-là. Elle est attendue : les hommes sont assoiffés. Pourquoi elle voyage dans le wagon de queue ? Pour la bonne raison que les boss du train l'aiment bien : elle ne supporte pas que les hommes s'enivrent, car alors ils sont durs à faire travailler comme du monde. Boxcar Annie prétend qu'elle leur donne une certaine manière de vivre, car on ne peut interdire la boisson complètement, alors elle compose avec les mœurs de cette partie de la société. De cette façon, les hommes sont toujours en forme pour le travail, même s'ils se sont permis de boire un coup, sans pouvoir exagérer. Ailleurs, dans d'autres établissements où les patrons sont surtout préoccupés de faire de l'argent, les hommes boivent trop et fournissent peu de travail le lendemain parce qu'ils ne sont pas en forme après une brosse.

Gabriel fut surpris d'apprendre l'existence de Boxcar Annie. Il était vrai que, les dernières semaines, il avait été en tournée d'exploration avec des Américains du côté de Chibougamau. Il était revenu par le train, il y avait quelques jours. Il demanda à Bill :

— Qui est cette femme ?

Bill ne put s'empêcher de le taquiner :

— C'est bien toi, ça, Commandant ! Tu es bien le seul à ne pas savoir qui est Boxcar Annie ! C'est une femme arrivée d'en bas. Il paraît que, partout où elle passe avec le train, ou bien elle ouvre une buvette dans la voiture de queue avec l'accord de la compagnie de chemin de fer, ou bien elle loue une maison et y installe un bar. Elle est ici depuis un bon deux mois. Là, elle vient d'arriver par le train. Elle s'est absentée pour quelques jours. J'ai entendu dire à travers les branches qu'elle est allée visiter une de ses amies à Senneterre, mais je crois plutôt qu'elle est allée chercher du whisky pour faire rouler sa business. Elle est comme ça, Boxcar Annie. Personne ne peut l'attaquer sur sa moralité : elle part, elle vient, mais toujours elle reste à sa place. Elle a ouvert son établissement ici au grand scandale des commères. Les oreilles du curé Lévesque doivent tinter, c'est certain. Mais elle, ce n'est pas une putain et aucun homme n'oserait la toucher. Elle est donc protégée par cette façon de se comporter. Il paraît d'ailleurs que c'est une ancienne religieuse. J'en sais pas plus.

Gabriel Commandant examina la porte de la buvette avec une lueur d'amusement dans les yeux. Il n'était pas surpris de la réaction des placoteuses, bonnes épouses catholiques qui s'ennuyaient probablement de leur vie plus facile par en bas; ainsi elles se réunissaient pour jaser sur le dos des uns et des autres, des hommes surtout, pour se distraire et passer le temps. Tout ce qui se passait d'anormal dans l'agglomération, elles s'en scandalisaient facilement et allaient le conter au curé pour qu'il intervienne avec toute l'autorité que lui conférait son rôle d'homme d'Église pour que tous se conduisent bien.

De son côté, Gabriel Commandant aimait siroter un petit verre de temps en temps mais, s'il se réchauffait, il faisait bien attention depuis quelques années, son estomac le faisant souffrir. Il attribuait cela aux cannages qu'il mangeait sur les jobs pour gagner du temps sur les repas. De plus, il aimait manger gras. Les hommes qu'il avait sous ses ordres lorsqu'il dirigeait une équipe racontaient que c'est lui qui faisait le déjeuner et qu'il buvait même la graisse chaude du bacon au fond de la poêle.

Il dit à Bill Ferguson:

— On va entrer prendre un petit coup.

— Ben oui, c'est pas défendu, grogna Bill.

Ils furent tous les deux surpris par la propreté des lieux. Une femme dans la quarantaine, aimable et dégagée, les reçut avec un bon sourire. Elle était jolie encore: grande, blonde et de forte constitution, leur sembla-t-il, mais bien proportionnée, avec des yeux bleus et un regard cordial. Elle était vêtue, ce matin-là, d'une robe, bordée de grandes dentelles en points de Bruges qui lui allait à mi-jambes et qui lui donnait un petit air d'actrice américaine.

«*Elle est à la mode comme dans les catalogues Dupuis et Eaton*», pensa Gabriel pour lui-même. Et il sentit aussitôt qu'ils deviendraient facilement amis.

— Venez donc vous asseoir, charmants messieurs, leur recommanda-t-elle aimablement dès qu'elle sentit qu'ils prendraient une consommation. Ne vous gênez pas, il y a de la place en masse.

Ils ne répondirent pas, à la fois intimidés par l'atmosphère intimiste et par l'ambiance agréable de l'endroit. Il y avait une bonne dizaine de clients qui parlaient fort et semblaient s'amuser ferme. Les deux hommes n'étaient pas habitués à se présenter dans des tavernes au plancher propre et avec des rideaux aux fenêtres. Commandant aimait cette façon d'accueillir la clientèle, lui qui était homme de propreté, aimant les choses bien ordonnées, même s'il était obligé de vivre dans le désordre la plupart du temps. Il commença par s'asseoir et il commanda un scotch sans eau, précisant à la patronne que Bill ne parlait que l'anglais. Boxcar Annie éclata de rire :

— Pensez-vous ! Je suis habituée à l'anglais, c'est ce qu'on parle le plus dans ce bout ici. Il n'y a pas de problème.

Et elle s'adressa à Bill dans un anglais parfait qui le surprit un peu. Il commanda aussi une boisson sans eau. Elle donna une tape sur la table en éclatant d'un bon rire féminin et agréable.

— J'aime les hommes qui savent boire ! L'eau, ça se boit pure. Le tout est de ne jamais abuser.

— Ce n'est pas l'avis de tout le monde, mais ça se défend, commenta Gabriel en souriant.

— Je peux savoir vos noms, mes bons messieurs ?

Gabriel Commandant se sentait à l'aise. Il lui arrivait rarement d'établir un premier contact si cordial, surtout avec une femme. Celles-ci d'habitude, par convention sociale, étaient plutôt réservées.

— Gabriel Commandant, prospecteur, et Bill Ferguson, propriétaire de l'épicerie en haut de la côte. Et vous, gentille madame, je connais le vôtre, vous êtes bien connue depuis quelques minutes. Mon ami, ici-présent, m'a raconté un tas de choses sur vous.

— Enchantée. Et surtout pas de madame ! Je sais que, dans le canton, on connaît bien Boxcar Annie.

Et elle leur tendit la main sans façon, tout en traduisant la conversation pour Bill qui s'amusait fort de sa façon de s'exprimer, plaisante.

Gabriel demanda avec une certaine curiosité :

— Annie, je comprends, mais pourquoi ce Boxcar ?

— C'est le surnom qu'on m'a donné, il y a des lustres. J'ai commencé à vendre mon scotch, mon whisky et ma bière dans un village autour de Montréal dans un wagon de chemin de fer transformé en buvette, qu'on avait placé à côté de la voie ferrée pour m'agrémenter. La compagnie Canadian National Railway me prêtait toujours une voiture de queue dont elle n'avait plus besoin pour loger les cheminots accompagnant les trains pour des travaux sur la railway. Les boss faisaient ma propre publicité. Et les hommes venaient. C'était toujours rempli. Mais ça faisait jaser les bonnes âmes et j'ai été obligée de partir de plusieurs endroits. Un jour, j'ai décidé d'aller voir ailleurs. J'ai vu que la ville se développait à grande vitesse et j'ai décidé de m'arrêter ici. Je n'ai pas été inquiétée et je suis donc restée. Je gagne ma vie de cette manière. Vous n'avez rien contre, j'espère ? ironisa-t-elle.

— Oh, non, ça fait plutôt mon affaire, admit Commandant. Les hommes de ce pays travaillent dur et ils ont bien le droit à cette distraction de boire un coup de temps en temps. Vous savez, quand on travaille dans le bois des mois et des mois, ça fait du bien d'entrer dans une taverne et de prendre une bonne bière. Vous êtes un service public, madame.

Boxcar Annie trouva plaisante cette franchise :

— Vous êtes bien aimable de me dire ça. Vous savez qu'on ne tient pas ce discours dans tous les milieux. Imaginez un peu le scandale : une femme qui tient un débit de boisson ! Un peu plus, je ne serais dans l'esprit de bien des gens qu'une vulgaire putain... On me traite de calamité publique plutôt que d'autre chose. Un peu plus, je deviendrais Calamité Annie comme il y a eu une Calamity Jane aux États. La localité d'Amos, par exemple, fait tout pour m'empêcher d'entrer dans la ville. On prétend que j'incite les hommes au vice de l'ivrognerie. Vous savez, Amos a la prétention de devenir ville épiscopale et on a des plans pour construire une cathédrale immense, si immense que du clocher on verrait toute la région à des milles et des milles et qui ressemblerait à la cité du pape, à Rome. Autrement dit, Amos veut devenir le Saint-Pierre-de-Rome de l'Abitibi, de la province de Québec et du Canada!...

— La tour de Babel, en somme, ironisa Ferguson.

Boxcar Annie ne put s'empêcher de sourire de la comparaison. Elle continua:

— ... Amos est une ville de curés et de politiciens, c'est peut-être la raison de leur comportement. C'est une ville qui privilégie l'enseignement. Et qui peut mieux enseigner que les prêtres et les religieuses? Ce n'est pas le genre de personnes à fréquenter un bar, vous pensez bien!...

Boxcar Annie pouffa de rire à cette idée tout en continuant son discours:

— Si Montréal est surnommée la ville aux cents clochers, bientôt, si ça continue, on parlera d'Amos comme de la ville aux cents soutanes! Avec tout ce que cela implique: pas d'hôtels, pas de bars, pas de femmes faciles. Plus d'amusements, rien que des exercices de vertu. Les garçons au petit et grand séminaire, les filles laissées pour compte! Elles feront des religieuses car je ne sais pas combien il y a de communautés religieuses qui s'installent dans cette ville. Ça pullule comme des lapins!

Bill s'esclaffa. Il mit son grain de sel:

— Elles éduqueront de malheureuses petites dindes! Parlons d'autre chose, ça me déprime.

Boxcar Annie trouva drôle cette intervention.

— Vous m'êtes très sympathique, monsieur Ferguson. Mais vous, monsieur Commandant, quel métier exercez-vous?

— Beaucoup de métiers, je suis un homme à tout faire. Un jour ici, un autre là: prospecteur, commissionnaire, garde-forestier, garde-feu, guide, et encore parfois pourvoyeur. Ça dépend des besoins.

Boxcar Annie l'écoutait avec attention. Il devenait évident que cet Indien l'intéressait. La preuve en était qu'elle n'avait même pas fait mention du fait qu'il en soit un. Car il était complètement illégal de servir des boissons à un homme à peau brune. On risquait son commerce et même la prison. C'était dans la loi. Tout le monde savait cela. Cette distinction raciale servait quelquefois à des vengeances personnelles et quelquefois à démontrer que les Indiens n'étaient pas des hommes comme les autres. Cette exigence sociale ne semblait pas préoccuper Boxcar Annie. Ça semblait n'avoir aucune importance pour elle. C'est dire l'ouverture d'esprit dont faisait preuve cette femme étonnante.

Gabriel Commandant fit plusieurs visites au bar de Boxcar Annie quand il en eut l'occasion, car ses nombreuses activités, surtout la prospection et le jalonnage, ne lui permettaient pas de rester longtemps en ville. Ils ne tardèrent pas à devenir amis. Cela fit bien jaser un peu: une Blanche qui servait du scotch ou une bière à un Indien. C'était hors du commun. Mais Boxcar Annie avait de puissants protecteurs qui fréquentaient son commerce, donc elle ne fut pas embêtée outre mesure. Il est vrai par ailleurs qu'il n'y avait pas de raison précise de s'inquiéter, Gabriel Commandant buvait parfois un peu plus que d'habitude, mais il avait toujours une bonne conduite. Et, peut-être pour cette dernière raison, il n'avait jamais de difficulté à se faire servir dans les bars et les hôtels qui ne manquaient pas sur cette terre d'immigration. Et comme il était souvent accompagné par des propriétaires de mines, des gérants et des politiciens, il ne fut jamais obligé par quiconque à sortir d'un établissement où l'on servait de la boisson.

Tous deux ne tardèrent pas à se tutoyer. La cabaretière parlait les deux langues et se débrouillait bien avec les clients. Les Polonais lui dirent quelques mots dans leur langue et furent étonnés d'apprendre qu'elle était aussi d'origine polonaise.

Boxcar Annie était finalement très appréciée dans cette ville de mineurs. Elle finit par dire à Gabriel qu'elle venait de Pologne et qu'elle avait été carmélite dans ce pays avant d'immigrer au Canada.

— Et sais-tu comment on m'appelait chez les Carmélites? Tu vas rire!

— Je n'en ai aucune idée. J'ai quand même déjà connu une religieuse du Saint-Rosaire qui se nommait, tiens-toi bien, mère Marie-du-Crucifix! Ce qui n'est pas banal, tu l'avoueras...

— Oh! c'est rien ça! Moi, c'était Anne-du-dernier-soupir-du-Sauveur...

— Ayoye! ne put s'empêcher de s'exclamer Gabriel Commandant avec un brin de malice. Il fallait déjà un bon respir pour prononcer ton nom d'un seul coup!

Boxcar Annie avait une façon bien à elle d'administrer son bar. Elle recevait les hommes et servait à boire jusqu'à une certaine limite. Elle prenait soin de les avertir:

— Vous allez me payer et ensuite me donner l'argent qui vous restera. Vous l'avez gagné assez durement, il ne faut pas le gaspiller. Comme je viens de vous le dire, j'en prends la partie qui paye vos consommations, le reste, je le place dans une enveloppe à votre nom. Vous signez dessus. Je ne vous la redonne pas si vous sortez d'ici ivres. Si vous dégrisez le lendemain, je vous la rendrai, sinon je vous fais écrire sur cette même enveloppe le nom de votre femme ou de votre famille et, les jours prochains, je la leur ferai parvenir. Ça vous convient comme ça, sinon allez boire ailleurs.

Cet arrangement faisait l'affaire de tout le monde. Pour une fois que ces hommes ne se faisaient pas voler par des hôteliers et des tenanciers malhonnêtes comme ça arrivait trop souvent. Les familles des buveurs surtout étaient contentes de pouvoir mettre du pain et du beurre sur la table. C'était toute une nouveauté pour la région.

⚔ ⚔ ⚔

Il y avait ce soir-là une dizaine d'hommes dans le bar de Boxcar Annie. Ils causaient tous à haute voix, la boisson faisant son effet. Annie et Gabriel aussi discutaient cordialement, la conversation cessait seulement quand la tenancière devait aller servir une table ou au bar. Gabriel s'était aperçue qu'elle boitait légèrement. Il n'osait pas l'interroger sur la cause de cette claudication, mais ayant vu qu'il la regardait, en revenant s'asseoir, elle lui en raconta la raison :

— Tu as remarqué que j'ai une jambe qui traîne. Imagine-toi donc, Gabriel, que je me suis blessée en sortant du couvent. Tu dois avoir entendu dire combien les Carmélites sont dans un ordre sévère. Dans ma Pologne natale, c'est encore pire. Il n'était pas question, quand je suis entrée, de jamais sortir du cloître, surtout que j'y suis restée assez longtemps pour y avoir prononcé mes vœux perpétuels. Tu sais que ce sont les trois vœux, chasteté, obéissance et pauvreté, des vœux dont on ne peut sortir puisqu'ils sont pour toujours, mais on peut les révoquer en demandant à Rome et à la congrégation des religieux et religieuses. Nous sommes alors laïcisés. Autrement, ça n'aurait pas de bon sens. On les observerait même dans la vie civile, par obligation. Je n'avais pas le goût de passer par là parce que j'étais pressée de sortir de la communauté. J'étais devenue l'épouse du Christ et une épouse ne quitte pas son mari ! Mais une nuit que je n'en pouvais plus de toute cette solitude, au bout de dix ans, je me suis demandée ce que je faisais dans cet ordre religieux qui m'apportait si peu de joie. J'ai compris que je devais sortir de chez les Carmélites. Moi, vois-tu, je suis une femme d'action et j'aime rencontrer les gens. J'avais réfléchi à ces choses auparavant mais, cette nuit-

213

là, c'était plus fort que moi, j'ai décidé de partir et je me suis enfuie. Comme tu le sais sans doute, ces couvents, surtout en Europe, sont entourés d'une haute clôture de fer pour bien signifier que ces femmes se retirent hors du monde et recherchent la tranquillité pour se consacrer complètement à l'adoration et à la prière. Je suis sortie et j'ai décidé d'escalader la clôture car, tu l'imagines bien, la grille ou la porte d'entrée étaient barrées à double tour. Il fallait que je saute en bas un fois parvenue en haut et, en me jetant de deux ou trois mètres, je me suis fait une vilaine entorse. Et, comble du malheur, il a fallu que je marche un certain temps pour m'éloigner du cloître. Heureusement, j'avais pris soin de revêtir des habits laïques que m'avaient prêtés la femme d'un cultivateur dans une ferme où je me suis arrêtée, ma jambe me faisant trop mal. Ils ont été extrêmement surpris, il va sans dire, de voir une religieuse; je leur ai raconté brièvement mon histoire et ils ont vite compris. Ils m'ont conduite à l'hôpital, heureusement assez près, où je me suis présentée sous un faux nom. Mais, même à toi, pour l'instant, je ne dirai pas celui sous lequel j'ai été baptisée. Toujours est-il qu'une fois que le médecin a pu me voir il a constaté que je m'étais fait une mauvaise cassure et que le fait d'avoir marché dessus n'avait pas amélioré les choses. Il a fallu plusieurs semaines avant que je puisse me déplacer à nouveau convenablement. Je suis restée avec un léger boitillement.

— Et après, qu'est-ce que tu as décidé de faire? demanda Gabriel après un court silence, impressionné par le courage de Boxcar Annie.

Une certaine tristesse rembrunit le visage de la femme.

— Je n'avais vraiment pas le choix, surtout qu'à cette époque les Polonais, très catholiques, étaient très sévères pour les gens de mon espèce en rupture de ban avec la vie religieuse. Ils étaient rejetés comme s'ils avaient commis un crime impardonnable. On devenait vite une brebis galeuse dans cette société. J'ai passé quelques semaines à l'hôpital, ce qui m'a permis non seulement de réapprendre à marcher, mais aussi de m'adapter à un monde que je ne connaissais presque plus parce que j'avais été plus de dix ans enfermée. Je n'ai même pas averti ma famille de mon départ; je sais qu'elle ne m'aurait jamais pardonné ma défection. Heureusement, j'étais assez loin de Bydgoszcz où elle réside. J'ai écrit un petit mot à ma mère, car j'étais décidée à rompre tous les ponts. J'ai bien vite quitté la Pologne et j'ai immigré au Canada. Ce fut plus facile que je m'y attendais. Après un long voyage en bateau, je me suis retrouvée à Montréal. Après y avoir travaillé pendant quelques mois, j'ai décidé d'en repartir comme je te l'ai déjà raconté. J'avais entendu parler du développement incroyable de l'Abitibi par mon patron dans une famille où j'avais trouvé du travail; j'ai décidé d'y venir. Pendant que je gagnais ma vie dans la métropole, après avoir fermé ma buvette parce que je me sentais fatiguée, en attendant, je travaillais dans une bonne famille, celle de Howard Macallister, un des patrons de la mine Consolidated Goldfied, et c'est lui qui a facilité mon arrivée ici, dans la région du Nord, car je lui avais souvent parlé de mon désir de partir. C'était un homme très gentil...

Cet homme important, Gabriel Commandant pensait en avoir entendu parler. Il interrompit Boxcar Annie :

— Qui c'est celui-là? Il me semble avoir entendu son nom quelque part dans mes tournées de *claimage*.

— Il est le président d'une nouvelle mine qu'on met en exploitation dans la région de Chibougamau. Il est rendu présentement là-bas et il dirige les prospecteurs et les mineurs; quand il est monté, il m'a offert une place dans le train et il m'a laissé à Senneterre parce qu'il pensait que plus au nord la vie serait trop dure pour une femme. Je suis donc venue à Val-d'Or, mais je ne voulais pas redevenir une servante dans une maison et dans une famille. Je trouve ce travail trop pénible avec les trâlées d'enfants et le peu de commodités qu'on trouve dans ces demeures. Après avoir ouvert un commerce de lingerie pour dames à Senneterre, je me suis aperçue que ce n'était pas rentable; les pauvres dames n'avaient pas d'argent pour se payer mes vêtements. Je suis venue à Malartic où je suis demeurée quelques mois, puis j'ai pu constater que Val-d'Or se développait bien plus rapidement. J'ai décidé d'y venir. En arrivant à Val-d'Or, j'ai emprunté de l'argent à un monsieur Jos Cyr, un prospecteur-cuisinier que j'avais rencontré en allant casser la croûte au Pionner Store. Alors j'ai pu louer ce bâtiment pour en faire un bar. Jusqu'ici, je n'ai eu aucun problème.

— Tu passes pour une honnête femme, dit Commandant.

— Peut-être pas toujours. Je n'avais jamais pensé à exercer ici ce métier de barmaid, mais après y avoir réfléchi, et puisque je l'avais fait à Montréal, j'ai vu que j'avais raison; c'est une façon comme une autre de gagner sa vie pour une femme seule. Je ne peux compter sur personne pour subvenir à mes besoins, il faut bien que je me débrouille. Je t'avoue, Gabriel, j'avais imaginé ça pire que ça l'est vraiment. Je me plais vraiment dans ce travail et je sais y être appréciée.

Ils continuèrent à parler de choses et d'autres.

Gabriel Commandant voulait en savoir plus sur le passé de Boxcar Annie :

— Après avoir quitté les Carmélites, as-tu continué à pratiquer ta religion? Tu me pardonneras d'être indiscret...

Boxcar Annie garda le silence un long moment.

— Oui, je continue de croire. Dieu est pour moi d'une grande importance. Même si je sers de la boisson aux hommes. Il me semble que je le fais plus par charité pour soulager leur grande fatigue des travaux miniers ou forestiers. Leur vie n'est pas drôle. Toi, Gabriel, es-tu croyant?

Gabriel n'éprouvait pas de gêne à parler de sa religion :

— Oui, je suis croyant. Ma religion, c'est une attitude personnelle devant le principe premier, Dieu, mais en relation avec les autres hommes, avec les animaux dans la nature. Cette façon de me comporter me rapproche de Dieu, c'est ma loi naturelle pour une bonne conduite, celle de laisser la liberté à chacun. Un arbre a pour moi un intérêt divin et je le laisse croître si je n'en ai pas besoin pour ma survie. Quand on dit que Dieu est partout, je suis bien d'accord. Il existe un principe universel qui relie tous les êtres, il y a une vie dans la rivière, dans la ciel et sur la terre : on appelle ça dans l'esprit algonquin la roue de vie. Ma relation avec les humains et tout ce qui compose la nature est essentielle pour moi...

Ce que Gabriel Commandant ne disait pas, c'était son bon cœur : il donnait de son argent gagné péniblement aux prêtres missionnaires et aux curés de paroisses qu'il connaissait pour qu'ils aident les pauvres fort nombreux dans les nouveaux développements de colonisation. Il avait surtout du respect pour le curé Chagnon de Saint-Mathieu à qui il envoyait de l'argent et il lui en donnait lorsqu'il passait dans la paroisse. Pourquoi Saint-Mathieu ? Parce que c'était l'endroit où s'étaient installés ses amis, les Cyr, Raymond, Joseph, Émile et le dernier, le jeune Jean, qui le considérait comme un vrai père. C'est avec lui d'ailleurs que Jean avait fait ses premiers pas dans le monde de l'exploration minière. Souvent aussi, des prospecteurs ou des mineurs démunis avaient trouvé dans leur portefeuille de l'argent alors qu'ils étaient certains qu'il était vide, soit qu'ils l'aient dépensé dans la boisson et le jeu de cartes, soit qu'ils aient été volés par des commerçants de taverne peu honnêtes, vrais brigands de ce pays qui se développait trop rapidement. Avertis par de mauvaises expériences, ils s'empressaient d'envoyer ces sommes à leur femme restée dans le Sud ou dans quelque paroisse de l'Abitibi avant qu'ils ne soient tentés de les dépenser encore dans des beuveries. Et, curieusement, ces dons d'un généreux inconnu se produisaient toujours dans un lieu ou un campement où se trouvait Gabriel Commandant.

Boxcar Annie restait silencieuse. Gabriel était étonné de voir qu'elle lui avait parlé tout naturellement de ces choses qu'on n'a pas l'habitude de confier et qu'on garde pour soi. Il remarqua cependant que Boxcar Annie avait une certaine tristesse dans le regard. Il comprit qu'il devait partir ce jour-là.

— J'espère que tu reviendras demain, Gabriel, j'ai beaucoup de plaisir à parler avec toi. Je te présenterai mon videur, tu sais cet homme chargé d'interdire le bar aux personnes indésirables ou de leur faire évacuer les lieux quand les clients sont trop soûls. Il s'appelle Julien Auclair. Il revient à Val-d'Or, car il a été absent depuis quelques mois en voyage dans sa famille dans le bout de Joliette. À dire vrai, je n'en aurais pas besoin, j'ai pas mal d'autorité sur les hommes, mais on ne sait jamais, je peux avoir besoin de son aide tout d'un coup qu'il y en ait un qui ne veut pas comprendre le bon sens. Aujourd'hui, il doit s'être arrêté avec le train à Senneterre, car j'attends de Montréal ma cargaison de bouteilles pour le mois et c'est lui qui s'en occupe. Tu vas voir, c'est toute une pièce d'homme. Il vous vide le bar à l'heure juste, ça prend pas grand temps, surtout quand les hommes sont chaudasses, trop tapageurs ou quand ils veulent se battre entre eux.

Elle jeta un regard moqueur à Gabriel :

— Mais, rassure-toi, il n'y a rien entre nous... Religieuse si longtemps, je n'ai pas encore eu le temps de penser au mariage.

— Tu n'es pas en ménage avec lui ?

— Non, je l'aime bien, mais pas plus. De toute façon, en plus, je doute être mariable ! lança Boxcar Annie avec un grand rire sonore.

❊ ❊ ❊

Julien Auclair était un hercule aux sourcils noirs comme du charbon. Dans la cinquantaine, il était d'une force impressionnante. On le voyait le plus souvent assis au coin du zinc, car il souffrait d'une infirmité étrange et la station debout trop longtemps devait lui être pénible, du moins on avait toutes les raisons de le penser en observant sa démarche malaisée. Il semblait marcher sur les talons, le devant du pied retroussant de plusieurs millimètres au-dessus du sol. À cause de cette particularité, on aurait dit qu'il avait une démarche de canard, ce qui lui valait des quolibets discrets de la part des hommes qui fréquentaient la buvette. Une difformité faciale retroussait le bord de sa lèvre gauche, assez haut à l'intérieur de la joue, ce qui l'affligeait d'un tic agaçant. De plus, il était affecté d'une scoliose qui lui donnait un air de bossu. On n'avait pas tardé à le surnommer Quasimodo...

Julien Auclair passait ses journée derrière le bar, perdu dans ses pensées, ses yeux scrutateurs jaugeant la clientèle. Il ne buvait jamais ou presque. Parfois, pour passer le temps, il s'astreignait à jouer à la patience, jeu de cartes pour solitaires, et ne supportait pas que quelqu'un le regarde derrière son dos. Si tel était le cas, il abattait ses cartes d'un geste brusque en grognant. C'était suffisant pour éloigner les indiscrets, car il ne parlait jamais à personne, sauf à sa patronne. Sur un signe convenu de Boxcar Annie, lorsqu'elle jugeait qu'un homme avait assez bu, il se levait et conseillait à l'importun, en peu de mots et d'une voix caverneuse, de sortir et d'aller dégriser. Quelques soûlons qui avaient eu la mauvaise idée de passer outre à ses ordres s'étaient vu éjecter du bar avec une force incroyable chez un tel infirme et s'étaient retrouvés étendus sur la route devant le bâtiment sans plus de formalité.

Gabriel Commandant, en l'absence du principal intéressé, se fit raconter par Boxcar Annie l'étrange histoire de cet homme.

Julien Auclair avait été prêtre dans une paroisse irlandaise de Montréal et avait été dénoncé comme ayant eu une aventure avec la femme d'un policier irlandais. Que ce racontar eût un fond de vérité ou soit faux, cela ne changea rien à l'indignation de l'époux. Celui-ci avait alors durement menacé le curé :

— Je suis Irlandais et catholique, donc je ne peux vous tuer, Dieu me le défend, mais je vous jure qu'Il ne m'empêchera pas de vous faire payer très cher votre faute !

En effet, la vengeance du policier fut terrible.

Un matin de la semaine sainte, à l'ouverture de l'église pour les dévotions de ce temps liturgique, le bedeau fut averti par quelques vieilles femmes apeurées, déjà entrées jusqu'au parvis, qu'à côté de l'un des autels latéraux le Christ voilé saignait et remuait. Le bedeau irlandais crut au miracle et il se précipita vers l'église. Il pensa que peut-être le Christ avait vraiment choisi la paroisse pour renouveler le saint sacrifice de sa passion et, par là même, manifester son amour spécial pour les Irlandais, peuple pieux s'il en est. Suivi de la troupe de dévotes, il courut jusqu'à l'église et, d'un geste pieux devant l'autel en question, il dévoila le Christ saignant; il ne put faire autrement que de reculer d'horreur : il y avait sur la grande croix un homme crucifié et dans une nudité qui firent se signer les témoins. Ils l'avaient reconnu. Il vivait encore mais, comble d'étonnement, au lieu du Christ, c'était le pauvre curé Auclair qui pendait cloué à l'instrument de supplice.

Le policier supposément cocu et ses complices, pour faire durer le martyre ou pour empêcher que le prêtre ne meure dans cette position, ce qui aurait été un meurtre, s'étaient arrangés pour que la poitrine soit soutenue et que le condamné n'étouffe pas; ils avaient tout simplement cloué les pieds du curé et lui avaient ceinturé le ventre autour de la croix. Cela aurait bien pu suffire pour tuer le malheureux à la longue, mais pas dans l'immédiat. Le policier avait bien étudié son coup. Il savait que quelqu'un le trouverait avant qu'il ne soit trop tard. La croix était composée de deux forts madriers d'une bonne épaisseur pour servir à ce sacrifice particulier.

Le bedeau, complètement sonné, courut chercher le médecin du village. Celui-ci arriva très rapidement et administra à la victime une drogue en ordonnant qu'on aille chercher une scie. La croix, sciée, fut couchée et la pauvre victime fut enfin soulagée par une piqûre pour lui soutenir le cœur. On lui enleva le bâillon qu'il avait sur la bouche. Le curé fut chanceux de n'avoir pas étouffé. Évidemment, le bruit avait déjà couru dans la paroisse et il y avait une foule considérable lorsque deux hommes solides sortirent de l'église emportant le pauvre homme qui gémissait de douleur et dont les plaies béantes impressionnaient. Une fois dans le presbytère, tandis que l'ambulance de la ville voisine était mandée pour l'emporter à l'hôpital, on réussit à enlever le clou de ses pieds. Un des homme arracha le fer d'un coup sec. Il y eut un hurlement.

Le curé Auclair survécut à son martyre qui lui laissa pourtant des séquelles physiques : une certaine paralysie légère du côté du visage, une déformation de la colonne vertébrale et des membres inférieurs qu'une station trop longue sur la croix rendirent difformes. Pourtant, il récupéra très rapidement et il garda sa force d'homme assez exceptionnelle. Il pouvait se lever brusquement et faire un travail qui ne demandait pas trop de longs efforts. Il aurait pu, une fois debout, assommer un bœuf de ses grosses mains qu'on avait eu le soin de ne pas clouer mais d'attacher avec des sangles.

Julien Auclair ne raconta rien de ses douleurs et des terreurs morales qu'il avait dû éprouver pendant ces heures de calvaire, dans une affreuse nuit d'avril où, en plus de la torture normale de sa fâcheuse position, il était obsédé par l'idée qu'il allait mourir de froid, car l'église, par souci d'économie, n'était pas chauffée. On conta même, et c'était peut-être les tortionnaires eux-mêmes, avec délectation et en guise d'avertissement, qu'on l'avait forcé à boire un breuvage qui l'avait insensibilisé, mais qui ne l'avait pas empêché d'entendre, ni de percevoir ce qui se passait autour de lui. Lorsqu'il s'était senti attaché, nu, puis cloué aux pieds, bâillonné et recouvert du voile mauve, enfin, lorsqu'il avait entendu les pas de ses tortionnaires résonnant sur le sol et s'éloignant dans la nuit, l'abandonnant à son triste sort, alors sa sensibilité lui était revenue peu à peu et il avait compris l'horreur de sa position; il avait ressenti en même temps que la douleur une panique extrême.

Plusieurs années plus tard, il raconta à Boxcar Annie que les minutes les plus affreuses de son martyre avaient été celles où il avait entendu les portes de l'église s'ouvrir et où il avait été découvert de son voile. Les cris lorsqu'on le lui avait enlevé, la figure brouillée du bedeau et des bonnes femmes, grimaçant d'étonnement ou d'horreur, tout ça avait encore avivé ses douleurs physiques et morales. Il comprenait la grandeur du scandale. La souffrance qu'il en ressentit lorsqu'on parvint à lui enlever le gros clou superposant ses pieds, la bandelette qui lui entourait le ventre, la honte de se sentir nu devant le médecin et ses aides, le peu de pitié qu'il devait espérer de ses fidèles, tous ces tourments n'étaient rien à côté du bruit lancinant de la scie qui avait détaché la croix de son socle improvisé de sacs de sable et de la sortie honteuse de l'église qui l'avait tant humilié.

On ne chercha pas à punir les tortionnaires ou alors les autorités décidèrent d'étouffer l'affaire. Le curé reçut sans ménagement l'ordre de son évêque de se retirer dans une trappe bénédictine pour quelques mois afin de faire oublier l'incident et de prier pour le pardon de ses tortionnaires. Après sa pénitence, on lui donnerait une autre paroisse. Mais Julien Auclair, sans même demander sa laïcisation à Rome, comprit qu'il n'avait plus sa place dans le clergé et, sans plus de regret, il enleva la soutane et se perdit dans la foule anonyme de la grande ville de Montréal.

Commandant, que l'histoire intéressait, demanda un éclaircissement :

— Comment l'as-tu connu et comment se fait-il qu'il ait abouti en Abitibi, Annie ?

— Lorsque j'ai ouvert mon bar dans un wagon de chemin de fer, il travaillait dans une épicerie pas loin et il venait quelquefois prendre une bière. Il ne buvait pas beaucoup et il s'est mis à me raconter son histoire quand il a su que j'étais une ancienne Carmélite et que je pouvais comprendre son drame. M'en parler lui permettait d'échapper à sa solitude. J'étais frappée par la tristesse de cet homme de cœur. Avait-il vraiment commis le péché dont on l'accusait? Peut-être, mais ce n'est pas de mes affaires. Les bavarderies sont si communes dans notre monde de chrétiens fades et peu charitables. Les histoires qui courent sur le clergé sont si énormes parfois. Peu à peu, avec moi, il est sorti de son mutisme et il a senti le besoin de se confier. Il a honte de son aspect physique repoussant et il ne désire pas frayer avec d'autres personnes, tout à l'idée de son drame personnel. J'étais vraiment la seule à qui il voulait parler et, à la longue, nous sommes devenus assez proches. Quand j'ai décidé de venir en Abitibi, je lui ai offert de me suivre pour m'apporter son aide dans mon commerce. Je lui verse un salaire qui semble lui suffire.

— Une histoire bien cruelle qui démontre que les gens sont prêts à juger sur peu de choses, au risque de se tromper le plus souvent, conclut Gabriel Commandant.

24 | Chibougamau (1935-1939)

En mai 1935, Gabriel Commandant reçut deux lettres de la compagnie minière pour laquelle il avait travaillé à Chibougamau. L'une lui était adressée personnellement et l'autre était signée de la main du grand patron, Archie Authier, chef d'exploration, neveu d'Hector Authier, un des principaux dirigeants de la Capital Traders qui était à la recherche de sites à explorer pour ouvrir de nouvelles mines. Il avait pour mission, s'il acceptait, de prospecter aux abords des lacs Doré, Bourbeau, Scott, Guillman et David. Jean Cyr, son grand ami de toujours, l'attendait là-bas. Jean le connaissait depuis qu'il avait l'âge de 10 ans et Gabriel le considérait comme son « petit gars ». Ils formeraient chacun une équipe d'hommes et les conduiraient au travail.

Boxcar Annie reçut aussi une demande pour aller là-haut. Elle en discuta avec Gabriel :

— Je ne vois pas pourquoi on n'irait pas. Les hommes sont plus occupés dans ces endroits, ils sont moins difficiles à commander.

Le salaire était alléchant pour les deux hommes. Alors que dans la région de Val-d'Or Gabriel Commandant recevait vingt-cinq dollars par mois, Archie Authier lui offrait cent vingt-cinq dollars par mois, nourri, logé. Il lui promettait le poste de chef d'équipe. C'est dire la confiance qu'on lui accordait, car il était reconnu pour son savoir-faire dans ce genre d'activité. De toute façon, ça faisait l'affaire de Commandant qui commençait à en avoir assez de Val-d'Or. Trop de monde et trop de dérangement. Il n'y avait pas moyen d'avoir la paix.

Boxcar Annie permit à Commandant de lire la lettre qui lui était adressée :

Madame Boxcar Annie,

Nous avons besoin de vous à Chibougamau pour ouvrir un bar, car présentement dans le seul qui est en exploration, le propriétaire prend l'argent de nos hommes dans des jeux de cartes à l'argent et ne met pas de frein à la consommation de boisson, de sorte que nos employés ne donnent pas le rendement que nous pourrions attendre d'eux.

Nous comptons sur vous pour redresser la situation, sachant bien votre honnêteté et votre compétence dans ce domaine...

La lettre était signée parce que les responsables des compagnies minières ne semblaient pas avoir peur de se compromettre et de se mettre à dos l'unique propriétaire du débit de boissons de Chibougamau, Marc McHume, personnage unanimement détesté. D'ailleurs, si jamais celui-ci élevait la moindre protestation à la venue de Boxcar Annie, il serait mit derechef dans l'avion pour Amos ou Val-d'Or, étant donné que les compagnies minières étaient toutes-puissantes dans l'administration du territoire et dans la gestion des groupes d'hommes.

— Pars-tu, Gabriel ?

— Tu peux être sûre ! Val-d'Or se développe trop vite. Il y a trop d'hommes qui arrivent chaque jour et on va bientôt se marcher sur les pieds. Je vais aller voir là-haut et, si je reviens une fois le travail terminé, je vais m'arranger pour m'installer plus loin que sur la source pour retrouver ma tranquillité. Car je commence à être fatigué de courir d'un horizon à l'autre. Mais je veux garder mon pied-à-terre...

Gabriel alla emprunter trois dollars à son ami, devenu électricien. Après avoir quitté les mines, Joseph Cyr était devenu aussi le nouveau chef des pompiers à Val-d'Or.

— Je vais m'ennuyer de toi, Gabriel, tu es un véritable ami...

Gabriel, accompagné de Boxcar Annie, prit l'avion pour Chibougamau. Il n'aimait pas cette façon de voyager, mais c'était le seul moyen de transport accessible pour les minières, faute de routes et de chemin de fer.

Un fois rendu, après s'être acheté un camp autour d'un lac d'un nommé Bordeleau, Commandant reçut d'Archie Authier le poste de chef d'équipe, comme promis. Il avait six hommes à conduire sur les lieux de recherches et d'exploration. Ceux qui l'ont connu et qui ont travaillé pour lui témoignèrent du fait que son savoir-faire dans le domaine de la prospection était hors de l'ordinaire. C'était d'ailleurs lui qui avait initié Jean Cyr, maintenant âgé de 22 ans, à tous les arcanes de la profession. C'est aussi Commandant qui lui avait conseillé de poursuivre ses études pour devenir ingénieur minier. Il avait toujours eu une admiration sans bornes pour Gabriel Commandant. Celui-ci l'encouragea toujours et Jean Cyr, jeune prospecteur, disait de lui :

— C'était un homme extraordinaire. Personne ne pouvait faire le travail de prospection et de coupage de ligne mieux que lui. Je le considérais comme mon deuxième père, tant il m'avait aidé. Par exemple, il était très fort. Je l'ai vu porter sur son dos au moins deux cents livres. Mais il n'acceptait pas que moi je porte plus que cent cinquante livres.

Car, en effet, Gabriel Commandant respectait les hommes et se préoccupait de leur bien-être. Et il prenait avec un grain de sel les compliments de Jean :

— Oyoye ! Arrête de me vanter ! Je vais gonfler et partir comme une baloune ! répliquait Gabriel en riant.

⚒ ⚒ ⚒

Boxcar Annie s'était installée avec Julien Auclair, qu'elle avait convaincu de monter avec elle pour l'assister, dans un camp de bois rond assez délabré prêté par la compagnie. À eux deux, ils ne tardèrent pas à le retaper. Ce qui ne faisait pas l'affaire de l'autre tenancier, Marc McHume. Celui-ci avait ouvert son débit de boissons bien avant, dans un beau camp tout neuf, qui appartenait à un autre chef de prospection absent pour cause de maladie. C'était un véritable tripot où les hommes dépensaient sans compter leurs payes en jouant au poker et en buvant comme des trous. Mais, dès que Boxcar Annie, avec l'accord des dirigeants des compagnies minières, eut ouvert son établissement, les hommes, pour la plupart, commencèrent à délaisser le McHume Bar Saloon pour le Boxcar Buvette. Ces rudes travailleurs n'étaient pas dupes : ils étaient heureux qu'on gérât leur argent, car ainsi leur famille n'en manquerait pas et recevrait les sommes qu'ils auraient dépensées autrement à des amusements futiles. De plus, Boxcar Annie contrôlait leur consommation pour leur bien, ainsi ils étaient plus en forme le lendemain matin pour accomplir leur travail journalier. Ces considérations faisaient bien l'affaire de tout le monde, sauf du tenancier McHume qui voyait son établissement déserté et ses affaires baisser dangereusement.

McHume ne tarda pas à réagir. Il fit monter le policier Turnbull de Rouyn pour une plainte précise sur la moralité : Boxcar Annie demeurait avec un homme sans être mariée, ce qui ne se faisait absolument pas. C'était scandaleux. Pour l'époque en tout cas. Turnbull arriva et sous un prétexte quelconque, il saisit toute la boisson dans le bar de Boxcar Annie et il enjoignit Julien Auclair de se trouver un autre logis pour que la décence soit sauve.

Une fois son travail accompli, le policier, en attendant de reprendre l'avion pour retourner à Rouyn, alla rendre compte de l'accomplissement de sa mission à McHume et, pendant qu'il attendait dans le McHume Bar Saloon, Émile Saint-Gelais, le garde-chasse, l'invita à venir à la pêche. Celui-ci prit deux quarante onces de scotch, saisis chez Boxcar Annie. Ils choisirent pour la pêche l'île du Portage, sise en face entre le lac au Doré et le lac Chibougamau. Il y avait à cet endroit une chute où il était facile de pêcher la truite, des spécimens pesant jusqu'à 22 livres.

C'était vers la fin de mai et il faisait un temps couvert avec une brise venue du nord qui donnait le frisson. Et brusquement, sans que rien ne l'annonce, une grosse pluie glaciale s'abattit sur le sol. Les pêcheurs n'eurent qu'un choix, courir se mettre à l'abri. Au pas de course, ils traversèrent la forêt. Ils avaient déjà bu et leurs pas étaient mal assurés.

Ils étaient à peine à quelques pas du camp lorsqu'ils entendirent un grognement de rage derrière eux. Ils se retournèrent et là, ce qu'ils virent, leur fit dresser les cheveux sur la tête : une ourse énorme, le poil hérissé, les considérait avec des yeux injectés de sang, les oreilles par en arrière, indice qu'elle allait attaquer. Trois candides oursons regardaient la scène avec une curiosité intéressée. L'ourse se rua sur Émile Saint-Gelais. Turnbull ne fit ni une ni deux, il dégaina et visa la bête furieuse. Mais, avant qu'il ait eu le temps de tirer, un homme à la course se dirigea vers le plantigrade et le repoussa avec une force étonnante. La bête, sentant son élan brisé, s'arrêta net, indécise. Sa rage tomba et elle ne savait plus où diriger sa colère. Les oursons, dérangés et effrayés, se mirent à tourner en rond en pleurant plaintivement. Le nouvel arrivé prit un ourson dans ses bras et se dirigea vers l'ourse à l'étonnement des deux autres qui étaient sûrs qu'il allait vers la mort.

L'homme qui venait de repousser l'ourse évita soigneusement les coups de pattes aveugles. Il fit montre d'une dextérité incroyable. Il mit l'ourson entre les pattes arrière de la mère. Aucun homme, aussi fort soit-il, n'aurait eu une telle habileté devant une bête sauvage, déchaînée à cause de ses petits. L'ourse comprit qu'elle ne gagnerait pas à ce jeu; se calmant, elle se mit à reculer et abandonna finalement la place. Suspicieuse, elle se mit à courir en poussant ses oursons devant elle alors qu'ils geignaient comme des perdus.

Alors seulement l'homme se retourna. Il s'agissait de Gabriel Commandant. Il prit une grosse voix qui cachait son envie de rire de la déconvenue des deux hommes:

— Il y a une loi dans le bois: ne jamais envahir le territoire d'une mère ourse accompagnée de ses petits. Vous devriez savoir ça, dans la police. Et surtout un garde-chasse ne devrait jamais l'ignorer, en tout cas.

Les deux officiers se regardèrent, incrédules. Saint-Gelais ne put s'empêcher de dire sur un ton admiratif:

— De toute ma vie, je n'ai jamais vu un homme faire reculer une ourse de cette grosseur et s'en tirer sans une égratignure. Permets-moi, Sander Turnbull, de te présenter Gabriel Commandant, un Algonquin qui fait de la pros-pection ici depuis un certain temps. C'est aussi un chef d'équipe très apprécié.

— Je le connais. J'ai eu affaire à lui à propos d'un petit beu, dit le policier, et il tendit la main à Commandant: merci, Commandant, de nous avoir sortis du pétrin.

L'Algonquin fit remarquer avec humour:

— Quand on va à la pêche dans le bois, on s'arrange pour ne pas boire, car l'odeur se perçoit pour un odorat fin comme celui d'un ours à des milles à la ronde et, comme ils n'y sont pas habitués, ils pensent à une menace. Et, se tournant vers Turnbull, il ne put s'empêcher de lui faire la leçon: c'est encore pire quand on n'a pas payé sa boisson!

Les deux officiers de la loi se regardèrent, honteux. Ils sortirent un billet de leur portefeuille dans l'intention de payer Boxcar Annie. Mais ils firent semblant de n'avoir pas compris la dernière allusion de Gabriel Commandant. Il leur avait trop bien rivé le clou.

Lorsque le policier Sander Turnbull reprit l'avion, ce jour-là, pour retourner à Rouyn, il ne fut pas sans remarquer que le pilote descendait plusieurs lourdes boîtes de son appareil, les mêmes que celles qu'il avait dû monter : la boisson saisie chez Boxcar Annie. Le policier préféra fermer les yeux. En même temps, il tendit un billet au pilote, lui demandant de le remettre à la tenancière, surtout que le directeur de la Consilidated Chibougamau Goldfield Ltd., Howard Macallister, vint lui parler à voix basse pendant de longues minutes loin des oreilles de témoins. Aucun des deux n'éleva la voix, mais le policier acquiesça plusieurs fois par un signe de tête. Le soir même, Boxcar Annie servit de la boisson à sa fidèle clientèle, éberluée par ce retournement de situation. Ses bouteilles lui avaient toutes été remises, sauf deux. Et ceci au grand dépit de Marc McHume qui ne la déragea pas pendant plusieurs semaines. Quant à Julien Auclair, il continua à vivre dans le même camp que Boxcar Annie comme si rien de particulier ne s'était passé.

25 | La mort rôdait (1938)

Ce matin-là, Gabriel fut réveillé par des coups répétés à la porte de son camp. Il se dressa sur son séant, enfila rapidement son pantalon et se dirigea vers la porte, toujours ébranlée par un poing impatient qui heurtait les planches sans ménagement. Il ouvrit et se trouva face à face avec Boxcar Annie. Il fut frappé par son aspect. Ses longs cheveux blonds étaient libres sur ses épaules, son visage blême était envahi de crispations qui annonçaient un drame. Elle lança sans respirer :

— Viens, suis-moi, Gabriel !

Il sut qu'une tragédie venait de se produire dans la petite communauté des prospecteurs et des travailleurs forestiers de Chibougamau.

Boxcar Annie le conduisit jusqu'à son camp. Devant la buvette, elle se tourna vers lui. Les joues sillonnées de larmes, elle lui indiqua d'ouvrir la porte. Ce qu'il fit. Ils traversèrent toute la cuisine exiguë pour se retrouver dans une des chambrettes du logement. C'est alors que Gabriel Commandant distingua sur le lit la forme imprécise de Julien Auclair, car il faisait encore sombre en cette matinée de novembre et les fenêtres, qui n'étaient pas tellement grandes, ne laissaient passer qu'une lumière parcimonieuse, d'autant plus que la maîtresse des lieux avait, comme beaucoup de femmes d'ailleurs, l'habitude de les orner de lourds rideaux pour plus d'intimité lorsqu'on les refermait. Le malheureux défroqué avait le dos tourné, mais le drame était facilement imaginable ou, du moins, on pouvait voir qu'il avait été frappé durement : des flaques de sang, probablement vomies par la victime, maculaient les oreillers et les couvertures. Il avait beaucoup saigné. Gabriel Commandant s'approcha et vit ce qui avait causé ces saignements. Une petite croix d'une longueur d'environ dix pouces, probablement effilée à la base, avait été plantée violemment dans le crâne de l'homme, ce qui avait causé sa fin brutale. Car, il n'y avait pas de doute : il était décédé. Il portait aussi des blessures à la poitrine et dans le dos. Le pauvre infirme était sans doute mort au premier coup. « Du moins, il faut espérer qu'il n'a pas trop souffert », pensa pour lui-même Gabriel.

L'Algonquin ne perdit pas de temps. Il alla avertir les contremaîtres de la Consolidated Goldfield et Archie Authier du crime qui venait d'être perpétré dans le camp-bar de Boxcar Annie.

Vers midi, le jour suivant, le policier de Rouyn, toujours lui, Sander Turnbull, revint en avion, un Balen K, avec le docteur Bigué. Gabriel avait reçu l'instruction de ne pas s'éloigner puisqu'il était considéré comme un témoin important. Il fut donc demandé par le détective. Celui-ci le reçut dans le camp de Boxcar Annie. En entrant, Gabriel Commandant s'aperçut que le corps avait été enlevé et qu'il était reparti. Effectivement, il avait vu l'avion reprendre le ciel. Il retournait à Rouyn avec le corps et le docteur Bigué pour que le coroner puisse faire son travail de recherche sur la cause du meurtre.

Le détective était un gros homme carré au visage raviné par des rides profondes. Il avait un *brandy nose* imposant, preuve de son amour pour les boissons fortes. Il demanda d'une voix brusque à Commandant de s'asseoir. Son regard soupçonneux détailla l'Algonquin. Il lui jetait des coups d'œil à la dérobée pour bien jauger son interlocuteur sans en avoir l'air. Les gestes rapides de ses mains indiquaient une personne nerveuse et impatiente.

Turnbull commença d'une voix mal articulée :

— Comme nous nous sommes déjà rencontrés, il y a quelques mois – plus exactement l'année dernière, en mai –, je me dispenserai des présentations. Question : vous êtes le premier à avoir pénétré dans la chambre de monsieur Julien Auclair ?

— On peut dire... si on excepte que Boxcar Annie a découvert d'abord la victime. Et il n'y a rien d'étrange à ça puisqu'elle demeure ici...

Le détective jeta un regard circonspect à l'Indien :

— Je me souviens être monté ici la première fois pour une plainte à ce sujet, une plainte au sujet des mœurs. La situation de monsieur Auclair était contraire aux ordonnances du juge que j'ai obtenues alors. Le détective soupira. ... Julien Auclair. Mon enquête a établi qu'il s'agissait d'un ancien prêtre. La victime n'aurait pas dû se trouver ici, dans ce camp. À propos, lui connaissiez-vous des ennemis ?

— Non, c'était un homme vraiment discret. Il ne parlait pas beaucoup. Il est vrai qu'il n'était pas particulièrement aimé ; il faisait peur par son physique disgracié et il sortait les ivrognes du bar sans ménagements.

— Oui, j'ai constaté ça lorsque je suis venu, les témoignages me l'ont confirmé, constata le policier avec un certain mépris dans la voix. Les infirmes font peur, on a toujours peur de leur ressembler. Je l'ai rencontré vivant et, à voir le cadavre, il est indéniable qu'il est difforme et qu'il s'agit bien du dénommé Auclair.

Gabriel Commandant se garda de répondre, lui qui était le seul à connaître la raison de la difformité du prêtre défroqué.

Le détective prit une chaise et retourna le dossier vers Gabriel. Il s'y assit à califourchon et dévisagea l'Algonquin.

— Toi-même (il avait pris le tutoiement vulgaire, pour impressionner, sans doute), on te dit assez près de madame Boxcar Annie, n'aurais-tu pu avoir des raisons...

Gabriel Commandant l'interrompit avec promptitude :

— Non, j'estimais Auclair. Je n'ai pas eu de raisons précises de lui en vouloir, si c'est ce que vous voulez laisser supposer...

Le détective bondit sur ses deux jambes et il tendit un doigt accusateur vers Gabriel :

— Tu sais qu'on peut tuer par jalousie !

— Oui, je sais, mais il n'y a rien entre moi et Boxcar Annie, sauf une grande amitié, pas plus.

— Tu as une idée de l'arme du crime, l'Indien ?

— J'ai constaté que c'était le petit crucifix cloué au mur de la cuisine et j'ai constaté aussi qu'il était affilé vers le bas comme si on voulait le rentrer plus facilement dans un socle...

Turnbull alla jusqu'à une des fenêtres et examina la place du crucifix qui avait laissé une empreinte plus pâle. Il en profita pour montrer son érudition :

— Cette sorte d'objets religieux servait surtout aux missionnaires, bien avant notre époque, quand ils venaient célébrer la messe dans les communautés dispersées sur le territoire. Ils plantaient tout simplement la petite croix dans un navet ou une grosse patate pelés et tranchés en deux sur lesquels on traçait JSH, Jésus sauveur des hommes, du latin *Jesus Salvator Homibus*, formule qui se traduisait facilement, et on plaçait ce rappel du supplice du Christ sur un autel improvisé, sur une table de cuisine ou tout autre meuble convenable. Il y avait une raison à ça. Il ne fallait pas de poids supplémentaire à traîner sur soi. Comme ces hommes entreprenaient de longs chemins à pied ou en raquettes, il était important pour eux d'avoir le moins de pesanteur possible à porter ; ces petits objets étaient l'idéal. Voilà mon explication. Elle a le mérite d'être simple. Tu as une idée de la raison pour laquelle la victime possédait cette croix ?

Gabriel en avait une idée, en effet.

— Peut-être s'agissait-il d'un souvenir qu'il avait emporté de sa vie passée comme prêtre. Quelqu'un le lui en avait fait cadeau...

Turnbull était content.

— Commandant, tu viens de toucher du doigt un fait important. Il n'y a rien de surprenant qu'un ex-prêtre ramasse comme ça des choses de sa vie antérieure. Sais-tu pourquoi on garde des souvenirs comme ça?

— Peut-être, oui, moi, je n'emporte rien, même pas une photo. Vous savez, pour nous autres, les Indiens, ce qui compte, c'est la tradition orale, le papier ou les objets n'ont aucune importance. Contrairement à vous autres, les Blancs, qui ramassez tout ce qui va bien disparaître un jour ou l'autre.

Un long silence s'établit entre les deux hommes. Turnbull marchait de long en large. Il s'arrêta ensuite devant Gabriel, croisa les bras et le dévisagea longuement.

— Vous autres, les Sauvages, vous voyagez trop pour vous encombrer d'objets comme ça. C'est bien ce que tu voulais dire?

— C'est dans la tête que demeurent les vrais souvenirs, quand on n'en a pas besoin, ils se cachent dans la mémoire ou ils disparaissent avec le temps s'ils n'ont pas d'importance.

Turnbull se pencha vers Gabriel. Celui-ci ne fut pas sans subir son haleine : il avait bu tôt le matin, c'était évident.

— ... Tu viens presque de t'incriminer, l'Indien. Je suppose que monsieur Julien Auclair, surnommé Quasimodo, on sait pourquoi, était pour toi un encombrement...

Gabriel fit semblant de ne pas comprendre.

— ... un encombrement?

— Annie est une bonne amie pour toi, tu as beau dire que non, mais moi je suis sûr que tu l'aimes. Il y a sûrement quelque chose de profond entre vous puisque vous êtes toujours ensemble. C'est ce qu'on m'a dit.

— Boxcar Annie est une bonne amie, ça, c'est sûr, mais il n'y a pas d'amour entre nous si c'est ça que vous avez dans l'idée.

Turnbull eut un rire gras :

— Remarque, je ne suis pas à votre place. C'est mieux pour vous deux qu'il n'y ait rien, car on est sans pitié pour les ménages qui ne sont pas passés par l'Église. Il est déjà assez inconvenant que cette Boxcar Annie ait vécu avec cet homme. Je vais découvrir ce qu'il y a dessous et qui l'a tué. Peut-être l'a-t-on fait pour une question morale?

Gabriel Commandant savait que Sander Turnbull avait peut-être raison. Ils ne parlèrent plus pendant un bon moment, perdus chacun dans leurs pensées. Ensuite le policier alla prendre une tasse sur la tablette au-dessus l'évier, il la remplit d'eau et but à grandes gorgées. Il avait la grande soif de l'après-boisson. Puis, il revint s'asseoir face à Commandant qui ne broncha même pas.

— Dis-moi, Commandant, tu as déjà eu le désir de tuer le dénommé Julien Auclair, autrement nommé par vous autres, les prospecteurs, Quasimodo?

Commandant protesta avec énergie:

— Non, pas du tout! Il faut admettre qu'il était d'une grande force, malgré son infirmité: il nous battait régulièrement au jeu du poignet. Il coupait le bois de chauffage pour Boxcar Annie et lui rendait d'autres petits services qu'elle n'avait pas le temps ou la force de faire. Elle le gardait pour le travail. Il ouvrait rarement la bouche; je pense même qu'il y a des gens qui n'ont jamais entendu le son de sa voix...

— Ça ne change rien. Faisons la supposition suivante: tu es amoureux de madame Boxcar et, dans une crise de jalousie incontrôlable, tu as bien pu chercher à l'éliminer puisqu'il vivait avec elle et que ça te paraissait odieux... Et si elle t'aime, elle ne parlera pas.

Gabriel sentit une légère douleur à l'estomac, agacé que le détective revienne là-dessus.

— Je vous ai déjà dit qu'il n'y avait que de l'amitié entre elle et moi et qu'Auclair ne me dérangeait pas du tout. Il n'y avait rien entre eux, non plus. C'est ma pensée. Chacun avait sa propre chambre.

— C'est un point pour toi. En effet, cet homme est une énigme. J'en sais quelque chose : chaque assassiné est une énigme. Je fais toujours des suppositions pour découvrir une mince trace de vérité, bien souvent. Mais quelle preuve peux-tu me donner que tu n'as pas assassiné un prétendu rival ?

— Dites-moi donc, Auclair a été assassiné quand ? interrogea Commandant.

— D'après le docteur Bigué, entre dix heures et minuit. Il se peut toutefois qu'il fasse une erreur de quelques heures, mais le sang était presque déjà tout coagulé, donc il a fallu que le crime ait été commis avant minuit, là-dessus nous avons quelques certitudes. Le sang ne manquait pas, la victime ayant été poignardée violemment à la poitrine et dans le dos avant de l'être au crâne.

Gabriel le toisa avec une petite lueur de triomphe dans la voix :

— Il faut m'éliminer de la liste des suspects. Hier soir, vers sept heures, je me suis rendu ici et j'ai acheté deux quarante onces de scotch ; c'est Boxcar Annie qui me les a vendus. Et vous savez ce que j'ai fait avec ?

Turnbull prit une voix sévère :

— C'est absolument interdit de vendre ou de donner de la boisson aux Indiens. Il est interdit aux Indiens d'en boire...

Le détective fit un clin d'œil complice à Gabriel et il sourit en continuant :

— Loi imbécile. Ne le dis à personne, mais je trouve ridicule cet interdit. Un homme reste un homme, Indien ou pas. Les gens ont le droit de boire, surtout dans un endroit aussi éloigné par le tonnerre que ce Chibougamau. Je garderai le silence là-dessus parce que, comme policier, j'ai horreur de deux poids deux mesures.

Turnbull s'arrêta brusquement de parler comme s'il avait eu soudain conscience d'en avoir trop dit. Il se reprit :

— Je te questionne : qu'as-tu fait avec tes bouteilles de scotch ?

— J'ai été rencontrer mon bon ami écossais, Bob Ritchie, l'agent de la Baie d'Hudson, et je lui ai offert de boire avec moi.

Le policier prit un petit air sarcastique et triomphant :

— Je le sais, j'ai déjà mené ma petite enquête, comme tu peux le constater. C'était d'autant plus facile pour moi que Ritchie est l'agent des Indiens vivant sur ce territoire. Il a donc facilement collaboré. Il m'a même raconté qu'il t'a précisé que tu n'avais pas le droit de boire de l'alcool. Il a refusé de trinquer avec toi. Il paraît que tu lui as répondu : « Très bien, j'ai apporté ces bouteilles pour les boire avec toi, si tu ne veux pas partager, c'est ton affaire ! »

Commandant ne put s'empêcher de complimenter le policier :

— On ne peut pas dire que vous n'êtes pas au courant. Vous allez vite dans votre enquête !

Turnbull haussa les épaules :

— L'habitude, tout simplement. Ainsi, malgré ce que je t'ai dit plus tôt, Commandant, tu as un solide alibi puisqu'on t'a vu sortir de chez l'agent Ritchie aux petites heures du matin parce que, finalement, pour ne pas t'insulter, il avait accepté de boire avec toi. La pauvre Boxcar Annie a dû avoir de la misère à te réveiller ! Il tourna un regard faussement méfiant vers Gabriel. À moins que tu aies eu des complices dans la place, ce qui serait un peu gros. Non, Gabriel Commandant, j'élimine la possibilité que ce soit toi le coupable. Si j'ai fait semblant d'y croire, c'était pour voir ta réaction. Cependant, ne monte pas sur tes lieux de prospection aujourd'hui; je compte que tu restes au service de la justice jusqu'à ce que j'aie mis au clair cette histoire. Bon, tu peux t'en aller...

Au moment où Commandant allait sortir, le policier conclut :

— On prétend, Commandant, que tu es peu parlant, mais avec moi tu as beaucoup causé...

Gabriel sortit du camp avec soulagement. Il n'aimait pas avoir affaire avec la police. Il trouvait que la justice était trop souvent une question de rumeur et d'humeur plutôt qu'une question de vérité ou de preuves solides. Il connaissait le chemin sinueux de la conduite humaine et il avait perdu ses illusions sur cet aspect des êtres humains.

Gabriel Commandant retrouva Boxcar Annie assise sur un banc à la porte de son établissement. Son visage décomposé le tremblement de ses mains en disaient long sur son trouble intérieur. Elle demanda d'une voix éteinte:

— Viens-tu prendre une bouchée, même si je n'ai pas le goût de manger quoi que ce soit dans l'état où je suis?

— Je veux bien.

Commandant n'avait pas l'intention de la questionner. Il trouvait trop éprouvant le malheur qui atteignait son amie.

Les deux amis s'attablèrent, mais ni l'un ni l'autre n'avait vraiment faim. Gabriel sentait Boxcar Annie au bord des larmes. Elle finit par dire, la voix brisée par l'émotion:

— Je me demande qui a pu le haïr à ce point, lui qui n'aurait pas fait de mal à une mouche?...

Gabriel Commandant ne put que répondre:

— Peut-être quelqu'un voulait-il le voler, car il ne dépensait guère son argent et il devait en avoir. Tu penses bien, Annie, qu'on le pensait riche. Il portait une bague et une montre de gousset en or. Tu ne t'es donc aperçue de rien?

Annie se mit à réfléchir intensément, puis:

— Non, il faut dire que beaucoup d'hommes sont entrés et sortis hier soir puisque c'était le jour de la paye. Et quand je suis au bar, je n'ai pas le temps de suivre tout ce qui se passe dans le camp. Planter un crucifix dans la tête de Julien, le poignarder n'a pas dû prendre de temps et il faut que ce soit un malfrat de la pire espèce pour avoir fait ça. Julien m'avait avertie qu'il n'était pas bien et qu'il ne pouvait pas m'aider. Il s'est retiré dans sa chambre. Ce qu'a dû voir le meurtrier. Quand je pense à ça, je suis étonnée, car il n'était jamais malade.

Boxcar Annie lui indiqua la chambre.

— Va voir dans le troisième tiroir de la commode, c'est là qu'il mettait son argent et ses bijoux. Il les cachait sous une pile de linge. Moi, je n'ai pas le cœur à entrer dans cette chambre...

Gabriel alla dans la pièce, ouvrit le tiroir et chercha. Il fit cependant attention de ne pas toucher des objets qui auraient pu receler des empreintes. Il avait lu dans un magazine américain ce truc pour dissimuler les empreintes digitales qui ne devaient pas paraître sur les objets au risque de faire condamner les fouineurs. Il ne tarda pas à retrouver la montre, la bague et un rouleau d'argent assez impressionnant caché dans un bas. Il ramena tout ça dans la cuisine. Boxcar Annie annonça avec tristesse :

— Du moins, le vol n'est pas le mobile du crime. C'est étrange qu'il ne portait pas sa bague dont il ne se séparait jamais. Nous n'en dirons rien à Turnbull. Cela a dû lui échapper. Je sais que Julien avait de la famille dans la région de Joliette. Je leur ferai parvenir toutes ces choses.

Commandant était perplexe :

— Je me demande pourquoi Sander Turnbull n'a pas fouillé là. Peut-être que ça n'a pas d'importance.

— Il a dû le faire, mais c'était d'une façon superficielle.

Le policier de Rouyn demeura quelques jours au campement puis, comme son enquête n'avançait pas, à regret, il retourna vers le Sud sans demander son reste : il n'avait pas l'habitude du monde fermé des prospecteurs et des compagnies minières de la Chibougamau. Les mois passèrent sans que le ou les meurtriers ne soient découverts. On pensa à une seconde vengeance des Irlandais ou à un complot du clergé, mais il ne s'agissait que de rumeurs gratuites, sans fondements. Quant à Boxcar Annie et à Commandant, ils pensèrent à Marc McHume, mais ce n'était pas suffisant. Le tenancier voulait éliminer le bar de Boxcar Annie, ça, il n'y avait pas de doute, mais aurait-il été jusqu'au meurtre pour donner du fil à retordre à sa compétitrice ? C'était un peu gros.

L'hiver 1938 fut peu rigoureux. Et Gabriel Commandant en profita pour tendre des collets pour prendre des lièvres. Il sépara ses prises avec Boxcar Annie. Elle-même se spécialisait dans la découverte de perdrix cachées sous la croûte neigeuse. C'était une viande maigre, mais elle avait l'art de l'apprêter pour lui donner du goût.

Avril finissait quand arriva par avion une lettre pour Gabriel. Il l'ouvrit et la lut, avec une émotion dans la voix, à Boxcar Annie :

— On m'annonce le décès de mon bon ami, Archibald Belaney. Tu sais qu'il avait pris le nom de Grey Owl. Il se prenait pour un Indien, il n'y a pas de doute. En mars, il a donné une conférence sur la préservation de la nature canadienne au Massey Hall de Toronto. Il paraît qu'il y avait, m'écrit Anaharéo, 3 000 personnes. Elle était si épuisée après leur tournée qu'elle-même a été hospitalisée à Regina. Elle a appris sa mort quelques jours après son enterrement.

— C'est quelque chose ! Ils devaient être bien liés, ces deux-là !

— Tu me le dis ! Il était acteur et avait une imagination débordante. Je sais qu'il a écrit des livres sur la nature qui ont été publiés en Angleterre, d'où on prétend qu'il venait. Après sa conférence, il s'est rendu à Beaver Lodge, sa cabane de garde-chasse, car il était rendu en Saskatchewan. Il y est resté quelques jours puis il est tombé malade. Un gardien du parc de Waskesiu est venu le chercher en traîneau à chiens à Ajawaan et, de là, ils l'ont descendu en camion et en voiture jusqu'à l'hôpital de Prince Albert. Il est mort douze heures plus tard, le 13 avril, d'une pneumonie.

Boxcar Annie conclut :

— D'après ce que tu m'as raconté sur lui, il n'était pas très âgé.

— Oui, il devait avoir dans la cinquantaine, pas plus. C'était un homme chaleureux. Il jouait un rôle, mais il a éveillé beaucoup de monde à l'idée qu'on doit arrêter de détruire le peu qui nous reste comme animaux dans la forêt... La conservation lui tenait beaucoup à cœur et il était très intéressé par l'avenir des autochtones. Il m'appréciait beaucoup, c'est probablement la raison pour laquelle il a voulu qu'Anaharéo m'écrive. Je garde un bon souvenir de lui.

Vers la fin de 1939, des prospecteurs qui s'apprêtaient à monter travailler dans la région du lac au Doré butèrent dans un sentier, dans la forêt, sur un corps. Il s'agissait de Boxcar Annie. Elle avait été défigurée. On avertit Gabriel qui vint aussitôt. Elle venait de mourir car, le soir d'avant, il lui avait parlé. Il se dirigea vers l'endroit. Son émotion fut perceptible. Il se mit à genoux près de sa grande amie et des larmes coulèrent sur ses joues. Il fut longtemps ainsi. Jean Cyr, son jeune ami, était accouru lui aussi. Il entendit l'Algonquin se plaindre :

— Anna-Marion... Annie. Pourquoi ? Pourquoi !

Ensuite, il prit le corps de Boxcar Annie et le ramena au camp. Après consultation avec les hommes qui l'entouraient, il décida de l'enterrer sur une petite élévation face au soleil, sans aucun ornement, comme le font les Indiens dans la forêt. Personne ne dit un seul mot sur l'affaire, car ces hommes généreux et rudes, qui appréciaient leur chef d'équipe, n'avaient surtout pas envie de voir Turnbull monter à nouveau vers le campement pour l'interroger et, finalement, repartir bredouille. Boxcar Annie avait tellement aidé les hommes de tous les chantiers de prospecteurs et de mineurs de l'Abitibi, elle avait recueilli tant de leurs confidences, elle avait aidé leur famille en leur envoyant l'argent des époux, elle savait si bien consoler qu'elle méritait de reposer en paix dans cette terre qu'elle avait aimée et où on l'avait accueillie sans façon. Les patrons des mines furent mis au courant et décidèrent, bien qu'il s'agissait d'un meurtre, sans aucun doute, de garder eux aussi le silence. C'était une époque où la discrétion avait un prix. Ils ne voulaient surtout pas qu'on fuie Chibougamau parce qu'il y avait trop d'actes criminels. Il n'y aurait plus moyen de faire de l'exploration si le bruit courait sur ces affaires. Les hommes prendraient peur et ne monteraient plus à cet endroit. Et ils n'avaient pas de temps à perdre : il fallait ouvrir des mines et faire venir de nouveaux travailleurs.

Un jour, au Sud, sans doute s'étonnerait-on de la disparition de Boxcar Annie et penserait-on qu'elle était retournée dans le bas de la province. Le silence de ces hommes de bois et de mines par respect pour sa mémoire allait demeurer impénétrable.

Dans le milieu, on se posa bien des questions sur le meurtrier et on eut peur pendant un certain temps. Puis, on essaya d'oublier. On sut cependant que Boxcar Annie avait laissé une lettre pour Gabriel. C'est alors qu'on pensa au suicide, la défiguration ayant été faite par quelque animal sauvage. Commandant n'en révéla pas le contenu, mais il confia à Jean Cyr le vrai nom de son amie : Anne-Marie Wzalinsky. Mais il ne servait plus à rien de le connaître, car personne n'avait vraiment envie de rejoindre sa famille en Pologne. Cependant, Gabriel Commandant écrivit à l'ambassade de la Pologne à Ottawa pour signaler le départ de la dame Wzalinsky. Naturellement, il ne reçut jamais de réponse. Puis la machine à rumeurs reprit le dessus. On prétendit que McHume faisait chanter Boxcar Annie, l'accusant d'avoir assassiné Julien Auclair. Peut-être l'ancien prêtre avait-il essayé de la violer et se serait-elle défendue avec ce qu'elle avait sous la main, c'est-à-dire le petit crucifix attaché au mur ? McHume lui aurait alors demandé de retourner au Sud et d'aller ouvrir un bar ailleurs. Sans parler à personne de ce chantage honteux, Boxcar Annie aurait rongé son frein. D'ailleurs, Gabriel Commandant s'était rendu compte que quelque chose n'allait pas depuis quelque temps, mais il avait respecté le silence de son amie. La situation avait pu devenir intolérable et Annie avait décidé, dans son for intérieur, qu'elle devait y mettre fin. Un bon matin, n'y tenant plus, elle s'était suicidée en absorbant le fruit de l'herbe à couleuvre, poison connu dans les régions du Nord où, ironiquement, il n'existe pas la moindre couleuvre. C'est le seul détail qui transpira de la lettre à Commandant. Le chantage de McHume la dégoûta définitivement. Aussi, peut-être Boxcar Annie, cette âme délicate, ne pouvait-elle plus supporter le poids de sa mauvaise réputation et peut-être ne se remettait-elle pas du meurtre de Julien Auclair? Ces deux êtres, réunis par la pitié, avaient été séparés par un crime non résolu. Mais tout cela n'était que des suppositions, pas plus.

Après le décès de Boxcar Annie, Marc McHume demanda à parler à Gabriel. Celui-ci le reçut dans son camp. McHume ressortit au bout de vingt minutes et on s'aperçut qu'il avait un œil au beurre noir et qu'il boitait. On ne sut jamais ce qui s'était passé entre les deux hommes puisque aucun d'eux n'avait élevé la voix.

Quelque temps plus tard, le camp-bar de Boxcar Annie passa au feu. Là encore, on ne sut jamais qui avait fait le coup. Pendant plusieurs années, il resta quelques rondins noircis, puis, la nature reprenant ses droits, l'herbe et les arbustes repoussèrent par-dessus.

Les travailleurs qui avaient été témoins de ces faits n'ouvrirent jamais la bouche, car on n'entendit plus jamais parler de Boxcar Annie, l'ancienne Carmélite devenue tenancière de bar, qui avait fait tant de bonnes actions dans un pays nouveau en plein développement.

Les mois, les semaines passèrent. Certainement seul pendant tout ce temps, avant de redescendre à Val-d'Or, Gabriel Commandant continua de se recueillir sur le tertre qui contenait le corps de sa grande amie. Il se souvenait peut-être des rencontres et des causeries agréables, de son amitié avec Anne-Marie Wzalinsky, femme de cœur et marginale comme il y en eut tant, venues pour prendre possession de cette terre de mines et de forêt.

26 | Gardien de la mine Akasaba
(1942-1950)

Après son travail à Chibougamau et la mort de Boxcar Annie, Gabriel Commandant revint à la source Gabriel en 1939, se réinstalla dans son camp et occupa des emplois saisonniers pendant quelques années, alternant tâches de prospecteur, traceur de lignes, assistant-arpenteur, garde-feu et autres. En tout cas, il chômait rarement. Mais ce qu'il aimait surtout, c'était de revenir à sa source et de prendre un long repos.

À l'été 1942, Gabriel fut engagé comme garde-feu dans la région de Val-d'Or et de Senneterre, ce qui était le cas depuis plusieurs années. Cependant, avec inquiétude, il commença à remarquer que sa vue baissait. Il n'en connaissait pas la raison. À l'automne, il effectua des jalonnements pour la mine Louvicourt Goldfields, dans la région du canton Louvicourt, mais, même s'il voyait encore, il sentait que sa vision n'était plus assez bonne pour exécuter ce travail. Il s'en inquiéta et alla consulter le docteur Kingston. Celui-ci lui révéla qu'il avait une début de cataracte, l'œil droit étant plus affecté que le gauche :

— Il se peut que ça n'évolue pas et que votre vue reste stable pour un certain temps, mais malheureusement, avec la cataracte, il est bien possible que votre vue se dégrade au point que vous deveniez complètement aveugle...

Gabriel sortit du cabinet du médecin complètement ébranlé, même s'il ne le fit pas voir. Il n'était pas homme à révéler ses malaises physiques; il resta toujours très discret là-dessus et personne ne l'entendit jamais se plaindre de quoi que ce soit. Il retourna à son habitation de la source Gabriel où l'attendait Jos Cyr, maître électricien à Val-d'Or depuis une bonne dizaine d'années. Il avait démarré son propre commerce, Abitibi Electric, car la demande était forte pour brancher les maisons et les nouveaux commerces de la ville qui se développait très vite. Jos Cyr engageait des prospecteurs qu'il avait connus auparavant et avec qui il avait travaillé. C'était d'ailleurs Gabriel qui l'avait fait engager avec son frère Raymond dans les années 1920 à la Green Stabell. Ils étaient arrivés à son camp de la source en raquettes de Saint-Mathieu et avaient fait le trajet sur la surface enneigée de la rivière Harricana, car ils cherchaient de l'ouvrage. Ils étaient arrivés à la tête du lac Blouin et avaient abouti à la Source où résidait l'Algonquin. Commandant avait recommandé Joseph comme cuisinier puisqu'il faisait du très bon pain et Raymond, comme mécanicien. Il y avait bien longtemps de tout ça, mais, voyant que son ami algonquin commençait à avoir de la difficulté avec sa vue, il lui offrit spontanément un travail dans sa compagnie. Celui-ci déclina l'offre :

— Voyons, Jos, avec ma vue qui baisse, je pourrais bien mettre un fil où il ne faut pas et on se ferait électrocuter! Tu nous vois noirs, calcinés de la tête au pied, la bouche ouverte avec des étincelles entre les dents !

Il n'y avait plus de doute, Gabriel acceptait son sort. Il n'était pas sans comprendre l'étendue de l'infirmité, mais il avait confiance que Dieu, qu'il priait souvent, s'occuperait de lui. Il l'avait toujours fait auparavant, il n'y avait pas de raison qu'il ne le fasse pas dans l'avenir. Dans son environnement du Creek Gabriel, il commença à s'habituer à l'idée qu'il deviendrait un jour aveugle. Il en était franchement ennuyé, mais il garda pour lui les sentiments qui l'agitaient. Il espéra que sa vue ne baisse pas plus, mais il dut se rendre à l'évidence: elle baissait toujours. Ce qui le tracassa encore plus, ce fut la rumeur que la ville voulait s'accaparer de la source pour y construire un aqueduc destiné à répondre aux besoins de ses habitants en eau courante pour chaque maison. Jusqu'ici l'eau était transportée de la source Gabriel jusqu'aux habitations dans des barils installés sur une voiture tirée par un bœuf, un cheval ou un chien et conduite par les jeunes Morisette, entre autres. Ceux-ci ayant vieilli, ils étaient moins intéressés par ce travail. Ce n'était pas une mince tâche parce que la côte montant de la source aux premières rues était assez abrupte.

Gabriel n'envisageait pas de retourner à Maniwaki où vivaient encore son frère Alonzo, ses sœurs, ses autres frères, ses nièces et neveux. Il aimait trop sa liberté et son pays de l'Abitibi et, surtout, Val-d'Or où il se sentait en confiance avec les gens de toutes provenances qui avaient de l'estime pour lui. Il avait souvent de la visite. Il recevait les visiteurs avec le sourire et, même s'il ne parlait pas beaucoup de lui-même, il était aimable et paraissait content de voir du monde, comme on disait.

Puis, un bon matin, Gabriel apprit que le conseil de la ville de Val-d'Or avait pris la décision de doter les habitations de l'eau courante et qu'on allait prendre celle-ci à la source Gabriel pour desservir les citoyens de plus en plus nombreux. Le maire, J.-Eugène Bérard, fit entendre à Gabriel qu'il était préférable qu'il songe à s'installer ailleurs parce que les abords de la source devaient être libres de tout habitant, question de santé publique. Une fois Gabriel parti, la ville se chargerait de débâtir son camp. Jos Cyr lui offrit de venir habiter chez lui, mais c'était mal connaître Gabriel qui avait trop d'amour pour la solitude et qui ne voulait pas déranger. Il voulait être maître de ses allées et venues.

C'est alors qu'entra en scène François Bélanger, agent-distributeur pour la pétrolière Esso. Il était aussi l'un des administrateurs pour la mine Louvicourt Goldfields. Il profita d'une rencontre avec les cinq autres membres du conseil d'administration pour parler de Gabriel. Arthur Hastie, le président de cet organisme, était aussi le gérant de la T. A. Richardson Company, un bureau de comptables qui vendait des actions minières. On surnommait aussi Artie «l'Hostie», par dérision et parce que ce jeu de mots se prêtait bien au nom et au tempérament de l'homme de Toronto qui passait pour très dur en affaires et sans mollesse pour les mineurs sous son autorité. Ce n'était pas le genre d'homme à avoir des préoccupations sociales. Il était bien plus intéressé à faire de l'argent et à bien gérer la mine et son bureau de boursicoteurs. Pourtant, les paroles de François Bélanger décrivant la situation de Gabriel le touchèrent et, à cette occasion précise, il se montra homme de cœur.

— Je connais Gabriel Commandant. Il a souvent travaillé pour nous. C'est un homme vaillant, un bon prospecteur et un bon travailleur. Ce ne serait pas une mauvaise idée de l'engager comme gardien pour notre mine qui vient de fermer à Colombière, l'Akasaba. Au moins, de cette façon, il ne sera pas abandonné à son sort.

Le distributeur Esso, content de cet acte de générosité, approuva avec enthousiasme :

— C'est le seul homme que je connaisse qui puisse accepter de vivre isolé aussi loin de la civilisation car, si ma mémoire est bonne, la mine dont tu parles est bien à un mille et demi de la grand-route. Gabriel Commandant pourra filtrer les indésirables qui, autrement, viendraient traîner sur le site où ils pourraient faire des dégâts. Gabriel, d'après ce que j'en sais, est encore en excellente forme et il pourra descendre faire son épicerie chez Jean-Paul Dumas qui a son magasin général près du grand chemin. Du moins, c'est ce qu'il m'assure.

Au conseil d'administration, siégeait aussi Lionel K. Smith, un prospecteur très connu et lui aussi très humain. C'était un travailleur d'expérience qui découvrit des mines dans le Manitoba quelques années plus tard. Il avait côtoyé Commandant et le savait homme de confiance.

— Moi aussi je connais bien Commandant, j'ai déjà travaillé avec lui une couple de fois et s'il y en a un qui mérite ce travail, avec le salaire qui va avec, c'est bien lui. D'autant que son âge va commencer à lui rendre la vie de plus en plus difficile : la cinquantaine pour un prospecteur, ça commence à compter ; j'ai aussi entendu dire par son ami Jos Cyr qu'il commençait à avoir un peu de problème avec sa vue. Et, le connaissant, je ne le vois pas vivre en pension chez n'importe qui.

Arthur Hastie prit une décision :

— Je suggère qu'on l'engage pour ce poste et qu'on lui verse quarante dollars par mois qu'il recevra même s'il quitte son emploi en raison de sa cécité débutante. Commandant a assez fait comme prospecteur et comme découvreur de mines pour que nous le prenions en charge...

Les six administrateurs votèrent à l'unanimité pour la proposition du président.

✗ ✗ ✗

C'est ainsi que, fin avril 1943, quelques semaines plus tard, Gabriel monta à la mine où l'on avait mis à sa disposition le bâtiment de l'ancienne cuisine où il y avait deux chambres, à l'origine destinées aux cuisiniers, et une grande pièce où l'on avait laissé deux tables sur lesquelles mangeaient les mineurs quand la mine fonctionnait à plein rendement. C'était un solide bâtiment aux murs remplis de bran de scie, massif, de soixante pieds de long sur trente de large, peint en vert, c'est pourquoi on l'appelait la maison verte. L'été, il était frais et, l'hiver, il n'était pas difficile à chauffer étant donné l'épaisseur des murs. Bien peu de maisons pouvaient à l'époque revendiquer un pareil confort.

Gabriel était dorénavant gardien de la mine Akasaba et il avait la charge de surveiller l'emplacement, quelques bâtiments qui restaient et des abris où avaient été entreposées des carottes de minerai, bien rangées dans leur contenant de bois, résultat des nombreux forages effectués sur le site, car les dirigeants de la mine n'avaient pas perdu tout espoir de l'exploiter de nouveau, un jour que les circonstances seraient plus favorables. Gabriel conservait encore assez de vision pour exécuter ce travail.

27 | Dernière visite
de Robert (Bob) Karillen (1945)

L'hiver 1945 fut particulièrement rigoureux. À peine sortait-on d'une tempête qu'il en arrivait une autre. Le froid fut aussi vif, au point que l'haleine des chevaux gelait en sortant de leur gueule, si tant est que cela fût possible. C'est du moins ce que racontaient avec un sourire en coin les bûcherons qui coupaient du bois derrière l'endroit où habitait Gabriel. Ce qui n'empêcha pas celui-ci de recevoir de la visite. En février, Gabriel entendit vers midi qu'un visiteur approchait, car il menait grand bruit sur la croûte glacée qui recouvrait le sol. En effet, quelques jours auparavant, il avait plu pendant quelques heures, une petite pluie insistante comme du crachin, mêlée de grésil. Le temps avait été particulièrement doux mais, dès le lendemain, le froid avait repris, glaçant tout et surtout la surface de la neige.

Quelqu'un arrivait et ses raquettes heurtant la surface de la route s'entendaient dans le silence de la forêt. Gabriel sortit de son camp et se porta à la rencontre du visiteur. Il ne tarda pas à reconnaître Bob Karillen. Ils échangèrent une chaude poignée de main, tout au plaisir de se revoir. Toutefois, Gabriel ne fut pas sans remarquer que, malgré son âge – il était à peine dans la quarantaine –, Bob avait l'air d'un vieillard. Il était voûté et il semblait fatigué, lui qui, pourtant, ne répugnait pas à faire ses dix milles en raquettes lorsqu'il montait avec Gabriel à la chasse aux caribous des bois, tout près de Val-d'Or. Il est vrai qu'il y avait bien de cela une bonne vingtaine d'années.

Une fois dans le camp, tout près de la bonne fournaise qui répandait une chaleur agréable, ils prirent des heures à échanger des souvenirs de leur vie d'Algonquins et de travailleurs miniers.

— Où te trouves-tu présentement? questionna Gabriel.

Bob prit un long moment avant de répondre, ce qui ne surprit pas Gabriel qui avait l'habitude de ces silences avec Bob.

— Pour l'instant, je prends pension à l'Hôtel Albert à Rouyn mais, dès le printemps, je vais remonter sur la Eastmain, tu sais, la grande rivière tout à côté de la baie d'Hudson. Je vais m'y rendre avec Jean Cyr, notre bon *chum* le prospecteur. Nous avons un contrat de prospection à faire dans ce bout-là.

— Ah, oui, Jean. Celui-là, il *varnousse* d'un *claim* à l'autre. J'aimerais bien le revoir. Tu lui diras que s'il a une chance de venir me serrer la main, si jamais il fait un détour par Val-d'Or, ça me ferait bien plaisir. On a été ensemble sur la Chibougamau, il n'y a pas si longtemps. C'est même nous autres qui avons découvert de nouvelles mines dans cette région.

Il y avait une certaine nostalgie dans la voix de Gabriel. Il regrettait ce temps où il était actif et vivait librement de son métier de prospecteur.

Gabriel tardait à aborder la question, mais il finit par le faire :

— Dis donc, tu n'as pas l'air très en forme, toi.

Encore une fois, Bob ne répondit pas tout de suite. Gabriel s'aperçut bien qu'il se sentait mal à l'aise. Il finit par avouer :

— Tu comprends bien que c'est la boisson. Je bois comme un trou et je ne peux pas m'arrêter...

Il y eut un long moment de gêne. Puis, Gabriel reprit la parole :

— Dans l'armée, j'en ai fait de belles moi aussi et encore, il n'y a pas longtemps, j'ai pris deux ou trois maudites brosses avec l'Irlandais Flannigan qui demeure dans la courbe en montant ici. Mais j'ai un bon gars qui m'a aidé, c'est Jean-Paul Dumas, le propriétaire du magasin, en bas sur le grand chemin de Colombière.

— Jean Cyr a bien essayé de m'aider, mais il n'y a rien à faire. Il a beau jeter mes bouteilles de bière à l'eau, j'en trouve toujours. Nous autres, on a bien de la misère avec ça, la maudite boisson.

— Pas plus que d'autres, crois-moi, on est moins nombreux, ça paraît plus.

Gabriel avait de la peine pour son jeune ami. Il le conseilla :

— Essaie de te modérer. Je suis mal placé pour te dire ça, mais tu me comprends.

Oui, Bob comprenait. Mais, au fond de lui-même, il avait peur de ne pas avoir assez de volonté pour diminuer sa consommation de bière.

Gabriel se leva, alla mettre quelques bûches de bois dans le poêle et suggéra :

— Bon, j'ai tendu des collets pour prendre des lièvres, on va aller les lever.

Ils sortirent. Le froid était redevenu piquant, mais c'était agréable. Un journée qui sentait la douceur d'un beau moment hivernal. Gabriel remarqua :

— Il y a de la brume devant le soleil. Il va faire froid dans les prochains jours. On dirait un pamplemousse et les arbres sont comme entourés d'argent, la dernière pluie les a parés comme jamais.

Il y avait quelques bêtes gelées dans les collets. L'une d'entre elles venait d'être prise, car elle avait à peine eu le temps de froidir.

— Des provisions pour les jours prochains...

— Tu n'en prends pas pour les vendre à l'épicerie Dumas? Ça te ferait quelques cennes.

Gabriel fit signe que non:

— Je n'inquiète jamais les animaux. Je pense en Indien. Les Indiens se donnent à la nature, non pour essayer de l'asservir ou de la corrompre, mais pour vivre avec elle. Je m'arrange pour prélever ce qui m'est nécessaire. Je vis avec le gibier et non à ses dépens. Il faut prendre seulement ce dont on a besoin. Je sais, par exemple, qu'avec ces trois lièvres je n'ai pas choisi les meilleurs, que les plus forts ont échappé à mon collet et que ceux que j'ai pris étaient les plus lents et les plus faibles. C'est la Voie algonquine. D'autant plus que je vais bientôt arrêter de tendre des collets et de chasser, ma vue devient trop mauvaise.

Gabriel observait tout autour de lui avec un plaisir évident, même si tout lui paraissait de plus en plus brouillé. La forêt résonnait de petits bruits sourds et de murmures au fur et à mesure que le soleil délivrait les arbres de leur couche de neige et de glace car, malgré le froid, les conditions climatiques étaient suffisamment clémentes. Gabriel regardait, tout comme Bob, et il écoutait les sons s'amplifier dans la brise qui commençait à s'élever dans l'après-midi et à siffler doucement parmi les branches basses. Tout leur parlait et tous deux connaissaient bien ce langage. La nature passait en revue les branches de tous les arbres et de tous les arbustes et, après avoir promené sur eux ses doigts de vent, elle les débarrassait de tout ce qui est faible.

— La nature se secoue, observa Gabriel, d'une voix basse et douce, sans quitter le paysage des yeux.

— Oui, elle se secoue, murmura Bob, elle se secoue pour montrer qu'elle est vivante.

Les deux hommes comprenaient qu'ils savaient des choses que bien des gens ignoraient. Gabriel sentait également autre chose. La terre maternelle venait à lui à travers ses bottes et ses raquettes. Il la sentait bouger sous lui, malgré sa carapace de neige et de glace. Elle était présente,

élastique, et surtout rassurante pour les hommes qui l'aimaient. Gabriel désigna le soleil à son compagnon :
— Le sourire de Dieu s'éclaircit, tu ne trouves pas ?
Bob fit un signe affirmatif de la tête.

Il savait qu'une telle conversation n'était pas possible, sauf avec Gabriel. L'Algonquin de l'Abitibi, comme tous les autres Indiens d'ailleurs, ne s'assimilerait jamais aux Blancs; il avait trop d'idées différentes. Il aimait trop la nature. Il n'était pas capable de changer d'attitude, il était trop ancré dans son monde, incompréhensible pour la civilisation ordinaire.

Dans le cas de Gabriel, c'était encore plus visible. Il était fier d'être Algonquin sans le crier sur tous les toits. Il était bien différent de beaucoup d'hommes de son entourage, il avait compris une chose essentielle : il devait être fier dans sa personne et il avait à cœur d'être d'une grande propreté en tout, image même de l'homme intérieur. Il ne dérogeait jamais à ce principe. Il demandait souvent à Alice Dumas, l'épouse de Jean-Paul, de repasser ses chemises et ses pantalons. Lui qui vivait en plein bois, il aurait bien pu être négligent de sa personne comme tant d'autres mais, tout au contraire, il mettait une grande fierté à bien se vêtir et il lui était impossible de supporter un collet de chemise de travers ou sale. Non par vanité, mais bien parce que le monde dans lequel il vivait accordait une certaine valeur à cette qualité. On avait toujours l'impression que les prospecteurs, les mineurs et les hommes de bois, en général, se faisaient une vertu de la malpropreté, alors que les gens de la haute classe mettaient leur orgueil dans des habillements impeccables. Là-dessus, on ne prenait jamais Gabriel en défaut.

À peine quelques semaines plus tard, une lettre arriva pour Gabriel. C'était une religieuse infirmière qui écrivait que monsieur l'Algonquin Robert Karillen était décédé à l'hôpital de Rouyn d'une cirrhose du foie. Il avait 43 ans. Avant de fermer les yeux définitivement, il avait demandé que l'on écrive à son grand ami Gabriel pour lui annoncer son départ.

Gabriel en eut beaucoup de peine même si, selon son habitude, il ne le fit pas voir. Il se souvenait de son arrivée avec Petit Dick, son père, Richard Karillen, dans ce beau pays de l'Abitibi. Il se souvenait aussi de l'arrivée du jeune Robert à la source Gabriel et de la pêche aux truites, un après-midi d'octobre. Il se souvenait du camp de billots où était venu habiter Bob, et du sentier, le chemin Karillen, qui menait de l'habitation du jeune Indien d'alors à la source où habitait Gabriel. Après le départ de Bob, on le rebaptisa chemin Carillon puis, plus tard, avenue Carillon. On trouvait que le nom Karillen, un nom hollandais, n'avait pas de sens; de plus, on prétendait que Bob n'avait pas vécu à cet endroit assez longtemps pour qu'on donne son nom à un petit sentier de rien du tout. Toutefois, en souvenir de Karillen, certains habitants de Val-d'Or écrivaient Karillon plutôt que Carillon.

Gabriel mit de l'argent dans une enveloppe et demanda à l'épicier-maître de poste Jean-Paul Dumas, de Colombière:

— Quand tu iras à Val-d'Or, voudrais-tu me rendre le service d'aller voir le curé de la paroisse et de lui demander de dire quelques messes pour le repos de l'âme de Bob Karillen?

— Bien sûr, Gabriel, je n'y manquerai pas...

28 | Mistie, été-automne 1946

Au printemps 1946, Gabriel Commandant avait 55 ans et il y avait déjà trois ans qu'il avait accepté la charge de gardien de la mine Akasaba qu'on avait fermée à cause de l'épuisement des réserves d'or et pour son rendement négligeable. Dès son ouverture, on l'avait exploitée pour ce qu'on appelait « des poches d'or », consistant en des concentrations de minerai aurifère dans des endroits bien précis. On avait rapidement vidé les endroits où il y avait de l'or et, ensuite, on avait pris la décision de l'abandonner puisque sa productivité devenait peu rentable.

Gabriel s'occupait de quelques bâtiments qui demeuraient sur le terrain et des abris où l'on avait entreposé des échantillons, c'est-à-dire des carottes de prélèvements qu'on conservait pour études futures au cas où l'on trouverait de l'or dans le sous-sol et qu'il vaudrait la peine de rouvrir la mine.

Mais le chemin forestier qui passait près du bâtiment habité par le gardien était emprunté chaque jour par des bûcherons et des véhicules pour amener le bois, car il y avait un moulin à scie exploité par les frères Gérard et Marcel Labelle, une des plus importantes industries de la région. Les camions passaient plusieurs fois par jour et, pour Gabriel, c'était une nuisance. Il en avait assez de toute cette agitation.

Naturellement, sa présence servait à dissuader les importuns qui venaient en véhicules, à pied ou à cheval, par curiosité, ou dans l'intention de voler des objets ou de faire du vandalisme, car les bâtiments de la mine étaient encore en excellent état et il restait de la machinerie entreposée çà et là. Ces bâtiments étaient souvent mieux construits que bien des maisons de Colombière ou de Val-d'Or. D'où la tentation de certains d'aller les débâtir pour récupérer les planches et les matériaux ou pour dérober des objets ayant appartenu à la mine : poêles, tuyaux, machinerie et autres choses utiles laissées là après le départ du dernier gérant et des mineurs parce que l'on n'avait pas de place pour les entreposer ailleurs. La présence d'un gardien dissuadait donc les voleurs.

Gabriel ne chassait plus et ne trappait plus. Sa vue avait trop diminué et il ne se sentait plus intéressé, d'autant plus que son salaire lui suffisait amplement pour vivre. Quarante dollars par mois, c'était une somme importante pour l'époque.

Comme gardien de la mine, il avait fait la connaissance de Ykel Bondal, le gardien de la grosse mine Louvicourt Goldfields, la mine Beauchemin, toujours en exploitation. De plus, on avait installé un poste de garde-feu à quelques kilomètres de l'habitation de Gabriel. Il allait souvent jaser avec les deux garde-feu, Joseph Nadeau, beau-frère d'Alice et de Jean-Paul Dumas, et Fern Layek, deux bons vivants, dans la quarantaine, qui aimaient bien les visites de Commandant. De quoi parlaient-ils ? De tout et de rien en particulier, comme tous les hommes habitués à vivre en forêt, loin de la civilisation. Les deux garde-feu percevaient bien chez Gabriel Commandant une grande sagesse qui les impressionnait. Il racontait peu de choses sur la vie, mais il aimait dire son amour de la Terre et du pays abitibien. Plus intuitif, Fern Layek, dont les parents lituaniens avaient immigré en Abitibi, en 1933, sentait une compréhension des êtres et des choses chez Gabriel, ce qui n'était pas commun aux hommes habitués à vivre seuls dans la forêt abitibienne.

Il y avait quelquefois une bouteille de Molson à partager, la préférée de Gabriel, ce qui mettait toujours une bonne animation dans les discours et les histoires des hommes. Gabriel fumait sa pipe et disait avec humour :

— Les maringouins, les mouches noires et les taons à chevreuil n'aiment pas beaucoup la marque de mon tabac, du Grand Rouge...

Il faisait allusion à ses origines pour faire rire ses compagnons.

☡   ☡   ☡

Au début de mai 1946, Arthur Hastie, celui-là même qui l'avait engagé, ayant entendu parler de la nuisance que constituait le circulation, fit une visite à son gardien. Ils furent souvent dérangés par les camions chargés de billots, les charretiers et leurs chevaux qui passaient sur la route tout près.

Hastie s'aperçut bien que Gabriel fatiguait. Lorsqu'il y eut une accalmie, il lui dit :

— Yes ! c'est actif dans le bout ! Écoutez, monsieur Commanda (anglophone, il ne prononçait pas le ant), si j'étais vous, je laisserais la mine pour l'été. Ça va vous faire du bien de prendre des vacances. Je vais envoyer un homme de temps en temps pour plus de sécurité afin de surveiller les lieux. Ça vous irait ? Et pour votre salaire, inquiétez-vous pas, je vais m'arranger pour vous le faire parvenir. Rien qu'à me dire où vous allez être et à me donner votre adresse. Ce sera la reconnaissance de la Louvicourt Goldfields que vous avez bien méritée, d'ailleurs. Vous êtes toujours présent ici, ça mérite de quoi. Si on avait engagé un autre homme, il serait ici le matin et repartirait le soir. De toute façon, les vols se produisent toujours la nuit.

Il jeta un coup d'œil au chien Rusty, moitié husky et loup, une grosse bête qui jappait bruyamment lorsqu'un étranger pénétrait sur le terrain ou frappait à la porte. Hastie constata :

— Il est vrai que votre assistant n'est pas à prendre avec des pincettes...

Gabriel l'admit :

— Il est bien prompt, il est même de garde et personne n'oserait entrer ici quand il est là. Moi, je n'ai pas de misère avec lui. Il mange les miettes de nourriture qui tombent à terre et il doit en tomber beaucoup car, avec ma mauvaise vue, j'en échappe souvent. Et Jean-Paul, l'épicier Dumas, me garde des restants de viande pour le nourrir. Des fois aussi, il mange comme moi, mes restants.

Hastie approuva :

— Il n'a pas l'air affamé et il semble bien traité.

— Ah ! pour ça, oui. Je suis dur avec lui pour en faire un bon chien de garde. Et, à cause de ma mauvaise vue, je ne peux pas prendre de risque. C'est un jeune chien. C'est le gardien de la mine Louvicourt, Joseph Nadeau, qui me l'a donné. Il va le reprendre pour les semaines où je serai parti, car c'est seulement lui qui le fait obéir et qui a la maîtrise dessus. À mon retour, j'irai le chercher.

Hastie se leva pour prendre congé. Il tendit la main à Gabriel :

— Bon, c'est entendu. Vous pourriez laisser les jours prochains, je m'arrange avec tout ça.

Gabriel remercia. Il était content de partir pour échapper à tout ce va-et-vient pendant quelque temps.

— Je serai de retour pour le milieu d'août. Ça vous va ?

— Oui, vous pouvez même attendre au milieu de septembre ou même octobre. Ce sera parfait. Vos chèques de paye vous seront expédiés là où vous déciderez de vous arrêter... Et demain, je vais vous en faire un du double, c'est-à-dire deux mois de suite. Comme ça, vous aurez assez d'argent pour partir.

Le patron de la Louvicourt tint parole. Quelques jours plus tard, Gabriel prit l'autobus pour Val-d'Or afin d'aller se faire couper les cheveux et acheter ce qu'il fallait pour le voyage.

Jean-Paul Dumas lui prêta une tente et Gabriel prit le train pour Senneterre. Il avait l'intention d'aller assez loin pour trouver la tranquillité. Il s'arrêta à Clova. Le 20 mai, il se fit conduire en camion à la rivière Oskalanéo où il s'installa.

C'est là que la bande algonquine d'Obedjiwan descendait pour se rendre à Clova ou à La Tuque et il rencontra Chick (Nelson) Bigwoud, un de ses disciples qu'il avait initiés aux traditions algonquines au lac Matchi-Manitou. Le lac qui portait malheur : en effet, les aînés racontaient qu'on entendait le sifflement d'un serpent énorme, qui venait de la profondeur du granit, et même lui, Gabriel Commandant, refusait de passer une seule nuit autour de ce lac. Mais c'était là que le chef Ignace Papatie avait décidé de faire les initiations aux rites de la grande communauté algonquine.

Commandant avait emmené son jeune aide dans une mission au camp de rassemblement des Indiens. Le maître prospecteur avait décidé qu'il était temps pour le jeune apprenti de devenir un homme des bois. Bigwoud l'avait souvent accompagné dans ses pérégrinations et il l'assistait souvent. C'était un bon travailleur, mais on ne pouvait pas le retenir tout le temps. Il aimait la chasse et la pêche et il disparaissait quelquefois des semaines de temps. Il revenait sans donner de raisons de son absence.

Agissant comme interprète, Gabriel avait présenté Chick aux femmes du groupe indien, car c'était elles qui dirigeaient la cérémonie. Commandant s'était assis avec son disciple et, de sa voix grave, il interprétait en anglais, car c'était la langue de Bigwoud, le léger murmure de la femme jouant le rôle de chamane :

— Elle te promet beaucoup de succès dans les choses de la terre, si tu suis ta bonne inspiration. Elle dit que, pour l'Algonquin, la terre est nourrie depuis le début des temps par le sang, la chair et les os des ancêtres. Il faut que tu comprennes que tu éprouveras de la souffrance à voir la terre éventrée par l'industrie minière, la construction de chemins et tant d'autres agressions. Ça ne veut pas dire que nous ne devons pas travailler la terre; il faut lui demander ses richesses. Il faut que tu saches aussi que cette terre formée par les défunts souffre et qu'il faut la respecter. Les rivières sont ses veines, les montagnes, nos protectrices. Elle dit aussi que tu dois te rappeler que, lorsque tu seras mort, tu auras encore des pouvoirs: les morts sont toujours là. Il n'y a pas de mort, rien qu'un passage de ce monde à un autre.

Comme Chick avait eu le malheur de se gratter pendant la cérémonie, Commandant lui avait signifié:

— Tu es paresseux comme un raton laveur.

Il sortit du camp et revint avec une grande cuve de lavage où il avait mis une tasse d'huile de charbon; il demanda à Chick de se laver dedans. Car un initié devait être propre. Il fut bien humilié, car les femmes le regardaient avec un sourire retenu.

Chick Bigwoud dira de Gabriel Commandant, répétant les paroles de Jean Cyr: « C'était un homme aux bonnes manières, très, très gentil. Il aimait conter des histoires comme celle-ci, par exemple: " Une fois, à la pêche, je sortais les dorés du lac et je les cordais sur la berge comme une corde de pitoune. Ceux qui n'avaient pas quatre pieds de long, je les rejetais à l'eau... " Et il riait avec les autres de sa bonne blague. Il aimait dire des choses profondes aussi comme: " Les visages du passé sont comme les feuilles qui tombent sur le sol, elles enrichissent la terre et permettent de nouvelles semences... " ou: " Les Blancs ont inventé la propriété privée pour en priver les autres! " C'est lui aussi qui m'a appris que les aigles font leur nid et y déposent une plume à chaque année. C'est en ramassant ces plumes année après année que les chefs se font des couronnes de plumes. Ainsi pour confectionner un couvre-chef, ça prend environ trente-six ans. C'est pourquoi les chefs sont toujours âgés. Moi, je croyais qu'on tuait un aigle et qu'on lui enlevait ses plumes, mais Commandant m'a appris la manière dont ça se faisait. »

Sur le bord de la rivière Oskalanéo, Gabriel monta sa tente. Pas très loin de là demeurait une femme à moitié paralysée où il allait chercher son eau et avec qui il parlait de choses et d'autres pour la désennuyer.

Chez cette dame Coulombe, il rencontrait les enfants des alentours qui l'examinaient avec curiosité. Un étranger faisait toujours de l'effet dans l'agglomération. Une petite fille, entre autres, nommée Andréa Dumont, le suivait partout. Elle avait tout au plus 11 ans. Un matin, elle arriva avec un petit sac de papier brun dans lequel s'agitait une petite bête. Commandant ouvrit le sac et regarda dedans. Il dit en riant :

— Une petite bête puante ! Où l'as-tu trouvée ? Elle n'a pas plus que quatre jours. Mignonne comme tout.

La petite Andréa lui expliqua qu'elle l'avait trouvée au bord du chemin, dans le fossé. Elle ne pouvait pas remonter sur le bord de la route, c'était trop haut pour elle. Comme la petite fille avait un sac pour venir chercher des oeufs chez madame Coulombe qui, avec l'aide de ses trois garçons, gardait des poules, elle l'avait mise dans le sac et l'avait amenée. Commandant lui expliqua :

— Il ne faut jamais enfermer des bêtes sauvages. Il ne faut pas faire ça. Mais cette fois les circonstances veulent qu'on s'occupe de ta trouvaille. Regarde comme elle est belle, toute rayée de blanc et noir, elle a à peine cinq ou six pouces, sa queue est de la même couleur. Elle ne peut presque pas se tenir sur ses petites pattes. Probablement que la mère a été obligée de fuir un autre animal et, comme elle doit avoir une nombreuse famille, elle a oublié celle-là, car il s'agit d'une petite femelle. Nous allons l'appeler Mistie, qui veut dire en algonquin « belle ».

Madame Coulombe intervint :

— J'ai une chatte qui vient d'avoir ses petits, je me demande si elle accepterait Mistie...

Dans une boîte de carton, près du poêle pour que les chatons soient au chaud, la chatte s'occupait de sa famille. Justement, elle venait de rentrer et se dirigeait vers ses rejetons. Gabriel prit la petite mouffette et la déposa délicatement parmi la portée. La mère prit un air surpris en voyant cette intruse, mais elle ne fit pas de différence à partir de ce jour entre ses chatons et Mistie qui serrait les tétines de sa mère adoptive avec frénésie, poussant de petits cris et tassant les petits qui essayaient de lui enlever sa tétée. La mère se mit à la lécher de son mieux de la tête aux pattes, exactement comme elle le faisait pour ses petits. Mistie était de la famille et ce n'était qu'un petit chat de plus.

Commandant expliqua aux enfants :

— Elle s'imagine être un chat. Les autres petits vont la traiter comme une des leurs. Ils vont jouer ensemble, ils vont faire semblant de se battre, ils vont se mordiller la queue et les oreilles avec des culbutes brutales et toutes sortes de diableries. Il ne faudra pas intervenir. Il ne faudra pas défendre Mistie, même si elle est plus petite.

— Est-ce qu'il y a un danger que les autres lui fassent bobo, demanda, inquiète, Andréa ?

— Non, ils ne font que jouer.

Et pour jouer, ils jouaient. Andréa posait la petite mouffette à l'écart mais, au comble de la rage, Mistie se mettait à piétiner sur ses minuscules pattes de derrière, irritée, et elle retournait se jeter dans la mêlée, y mettant tout son cœur. Qu'il ne lui arrivât pas de se faire tailler en pièces était pour les enfants un mystère. Mistie se faisait attraper par la queue, par la peau du cou, par les pattes, les chatons la tirant chacun de leur côté de toutes leurs forces. Mais, de toute évidence, elle aimait ce jeu et était toujours prête à recommencer. Probablement que les heures qu'elle avait passées dans la forêt, si petite et si démunie, lui avaient laissé un vilain souvenir, de sorte qu'elle préférait n'importe quelle compagnie à la solitude. Elle s'arrangeait pour n'être jamais seule et, si les chatons dormaient, elle allait s'enfouir dessous jusqu'à être presque invisible.

Elle suivait Gabriel comme son ombre, allant jusqu'à entrer dans sa tente. Elle courait de toutes ses forces de sa démarche de fonceuse; elle suivait à quelques pouces des talons et, si Commandant changeait de route, elle faisait volte-face et se mettait en position de départ. Elle le quittait brusquement pour aller vers les enfants et aimait se faire prendre, surtout par Andréa. Mais elle n'aimait pas être bloquée par un obstacle et elle entrait alors dans une rage terrible. Elle se mettait en colère et piétinait le rebord de ce qui l'empêchait de suivre ses bienfaiteurs. Cette façon de se conduire amusait beaucoup Commandant et les enfants présents. Mistie rageait, ajoutant à la drôlerie de la situation. Elle se mettait alors à tambouriner avec un petit bruit grêle sur le sol. Malgré ses colères, elle ne répandit jamais son parfum dans la maison ou autour, malgré la peur des propriétaires, à la fois de la maison et de la tente. D'une propreté remarquable, elle avait probablement appris des chats. Elle ne répandit jamais son odeur sur quiconque.

Madame Coulombe aurait pu l'écraser cent fois avec sa chaise roulante ou bien si elle n'avait pas vérifié ses souliers avant de les mettre, car Mistie se couchait dedans et disparaissait dans l'empeigne. Ce qui surprenait la propriétaire, c'est que l'odeur de Mistie ne fut jamais persistante dans les chaussures où elle s'installait.

Mais un jour, elle « s'échappa » et n'en fut pas blâmée. Un matou, le plus gros de la portée, continuait de la harceler. Il n'avait jamais pu s'entendre avec elle, car il avait fort mauvais caractère. Il n'y avait pas de raison précise à cela. La plupart du temps, ils s'ignoraient royalement, mais brusquement le matou se jetait sur Mistie et la mordillait, lui tirait la queue, lui arrachait quasi les pattes. Ce jour-là, Andréa avait apporté de petits morceaux de chocolat, le régal de Mistie. La petite mouffette commença à les déguster lorsque le matou surgit de nulle part. Elle se mit à piétiner avec énergie, mais le matou continua d'avancer et vint avec une certaine effronterie flairer les miettes de chocolat. Les chats ne mangent pas de chocolat, peut-être s'agissait-il d'une simple curiosité, mais il avait reçu un avertissement dont il ne tint pas compte.

Ce fut fatal pour lui. En moins de temps qu'il ne faut pour le dire, Mistie fit demi-tour, releva la queue et lança son affreux liquide directement en plein visage du matou. Il culbuta par en arrière, se releva tant bien que mal et disparut à toute vitesse. On ne le revit plus dans la maison. Il attendit bien sagement qu'on le nourrisse sur la galerie.

Mistie grossissait à vue d'œil et elle n'était pas sauvage du tout. Elle aimait qu'on la prenne dans ses bras et elle jouait à l'actrice. Il n'y a pas de gestes qu'elle ne faisait pas. Elle narguait les chats du haut de son perchoir et elle montrait une curiosité maligne à faire faire un saut aux visiteurs qui la voyaient soudain surgir et mouraient de peur de se faire arroser. Elle avait une manière de faire une roulade en se retournant qui faisait lancer des hauts cris aux malheureux persuadés d'être arrosés. Mais ce n'était pas du tout dans les intentions de Mistie. Elle s'amusait, voilà tout. Personne ne voulait la croire inoffensive.

Commandant expliquait aux enfants que les mouffettes sont des animaux parfaitement propres et qu'elles ne font pas ce dont on les accuse trop souvent : elles ne commettent pas les dégâts dont on les pense capables. Elles sont jolies et s'apprivoisent facilement, la compagnie des hommes leur étant plaisante. Elles n'attaquent que si elles sont surprises ou si elles se pensent en danger. Elles sont charmantes mais il ne faut jamais essayer de les mettre en cage. Alors elles deviennent invivables. Il faut les laisser libres d'aller à leur guise en leur faisant des passages pour qu'elles puissent entrer dans la maison et s'échouer dans un nid de guenilles ou d'herbes sèches. Mais il ne faut pas se faire d'illusions, en grandissant, elles adoptent l'habitude de leur groupe animal : en prenant de l'âge, elles dorment dans la journée et sont actives la nuit.

Mistie réapparaissait assez fidèlement chaque matin près de la tente de Gabriel, puis elle se mit à disparaître pendant trois ou quatre jours au grand désespoir des enfants, surtout de sa marraine, la petite Andréa Dumont. Un matin, elle ne revint plus.

Commandant amena de temps en temps les enfants sur la route où Mistie apparaissait quelquefois. Elle accourait vers eux et se laissait prendre dans leurs bras. Elle ne les avait pas oubliés. Finalement, il arriva ce qui devait arriver; elle disparut complètement et on ne la revit plus. Gabriel expliqua ce qui arrivait aux petits :

— Mistie a repris sa vie sauvage. Elle ne reviendra plus. Probablement qu'elle trouvera un compagnon et aura elle aussi une famille. Nous avons bien agi en ne l'enfermant pas. Elle a choisi elle-même son mode de vie.

Les enfants furent bien d'accord, même s'ils avaient beaucoup de peine de ne plus revoir Mistie. Encore une fois, Gabriel Commandant leur avait appris comment il faut se conduire avec les bêtes sauvages.

Gabriel resta jusqu'au début d'octobre à la rivière Oskalanéo et lui aussi, un bon matin, remisa sa tente et retourna à son poste de gardien. Il avait eu le temps de faire le plein de tranquillité et de repos.

29 | La famille Dumas (1940-1962)

Dès son installation comme gardien de la mine Akasaba, Gabriel avait été en contact avec la famille Dumas de Colombière, petite agglomération sur la grand-route conduisant à Val-d'Or et nommée ainsi en souvenir d'un officier français. En effet, c'est en 1909 et 1910 que, sur la suggestion d'un conseiller législatif, Adélard Turgeon, on avait divisé l'Abitibi en cinquante cantons et qu'on leur avait donné les noms d'officiers et de régiments français de l'armée de Montcalm afin de diriger les colons vers ces terres d'avenir déjà accessibles par le train Transcontinental.

Jean-Paul Dumas, le père, était propriétaire d'un magasin général-épicerie, avec un garage attenant. On trouvait aussi dans le magasin général un bureau de poste. De même, il exploitait une entreprise forestière de coupe de bois. La mentalité de l'époque voulait que l'on cumule plusieurs commerces selon les exigences du milieu car, à cause de l'éloignement, les besoins étaient grands. Alice, l'épouse de Jean-Paul, le secondait efficacement, en plus de s'occuper de leurs quatre garçons, Jean-Louis, André, Denis et Pierre. Ce dernier n'était pas encore né quand Gabriel avait commencé son travail de gardien de la mine désertée, en 1942. Denis venait de naître. Il serait celui des Dumas qui, en grandissant, serait le plus proche de l'Algonquin et deviendrait un témoin privilégié de son séjour à Colombière de 1955 à 1962, moment où les Dumas quitteraient le patelin pour aller s'établir à Val-d'Or, abandonnant leurs activités multiples à Colombière, Jean-Paul ayant pris de l'âge. Gabriel serait donc privé de la présence amicale de cette famille un an avant de quitter définitivement la région au printemps 1963.

Pendant les années d'abondance, Alice, en plus de s'occuper des travaux de la maison, prenait en charge le magasin général où l'on venait faire son épicerie et elle gardait en pension des bûcherons engagés par son mari pour la coupe du bois.

On disait que Jean-Paul Dumas possédait tout Colombière et c'était un peu vrai. Homme généreux et fier, grand travailleur, il contribuait au développement de sa petite agglomération en y installant les hommes qu'il engageait pour ses diverses activités dans des maisons nouvellement bâties, car il les pourvoyait en habitations et en services, si bien qu'au bout d'un certain temps il se retrouva propriétaire de plusieurs résidences où demeuraient les travailleurs. Commerçant prospère, il espérait faire grossir son patelin. Comment en était-il arrivé à s'installer à Colombière ? C'était d'abord à ses débuts un arrêt de chemin de fer comme il y en avait tant sur le parcours qui desservait les mines et servait au transport du matériel et des hommes. Jean-Paul Dumas était originaire, comme son épouse d'ailleurs, de Saint-Éloi, près de L'Isle-Verte. Jusqu'à la fin des années 1930, il avait travaillé pour le Canadian National Railways, le Transcontinental, compagnie destinée à faire pénétrer le train dans toute la région de l'Abitibi-Témiscamingue et dans le Nord ontarien. Le train transportait aussi des travailleurs qui s'occupaient de la voie ferrée d'un endroit à l'autre. Il y avait beaucoup de cheminots à cette époque, car le train était le seul moyen de pénétration, faute de routes; quand celles-ci commencèrent à se développer, ce fut paradoxalement le déclin du train.

Jean-Paul Dumas s'était établi à Colombière un peu par hasard. Il avait travaillé dans le coin et il avait finalement décidé de s'y installer. Il travaillait toujours pour le chemin de fer mais, en 1940, il décida de se lancer en affaire. Il commença par s'acheter une grande maison et il loua des chambres aux cheminots de passage, assez nombreux, car il y avait beaucoup d'activité, le train transportant des passagers et des marchandises de toutes sortes. L'Abitibi commençait à se développer et il y régnait une circulation des gens et des choses assez extraordinaire. On découvrait et on mettait en exploitation des mines sur tout le territoire. Autour de Val-d'Or, de Perron et dans d'autres localités nouvelles s'élevaient des chevalets de mines à un rythme incroyable. À cause de ce phénomène, les travailleurs arrivaient de partout. L'Abitibi devenait un Eldorado. De Val-d'Or à Chibougamau, il y avait partout de l'animation. Ailleurs, loin de la région, on racontait qu'on avait seulement à se pencher pour ramasser de l'or. C'était une façon populaire et imaginative d'exprimer ce qui se passait dans cette partie de la province de Québec. En réalité, on exploitait et on fermait des mines à une rythme effréné à la manière des régions neuves qui sont familières de ces mouvements continus d'avancements et de retraits. Les hommes s'engageaient à un endroit, en repartaient pour s'engager à un autre, cherchant toujours de meilleures conditions de vie pour eux et leur famille. Ils finissaient par se fixer, comme il arrive souvent. Les prospecteurs étaient omniprésents sur tout le territoire. Des villes et des villages surgissaient autour de mines qu'ils avaient découvertes dans leur inlassable quête de richesse.

Jean-Paul Dumas n'aurait pas pu choisir un meilleur moment pour s'installer le long de la route et exploiter ses commerces. Il a pu dire par la suite : « Il ne faut pas oublier qu'on est dans le Nord et que, dans ce mot, il y a de l'or, à condition qu'on enlève le n du début et le d de la fin ; ça veut sûrement dire qu'il faut travailler pour en trouver... »

Il y avait trois ans que la famille Dumas s'était établie à Colombière quand Gabriel débuta dans sa tâche de gardien de la mine Akasaba. Il s'approvisionnait au magasin général en nourriture et se procurait des articles de première nécessité. Il ne tarda pas à établir des liens très amicaux avec les Dumas qui appréciaient sa présence et l'entouraient de leur chaleur humaine de gens ouverts et généreux. Entre eux, un courant de sympathie passa dès le début de son séjour à la mine. Gabriel devint un ami de la famille et il passait de longs moments dans le magasin général, écoutant attentivement les conversations entre clients et patrons. Il s'amusait avec les bébés André et Denis qui, en grandissant, s'attachèrent à lui. Il leur offrait des bonbons achetés sur les lieux mêmes, ce qui ne tarda pas à soulever les objections de leur mère :

— Monsieur Commandant, cessez de les gâter ! Ils vont devenir aussi gros que des ours !

En grondant et riant, elle ouvrait une bouteille de Kik Cola et l'offrait à Gabriel qui faisait semblant d'être repentant, mais elle n'avait pas le dos tourné que les petits se voyaient gratifiés de quelques jujubes délicieux pris dans les cases de bonbons à une cenne. On trouvait les sous–Gabriel Commandant aimant payer ses dettes rubis sur l'ongle –, mais pas les bonbons déjà dans les bedons des petits !

Car Gabriel était sociable et, n'eût été des problèmes de vision qui commençaient à l'accabler, la cinquantaine semblait lui réussir. Fier, il avait toujours la tête haute. Il avait roulé sa bosse une peu partout dans la région, il avait fait du portage pour des compagnies d'exploration minière. Tantôt prospecteur, faisant du décapage de roche, de l'échantillonnage, tantôt garde-feu, tantôt occupé à des travaux de coupe de ligne, à du jalonnement, à de la coupe de bois, il avait aussi été guide pour des touristes, surtout américains, qui venaient chasser et pêcher en Abitibi, guide aussi pour des prospecteurs qui cherchaient de l'or et d'autres métaux.

Il avait bien travaillé. Toujours le premier levé, il préparait le déjeuner. Ses dernières années d'activité s'étaient passées à Chibougamau où il avait été en charge d'une équipe de prospecteurs et de coupeurs de ligne à l'emploi de la mine Canadian. C'est lui qui préparait le petit-déjeuner de ses hommes et il était fort sur le beurre et le saindoux, ce qui pouvait expliquer ses maux d'estomac lorsqu'il fut plus âgé. Maintenant, il pouvait se permettre d'occuper un poste moins contraignant.

⚔ ⚔ ⚔

Sur le chemin qui conduisait à la mine Akasaba, à un kilomètre et demi de Colombière, demeurait depuis des années un homme qu'on pouvait qualifier d'ermite tant il était secret et sortait peu. On savait peu de chose à son sujet. À peu près tous les quinze jours, avant que les Dumas n'ouvrent leur épicerie, il se rendait à Val-d'Or pour y chercher des provisions et, rite sacré, il ramenait avec lui plusieurs caisses de bière Molson afin de s'adonner à son loisir préféré, l'ivrognerie.

Il était peu soigné de sa personne, ne se lavait à peu près jamais. Son camp, d'une dimension de 3,05 mètres sur 3,05 mètres, était d'une malpropreté et d'un désordre repoussants; «la crasse roulait sur le plancher», selon l'expression populaire.

L'homme avait l'air renfrogné et méfiant. Sa voix était haute et désagréable. Il avait un air suffisant et méprisant.

Il n'était pas aimé des marchands de Val-d'Or, car il avait essayé à plusieurs reprises de les voler. Sa tactique avait quelque chose d'enfantin et de déplaisant. En plusieurs occasions, il faisait semblant de partir en prétendant que l'on avait caché ses achats, mais il avait pris soin auparavant, au moment où le vendeur était occupé ailleurs, de placer ces mêmes achats dans un taxi qui l'attendait à la porte du magasin. Un autre de ses stratagèmes consistait à dire, pendant qu'il allait en porter une certaine partie dans l'auto, qu'il lui manquait un article et il enjoignait le marchand de lui en fournir un autre. On n'avait pas tardé à comprendre son manège et on l'avait mis sous haute surveillance, de sorte qu'il avait dû bientôt cesser ses tentatives de larcin car, autrement, on lui aurait interdit la fréquentation des magasins.

Il semblait avoir une excellente instruction et il écrivait très bien. Il lisait les journaux anglophones que Jean-Paul Dumas lui faisait venir par la poste, car il ne parlait ni ne lisait le français. D'une santé précaire, il souffrait d'asthme et toussait beaucoup au moindre effort. Il recevait d'une source anonyme une rente suffisante pour vivre.

Jean-Paul Dumas avait la générosité de l'employer au déchargement des camions de *pitounes*, pour lui procurer un supplément financier. Malgré sa santé précaire, il acceptait, car il aimait travailler pour le contracteur. C'était un patron peu exigeant et fort accommodant.

On aura compris qu'il s'agissait de Walt Flannigan, l'Irlandais qui, une dizaine d'années auparavant, avait fait une tentative de meurtre sur la princesse Jackson, la fille indienne d'un pourvoyeur dont la localité avait pris le nom, c'est-à-dire Jackson Landing, située le long de la route entre Val-d'Or et Montréal. Flannigan avait passé huit années au pénitencier. Après avoir purgé sa peine, il était venu s'installer sur le chemin de la mine Akasaba pour une raison connue de lui seul, mais il était étrange que ce soit justement à une assez courte distance du lieu où il avait commis son forfait, Jackson Landing.

Gabriel le reconnut immédiatement lors d'une visite au magasin général des Dumas, car il se souvenait de l'histoire de l'enlèvement des deux petits castors qu'élevaient Archibald Belaney et Anaharéo à Doucet. On avait appris que c'était lui qui les avait trappés et avait vendu leur peau au magasin qui achetait les fourrures. Et Commandant avait entendu parler du meurtre manqué de la princesse Jackson. Il ne pouvait faire autrement que de se retrouver en sa présence puisqu'ils fréquentaient tous les deux le magasin général des Dumas pour s'approvisionner en nourriture. Gabriel s'abstint de lui adresser la parole, du moins dans les premiers temps. Flannigan également, ça lui rappelait trop un mauvais souvenir et il gardait probablement rancune à l'Algonquin d'y avoir été mêlé, à cette histoire des petits castors et de leur fourrure. Il commença par ne pas faire attention à Gabriel, mais une telle promiscuité ne permit ni à l'un ni à l'autre de s'ignorer indéfiniment et, à l'automne de la deuxième année de l'installation de Gabriel à la mine Akasaba, Flannigan l'attendit sur le sentier devant sa cabane alors qu'il remontait avec ses provisions et il l'arrêta. Il paraissait sûr de lui et il lui dit en anglais :

— Mister Commanda, on est les seuls à vivre par ici, il serait peut-être bon de se parler... On ne sait jamais quand on aura besoin l'un de l'autre...

Gabriel, qui ne connaissait pas le ressentiment, accepta de s'arrêter chez Flannigan lorsqu'il montait chez lui. Il en prit l'habitude. Ils buvaient une bière, puis deux, puis trois. Il sentait que Walt avait une idée derrière la tête, mais il faisait semblant de n'en rien savoir. En fait, Gabriel n'avait pas le droit d'acheter de la boisson étant donné son statut d'Indien. Il lui était défendu de boire. C'était donc un homme à qui on pouvait se fier, d'une certaine façon. On pouvait lui faire confiance, car on le savait homme de principe qui n'était jamais déplacé; il savait tenir la place que lui imposait la société. Si l'idée paraît aujourd'hui un peu saugrenue, à cette époque où les missionnaires passaient par les paroisses pour prêcher la tempérance avec une ardeur qui frisait le fanatisme, il n'y avait pas d'hypocrisie à rester sobre en société, mais rien n'empêchait de *boire en cachette*, comme on disait. Bien sûr, Gabriel ne faisait pas exception à la règle, il buvait modérément, surtout dans les dernières années de sa vie, beaucoup plus dans sa jeunesse, ce qui lui avait valu le renvoi de l'armée canadienne lors d'un premier engagement et d'autres déboires probablement.

Gabriel aimait prendre une bière avec ses proches et, même s'il n'avait pas le droit de boire au su et au vu de la population, il n'eut jamais de problèmes en entrant dans une taverne ou en sirotant une bière dans un hôtel car, accompagnant toujours des prospecteurs, il passait facilement pour avoir les mêmes droits qu'eux.

La rumeur veut même que, lorsqu'il demeurait à la source Gabriel, il ait servi d'intermédiaire à l'homme de confiance d'Hector Authier, député libéral provincial de 1923 à 1936, un nommé Gourd. En fait, il fut chargé de cette mission puisque Hector Authier fréquentait beaucoup le milieu minier où Gabriel travaillait. Il était d'ailleurs dans la direction et même directeur de plusieurs des compagnies minières, dont la Read-Authier qui devait devenir la mine Lamaque.

On prétendit donc que le député Authier, par l'intermédiaire de son agent Gourd, avait établi Gabriel comme distributeur de boissons alcooliques. Et, naturellement, cette distribution avait pour but de faire gagner les élections au député de l'Abitibi. La boisson arrivait par camion dans des bidons métalliques de plusieurs gallons. Elle provenait des îles Saint-Pierre-et-Miquelon et titrait facilement 90% d'alcool. C'est dire le ravage qu'elle pouvait provoquer à l'état pur.

Gabriel distribuait les cruchons qu'on appelait *petites gourdines* par dérision pour la part que prenait Gourd dans l'affaire. L'histoire retient même que Gourd racontait qu'il mettait le Saint-Pierre-et-Miquelon dans sa baignoire et qu'il le diluait quatre pour un. Ensuite, il remplissait les flacons qu'il passait à Gabriel. Celui-ci les distribuait alors aux partisans ou à ceux qu'on voulait voir voter du bon bord. C'est à ce moment qu'on commença à donner au Wendt-Wriedt Creek le nom de la source Gabriel, autant parce qu'elle représentait l'endroit qu'habitait l'Algonquin que peut-être pour bien indiquer que c'était lui qu'il fallait rencontrer pour se procurer le bon élixir d'élection.

Apprenant qu'on nommait *petites gourdines* les contenants dans lesquels on mettait l'alcool dilué, Gourd se moqua :

— Il n'y a que ma femme qui se lave dans notre baignoire, ça peut pas faire autrement que de donner un bon goût à notre boisson.

⚒ ⚒ ⚒

Ainsi, Gabriel, à Colombière, prit l'habitude de s'arrêter sur son chemin à la cabane de Flannigan. Il ne s'attardait pas trop, car une fois qu'il avait bu Walt devenait agressif et il s'en prenait à l'Algonquin pour ses déboires passés. Ou bien il racontait ses hauts faits d'armes, ce qui agaçait Gabriel parce qu'il sentait que ce n'était que des inventions d'orgueilleux. Comme il n'avait pas le droit d'acheter de la bière, il donnait donc de l'argent à Flannigan et celui-ci se chargeait d'aller chercher les caisses de bière à Val-d'Or; il les ramenait à son camp de Colombière. Ainsi les deux hommes pouvaient boire en paix.

La situation dégénéra pourtant, surtout à l'époque où Gabriel était devenu complètement aveugle, plusieurs années après son installation à la mine Akasaba. Flannigan cherchait à voler l'Algonquin sur le nombre des bouteilles de bière qui lui revenaient. Gabriel se choqua et il avertit fermement l'Irlandais qu'il aurait des problèmes s'il continuait d'abuser de sa bonne foi. Flannigan se rendait parfois à l'habitation de Gabriel. C'est lui qui montait la caisse de bière chez Gabriel qu'il avait commandée par l'intermédiaire de l'Irlandais. L'autre en profitait pour lui en voler quelques bouteilles. Gabriel s'en aperçut et le bouta dehors.

Gabriel s'ouvrit un jour à Jean-Paul Dumas de ce problème. Il en avait assez de Flannigan et de ses larcins. D'autant plus qu'il avait besoin du commerçant pour réparer son tuyau de poêle. En effet, quelques jours auparavant, lors d'une beuverie, Flannigan avait trop chargé l'appareil de bûches de pin blanc et le feu avait pris dans le plafond de sa demeure. L'Irlandais avait pris une couverture, avait entouré la section du tuyau qui avait mis le feu, l'avait détachée et avait couru la jeter dehors. Ensuite, il avait réussi à éteindre le feu. Évidemment, aveugle, Gabriel n'avait pas pu lui être d'une quelconque aide.

Jean-Paul Dumas, après avoir fait la réparation du toit et après avoir installé une section neuve de tuyau, lui avait proposé :

— Gabriel, je ne veux pas me mêler de tes affaires, mais je vais te faire une proposition, libre à toi de l'accepter. Je vais te procurer une caisse de bière par semaine, à condition que tu la boives toi-même. Ça fera deux bières par jour, tu n'en auras pas plus. Si j'ai connaissance que tu en as d'autres, je mettrai fin à notre entente. Je te traite de cette manière parce que je t'estime... Je ne voudrais pas que tu aies des ennuis. Tu me comprends ?

Oui, Gabriel comprenait. Sa situation serait devenue intenable sans l'aide de Jean-Paul Dumas, homme sage et généreux qui voulait vraiment lui venir en aide et surtout le débarrasser de Flannigan. Il comprenait que les choses allaient dégénérer à la longue. Si les deux hommes s'enivraient trop, tout pouvait survenir : ils pouvaient mettre le feu dans la demeure, Flannigan pouvait s'encolérer, menacer Gabriel et l'agresser.

À partir de ce jour, toutes les semaines, Gabriel recevait sa petite caisse de Molson. Jean-Paul Dumas, prévoyant, lui avait découpé une trappe dans le plancher de la maison de la mine qu'il avait pris soin de dissimuler par un tapis ; Gabriel pouvait entreposer là sa bière et il était le seul à connaître la cachette. Avant de passer devant la cabane du filou, il faisait un détour par un sentier dans la forêt, tracé par Denis Dumas et ses frères, de sorte que l'autre ne l'apercevait pas sur le chemin. Flannigan, lors de ses visites intéressées, ne pouvait soupçonner que Gabriel gardait de la bière. Une fois ou deux, il demanda :

— Tu n'as pas de bière?

— Je n'en ai pas.

L'Irlandais ne poussait pas l'interrogatoire plus loin. Il en conclut que Gabriel ne buvait plus. Ses visites s'espacèrent et finalement cessèrent complètement.

Ce fut Jean-Paul Dumas qui s'en réjouit: il venait de régler un autre gros problème et il avait réussi à protéger Gabriel encore une fois.

30 | Une lettre de Manianne (1957)

— Denis, une lettre est arrivée pour Gabriel. Va donc la lui porter.

Jean-Paul se tenait près de la porte du magasin général et il s'adressait à son fils en train de réparer un *bazou* dans la cour du garage. Denis, naturellement, était content d'aller rencontrer Gabriel, surtout pour lui rendre ce service. Il venait d'avoir 12 ans.

Denis était la discrétion même, mais il ne put s'empêcher de voir à l'endos de l'enveloppe le nom et l'adresse de l'expéditeur. Il s'agissait de Manianne Commandant.

Le fils Dumas s'engagea sur la route menant à l'habitation de Gabriel.

On était en plein milieu de l'avant-midi et le soleil était plein dans ce beau jour de juillet. Gabriel était dehors. Il était assis à côté de la porte et il profitait de la douceur de la journée.

— Gabriel, une lettre pour toi.

L'Algonquin se leva, visiblement content de sa visite. Il voyait de plus en plus difficilement les ombres, mais il se leva bien droit :

— Ah, Denis, que tu es donc de service, toi !

Il prit la lettre et la palpa doucement. Il saisit son couteau de poche, sortit la lame qui laissa échapper quelques brins de tabac, car il s'en servait pour nettoyer le culot de sa pipe, inséra la lame dans le haut de l'enveloppe, hésita un moment. Il finit par sortir la lettre et la retourna de tout bord et de tout côté. Il semblait gêné. Peut-être avait-il un peu peur de ce que contenait la missive, lui qui n'en recevait jamais, sauf son chèque de l'Akasaba Mines. Après une certaine hésitation, il finit par demander:

— Veux-tu me la lire, s'il te plaît?

Le garçon prit la lettre. Il ajusta la feuille presque froissée (elle l'était probablement au moment où elle avait été écrite) devant ses yeux. Il ne fut pas sans remarquer les cernes sur le papier, comme si celle qui l'avait écrite laborieusement avait pleuré en le faisant. Il se mit à lire:

Mon fils Gabriel,

C'est ta mère qui t'écrit. Ton père ne va pas bien du tout et il voudrait te voir. Il est bien âgé maintenant.

Tes frères et tes sœurs vont bien.

Ton père s'est fait une méchante blessure, un chicot qu'il voulait bûcher lui est tombé sur la jambe. On était en plein bois et comme on a tardé à descendre de notre terrain de trappe au printemps, sa blessure s'est infectée et il a beaucoup de mal.

Mon fils, viens pour nous voir et surtout ton père qui te demande.

Moi, je vais bien.

Je souhaite que tu viennes pour voir ton père.

Ta mère, Manianne.

Denis n'en revenait pas du laconisme de cette lettre d'une mère à son fils, surtout dans un moment aussi crucial. Il se tourna vers Gabriel qui était resté de marbre. Sentant le regard du fils Dumas qui pesait sur lui, il baissa la tête. Il était visible qu'il avait maintenant du chagrin.

Denis, après quelques minutes de silence, demanda :

— Vas-tu descendre à Maniwaki, Gabriel ?

— Oui, je descendrai dans quelques jours... Tu t'occu-peras de ma *ouache* pendant mon absence ? On peut se fier sur toi, tu n'es pas trop jeune ?

— Occupe-toi pas de ça, Gabriel, je viendrai faire une petite visite de temps en temps.

Denis avait une question qui lui brûlait les lèvres :

— Tu n'es jamais descendu à Maniwaki, du moins mes parents le disent, depuis que tu loges ici. Tu vas prendre l'autobus ?

Gabriel prit le temps d'allumer sa pipe et donna les raisons qui le motivaient à n'être pas allé dans sa famille, même au décès d'une de ses sœurs, morte d'une appendicite mal traitée au dispensaire de Maniwaki.

— Tu sais, le voyage est long. Quand quelqu'un meurt, on n'a pas le temps d'arriver. Mais il y a une autre raison pour laquelle je ne suis jamais descendu dans la réserve. On dirait que les Indiens qui vivent en réserve ont peu de respect pour les Algonquins qui la quittent et font leur vie en dehors. Ils prétendent que nous sommes esclaves des Blancs et que nous détruisons les ressources naturelles pour les enrichir. Ce n'est pas tout à fait vrai, mais j'ai toujours haï m'expliquer. C'est la raison pour laquelle je ne suis jamais redescendu depuis bien des années. Le fait que je ne voie plus, ce serait aussi un grand inconvénient ; je serais obligé de me laisser conduire comme un enfant parce que je vois de plus en plus mal et que ça me déplaît beaucoup.

Gabriel n'eut pas à descendre à Maniwaki. Quelques jours plus tard, la poste lui apporta une petite lettre dont le contour était en noir. C'était une carte qui annonçait que son père était décédé à un âge avancé, une soixantaine d'années après la naissance de son fils Gabriel. Celui-ci décida de ne pas partir. Il y avait une autre raison pour laquelle il ne visita plus la réserve de Maniwaki à partir du moment où il arriva en Abitibi, mais cette raison, sûrement familiale, il la garda toujours pour lui et ce douloureux secret, il l'emporterait avec lui. Douloureux, certainement, avoua même Joseph Cyr, son grand ami, qui n'en révéla pourtant jamais la nature.

31 | Retour de la Mégiscane (1954)

Bête lourde, frémissant de tous ses aciers, la locomotive, entourée de son épais panache de fumée, avançait pesamment vers la Mégiscane, réserve des Waswanipis et lac en haut de Senneterre.

On ne tarda pas à distinguer au loin, comme c'était la façon de faire, une plateforme faite de bouts de planches placées d'une façon irrégulière, déjà grises, dont les bouts en certains endroits commençaient à pourrir.

Placée de guingois, la base envahie d'avoine folle, une pancarte, déjà écornée par le temps et les intempéries, avait été installée au bout d'un poteau et on pouvait encore y lire en belles lettres carrées et grasses : ARRÊT SUR DEMANDE PRIÈRE DE SIGNALER VOTRE INTENTION DE MONTER À BORD.

Pour accommoder les voyageurs, il y avait des arrêts de train assez fréquents. Les distances étaient ainsi fort atténuées et on pouvait aller d'une ville à l'autre sans prendre trop de temps.

Ce matin-là, le conducteur aperçut, attendant sur la plateforme, les silhouettes imprécises de deux Indiens : un tout jeune homme et un autre bien plus âgé, un homme grand, légèrement voûté. Aussitôt que le train fut assez près, le plus jeune agita les bras au-dessus de sa tête, signifiant par là que quelqu'un voulait monter à bord. Le mécanicien fit tinter la grosse cloche de la locomotive et son avertisseur sonore hurla par trois fois : il indiquait qu'il s'arrêterait pour laisser monter les voyageurs. Le train commença à ralentir et il s'arrêta de manière à ce qu'un wagon soit à la hauteur de deux hommes qui attendaient au bord de la voie. Seulement alors, le poinçonneur ouvrit la porte et invita les Indiens à monter dans le wagon des voyageurs. Un seul grimpa la passerelle, difficilement, car il s'agissait du plus âgé, malgré l'aide attentive du plus jeune, un adolescent rieur et attentif, qui le tenait par le bras et l'aida à gravir les quelques marches. Une fois embarqué, le vieillard se retourna avec un sourire et il salua amicalement son accompagnateur, mal tourné vers lui, car il n'avait pas l'air de le voir. L'adolescent, après lui aussi une salutation dans la langue algonquine, tourna les talons, descendit du train et prestement disparut dans la forêt par un sentier connu de lui seul ou des siens.

L'Indien âgé monté à bord s'avança avec difficulté dans l'allée à l'intérieur du wagon, cherchant avec la main une banquette libre. Il devina plus qu'il ne vit que la voiture était remplie de voyageurs. Un jeune homme constata que l'Indien était aveugle et il l'arrêta alors qu'il passait près de lui en le touchant au bras :

— Monsieur, il y a une place ici à côté de moi.

L'autre tourna vers lui son regard voilé et remercia avec reconnaissance :

— Vous êtes bien civil, mon petit monsieur, merci.

En tâtonnant, il déposa son bagage sous le banc. C'était un panier bien rempli dont le contenu était dissimulé sous une large serviette taillée maladroitement. Ensuite, avec difficulté, il prit sa place. Il fit un effort, c'était évident, pour distinguer les têtes dispersées devant lui sur toute la longueur du wagon. À ce moment, l'autre l'entendit murmurer :

— Que je regrette donc ma vision d'autrefois...

Il soupira : les cataractes s'épaississaient de plus en plus et le rendaient pratiquement aveugle. Il le sentait bien et il réalisait aussi que plus rien ne pouvait améliorer sa vue. Le médecin lui avait parlé d'une opération, mais, outre qu'on en était au tout début de cette sorte de chirurgie, il fallait aller soit à Montréal soit à Québec dans des hôpitaux spécialisés et ce n'était pas garanti à cent pour cent qu'il recouvrerait une vue normale. Et les coûts d'hospitalisation étaient exorbitants. Il était trop pauvre pour se permettre cette opération. Beaucoup d'autres de ses contemporains n'auraient pas pu se le permettre non plus.

Gabriel Commandant n'avait pas l'intention de se rendre si loin. Il croyait naïvement que la nature devait suivre son cours et qu'on n'y pouvait rien. Il avait toujours évité autant que possible d'avoir affaire aux médecins et il faut dire qu'il n'en avait pas eu besoin souvent ; il avait été doté d'une excellente santé. Ces derniers temps, toutefois, rien n'allait plus : ses yeux d'abord et ensuite son estomac.

Il distingua vaguement l'ombre du jeune homme qui l'avait invité à s'asseoir à ses côtés. Il devina le visage avenant d'un adolescent fort jeune, un peu gêné probablement, qui le scrutait avec une curiosité discrète. Ce fut lui qui engagea la conversation et Gabriel Commandant fut agréablement surpris d'entendre cette voix chaude, jeune, généreuse, peu habituelle chez un habitant de ce coin de pays rude où les jeunes hommes ne prenaient jamais la parole par politesse.

— Vous allez loin ? lui demanda la voix.

— Jusqu'à Val-d'Or.

— Moi aussi. J'ai un petit tour à faire là.

Le plus âgé se sentait en confiance, il tendit la main au hasard :

— Gabriel Commandant.

— Ah ! l'Algonquin de Val-d'Or, vous êtes bien connu. Mes parents m'ont déjà parlé de vous.

Commandant sourit :

— Oui, c'est le cas qu'on me dit.

L'autre lui demanda avec un brin de curiosité dans la voix :

— Vous venez d'où comme ça, cet après-midi ?

— De la Mégiscane.

Le jeune homme parut surpris :

— C'est plutôt loin d'ici !

Commandant ne releva pas la remarque : les distances ne comptaient pas pour lui, habitué qu'il avait été à sillonner tout le pays tant de fois pour y exercer ses divers métiers.

— Pas tellement. Mégiscane n'est qu'à quarante milles à l'est de Senneterre et, où nous venons d'arrêter, j'ai à peine quelques milles à marcher dans le bois. D'autant plus qu'avec le train on arrive assez vite jusqu'ici. Ensuite, il reste à prendre un sentier à travers la forêt un certain temps, mais je suis assez habitué à ce territoire que, même avec ma vue absente, je peux encore me diriger assez bien pourvu qu'on m'accompagne au début du sentier. Il n'y a pas si longtemps, je n'aurais pas pris le train. Je marchais ça toute d'une trotte. Mais je n'ai plus la capacité d'entreprendre d'aussi longues distances qu'avant. Je me fais vieux.

En faisant cette dernière constatation, Gabriel Commandant soupira. Il avait toujours été plus naturel pour lui de voyager à pied, mais maintenant, il avait plus de plaisir, lui qui pourtant, quoique sociable, n'aimait pas se trouver parmi les gens trop nombreux, à voyager en train, cette bien merveilleuse invention, moyen efficace d'abolir les distances. C'était un trait de sa personnalité, en effet, de trouver la promiscuité pénible et c'est justement ce que lui imposait ce moyen de transport. Cependant, chose curieuse, il trouvait presque agréable le bruit métallique incessant et monotone des roues sur les rails, le hurlement déchirant de l'avertisseur sonore dans la solitude de la grande forêt, l'agitation qui régnait lors des arrêts en gare (du moins, c'est ainsi qu'il les imaginait maintenant car, lorsqu'il voyait un peu mieux, en bon observateur, il en avait eu l'expérience et, de la sorte, il pouvait en tirer les conclusions présentes).

Le panache de vapeur de la locomotive, il le devinait plus qu'il ne l'apercevait à cause des ombres grandissantes qui passaient dans la vitre du wagon lorsqu'il posait ses yeux dans cette direction, s'évanouissait dès que le vent changeait de direction ou que la locomotive amorçait une courbe car, pour s'épargner des efforts, les constructeurs de la voie ferrée avaient cherché à éviter les cours d'eau qui foisonnaient et les monticules. On en avait fait le tour.

C'était un fait que Gabriel trouvait quelque chose de grandiose, d'impressionnant au train, lui qui haïssait plus que tout les bruits désagréables et inutiles que généraient les acquis de la civilisation. Le train, c'était autre chose, d'autant plus qu'il l'utilisait depuis assez longtemps, depuis Sault-Sainte-Marie, en fait. C'était une extraordinaire invention qui permettait de se rendre rapidement d'un point à un autre et qui supposait le transport de marchandises et de charges lourdes, impossibles à transporter à pied ou à cheval, bien sûr. Dans sa jeunesse, il avait travaillé sur un convoi de transport de minerai à Sault-Sainte-Marie et, plus tard, il avait assisté des ingénieurs pour la construction de la voie ferrée dans le nord de l'Ontario et du Québec. Il avait été aide-arpenteur sur la voie ferrée entre Val-d'Or et Rouyn. Donc, le train lui était parfaitement connu. Comme Gabriel fréquentait encore quelques-uns de ses amis d'autrefois, il prenait le train pour aller les visiter, car il n'avait plus la force de faire de longs trajets à travers le bois comme il le faisait auparavant. Ce qu'il aimait particulièrement en wagon, c'était les couchers de soleil que faisaient frémir en soubresauts, en des raies de lumière, les roues sur les rails.

— C'est donc bien vous, Gabriel Commanda? dit le jeune voyageur placé devant lui.

— Eh bien oui, c'est moi Commandant et non Commanda, ce sont les Anglais qui rognent mon nom en Commanda et en Commander, les gens d'ici font pareil, et les hommes avec qui j'ai travaillé, mais les reprendre à tout coup aurait été trop astreignant, alors je laisse faire... On me surnomme aussi le sauvage de la source parce que j'ai déjà demeuré près de la grande source près de Val-d'Or, surnommée maintenant la source Gabriel, à cause de moi. Mais je n'y habite plus depuis des années. Je me rends plus rarement à Val-d'Or. Je vais ensuite aller à Colombière où je suis gardien des terrains de la mine Akasaba, qu'on a fermée, il y a quelques années de ça.

Le jeune homme continua :

— J'ai entendu parler de vous. Mes parents vous ont connu et j'ai des cousins à Val-d'Or. Si ma mémoire est bonne, ils m'ont dit que vous avez découvert la Lamaque où certains d'entre eux travaillent toujours là comme mineurs.

Gabriel ne put s'empêcher de sourire de la curiosité de l'adolescent :

— Oui, c'est une chose que j'ai accomplie avec Bob Clark, un des grands boss de Toronto... Ensuite, il a été le gérant de la mine.

— Je me rends à Val-d'Or. J'ai des petites commissions à faire pour mes parents et les voisins, car je demeure à Belcourt. Je suis étudiant au collège de Rouyn. Maurice Comtois, c'est moi, précisa l'adolescent. J'ai oublié de vous dire mon nom...

L'Algonquin remarqua :

— J'avais vu que vous étiez bien jeune. Vous n'avez donc pas assisté à la naissance de Val-d'Or. Moi j'y étais.

L'adolescent voulait en savoir plus :

— Vous êtes Indien et on dirait que vous parlez comme nous autres.

— Je n'ai pas de raison d'être autrement que vous autres, j'ai toujours vécu parmi les hommes de mines et je n'ai pas eu la chance de vivre longtemps parmi les miens. J'avais votre âge et déjà je travaillais pour des Blancs.

— Ça, c'est un ouvrage difficile ?

Gabriel prit son temps avant de répondre :

— Non, les gens sont partout pareils. La vie est dure dans ce pays, c'est pourquoi on vit bien plus à l'indienne qu'en gens qui ont tout à la portée de la main. Quand on accompagne des prospecteurs à travers le bois, on apprend à vivre avec peu et avec ce qui nous est nécessaire, pas plus. On découvre des mines parce que le pays en est riche.

Ils gardèrent le silence un moment, chacun réfléchissant à ce qui venait d'être dit. Puis, le jeune homme demanda encore, cette fois avec commisération :

— Il y a longtemps que vous avez de la difficulté à voir ?

— Ça fait quelques années. On appelle ça des cataractes, c'est un voile opaque qui se fait sur les yeux. C'est un malheur qui nous arrive parfois en vieillissant, ajouta-t-il en soupirant.

— Ça doit être bien dur à supporter pour un homme qui a déjà vu comme il faut.

— Pour ça oui. Surtout quand on est habitué à tout ce qui nous entoure. J'ai toujours aimé observer les êtres et les choses autour de moi. J'ai beaucoup voyagé, j'ai beaucoup travaillé et j'en ai vu de belles choses dans ma vie.

— Vous êtes rendu à quel âge ?

— Soixante-six ans. J'ai quitté mes parents à l'âge de seize ans. Depuis, j'ai été par monts et par vaux comme tant d'hommes de ma génération. On appelle ça gagner sa vie...

Étonné de s'être laissé ainsi allé aussi loin dans son histoire personnelle, Gabriel Commandant s'arrêta. Il fallait que le jeune homme lui parût sympathique pour qu'il se soit laissé entraîner sur le terrain de pareilles confidences. Il se dit qu'il vieillissait et que c'était probablement la raison à cela. D'autre part, il aimait parler. Ce n'était pas habituel chez les Algonquins, d'où qu'ils proviennent. Il pouvait rester silencieux, mais, quand il rencontrait une oreille attentive, il n'avait aucune restriction dans ses propos. Dans sa jeunesse, les prêtres oblats de Maniwaki lui avaient appris à faire confiance et ils disaient souvent que c'est en parlant avec les autres que l'on s'instruit et que l'on comprend le monde.

Pour sa part, le jeune Maurice Comtois ne pouvait faire autrement que de trouver intéressant le discours de l'Algonquin; il n'était pas habitué à ce qu'un étranger lui parle avec autant de liberté de son pays, des mines et des voyages. Il n'était pas dans un monde où l'on avait l'habitude de s'intéresser aux adolescents. Dehors, sur le terrain libre qui bordait la voie ferrée, un couple d'orignaux se mirent à galoper de concert, dérangés sans doute par le bruit. Tous les voyageurs regardèrent dans leur direction.

— Pourquoi êtes-vous parti de votre réserve quand vous étiez jeune? demanda le jeune Comtois. C'est une question qui lui était venue spontanément à l'esprit. On m'a toujours dit que les Indiens aimaient mieux demeurer là que de s'installer ailleurs parmi les Blancs, en tout cas.

— Ça, c'est vrai en un certain sens. Moi, je n'étais pas intéressé à demeurer dans un territoire restreint. J'avais envie de voyager, de voir le monde. Je suis connu pour avoir de la facilité à établir des contacts entre les gens. Et il y avait de la misère à l'époque de ma jeunesse au sein des réserves. Encore aujourd'hui, c'est la même chose. Nous ne sommes pas différents des autres, nous avons besoin d'argent pour vivre. Et qui le fournit, sinon un salaire que nous procure un travail?

— Est-ce que ça vous a rendu plus riche de courir partout? dit le jeune homme avec un sourire narquois qu'il savait n'être pas vu par le vieil homme.

— Non, pas vraiment. Les gens comme moi, guides, prospecteurs ou jalonneurs sont toujours peu considérés, donc peu payés. En avant, marche, parcours le pays, trace le chemin pour les autres. Mais j'ai bien vécu et j'ai pu aider mon prochain. C'était une façon de rendre ce que l'on me donnait. J'avais une bonne santé et, à une certaine époque, j'ai fait de bons salaires.

Le jeune Comtois regardait par la vitre que la suie ternissait un peu. Il était perdu dans ses pensées. Finalement, il questionna de nouveau:

— Vous aimez ce pays, monsieur Commandant?

Gabriel tourna ses yeux vides vers Maurice Comtois avec intérêt. Il réalisait tout à coup l'importance de la terre algonquienne, non seulement pour lui, mais pour tous ses habitants. La question du jeune homme n'était que le résultat de cette idée de l'immensité d'un territoire qui venait à peine de commencer à se développer et qui, sans nul doute, ne tarderait pas à faire parler de lui.

— Je sais ce pays de l'Abitibi immense et mon contentement, c'est qu'il n'appartient encore à personne. Et peut-être n'appartiendra-t-il jamais à personne? J'ai pu m'arrêter n'importe où et planter ma tente sans que quelqu'un vienne me dire que j'étais chez lui. J'ai pu le parcourir d'est en ouest, du nord au sud sans que l'on vienne me dire que je foulais un sol conquis. C'est une si belle région, par contre, que je sais qu'on ne se lasse pas de la contempler dans son tout et dans ses parties. Je ne peux rien contre cette façon de penser : c'est ma conviction profonde puisque les deux Abitibi font partie de moi-même et, en autant que je les respecte, elles me donnent généreusement tout ce dont j'ai besoin...

Gabriel s'étonna lui-même d'aller aussi loin dans l'aveu de son amour pour sa région. Il continua avec enthousiasme :

— Vous savez, Maurice, la terre nous donne tout ce qu'elle peut. À nous de choisir. Imaginez qu'elle n'a plus cependant à nous donner certains de ses bienfaits passés. Par exemple, on n'a plus besoin de frotter une branche sèche contre une autre pour faire du feu, mais, à partir d'éléments simples contenus dans cette terre, quelqu'un a inventé l'allumette. C'est bien pratique. Pourtant l'eau et la terre étaient là hier, elles sont là aujourd'hui, elles seront là demain, sans que nous ayons besoin de les transformer, c'est un cadeau omniprésent. Vous ne croyez pas?

L'adolescent ne put s'empêcher d'approuver :

— Si vous le prenez comme ça, c'est absolument exact. Je suis jeune, mais il ne me viendrait même pas à l'idée que les allumettes aient pu ne jamais exister, même si je le sais. L'homme avant l'invention de l'allumette, c'est tout un défi de seulement l'imaginer...

Gabriel se canta dans son siège, désigna son vis-à-vis d'un doigt imprécis et lui jeta d'un air moqueur :

— Maurice ! Vous êtes trop gâté par la civilisation. Je suis moi-même très sensible au sort des humains, mais je sais qu'il y a deux faces à la situation. Allumer un feu avec deux petits bâtons avait ses avantages : l'effort et la patience. Mais, pour les hommes et les femmes qui sont venus avant nous, c'était inimaginable de penser allumer un feu en quelques secondes avec du souffre sur une lamelle de bois. Les facilités de la civilisation d'aujourd'hui ont des avantages indéniables, celui, en tout cas, de nous rendre moins esclaves de l'effort physique. Il n'en reste pas moins qu'aujourd'hui, comme hier, prospecter, chasser et trapper, ce sont là des tâches pénibles souvent, on n'a pas encore trouvé une solution aux difficultés du travail.

Comtois était étonné des réflexions de Gabriel. Il comprenait. Malgré sa jeunesse, il travaillait déjà toutes les vacances d'été dans la forêt et ce n'était pas facile, mais ça lui permettait de payer ses études au collège et surtout de côtoyer des hommes dont le labeur était constant et pénible. Le pays se développait ainsi à toute allure et non sans une certaine anarchie. Il était certain qu'une pareille situation avait des répercussions sur les travailleurs. Ils étaient souvent exploités. Il voyait chaque jour des hommes gagnant péniblement un salaire de famine, alors que beaucoup d'autres, en nombre restreint, il est vrai, s'enrichissaient d'une façon scandaleuse. À cause de tout cela, malgré son jeune âge, il ne pouvait pas s'empêcher d'admirer la profondeur d'esprit de l'Algonquin. Au collège, c'était normal que ses professeurs fassent des réflexions philoso-phiques sur le monde qui les entourait, mais il était sans doute extrêmement rare qu'un prospecteur, un découvreur de mines, un chasseur et un trappeur du passé, aille aussi loin dans l'analyse du monde qui l'entourait. Il crut bon demander cette fois :

— Ne croyez-vous pas qu'on finira par vous reprocher d'avoir contribué à donner le territoire de vos ancêtres aux Blancs en les aidant à s'établir ici ? Ils vont continuer d'exploiter de plus en plus la terre et la forêt et, bientôt, ils occuperont toute la région du Nord.

Gabriel jugea bon de dire le fond de sa pensée :

— J'ai souvent réfléchi à toute cette question et j'en suis venu à la conclusion qu'il n'y a plus moyen de revenir en arrière. Si ce n'était pas moi qui avais accompagné les promoteurs ou les découvreurs de mines, ils seraient parvenus eux-mêmes à conquérir l'Abitibi, d'autres les auraient guidés et je ne suis pas sûr que ce serait mieux. Mon but était de leur expliquer tout en les accompagnant qu'il fallait respecter la terre et les hommes qui l'habitent en cherchant par tous les moyens d'éviter l'exploitation sauvage des ressources. J'ai toujours accordé de l'importance au fait qu'une région qui se développait dans l'harmonie procurait à ses habitants le pouvoir de ne pas mourir de faim. Parce que ce n'est pas donné à tous de chasser, de pêcher et de cueillir les fruits de la forêt. Ce n'est jamais sûr pour le lendemain. L'homme d'aujourd'hui a appris à accumuler pour le lendemain et c'est bien comme ça. Certains exagèrent, mais ça, on n'y peut rien, bien sûr. Les mines et la forêt ont apporté la prospérité non seulement aux Blancs, mais aussi à ma famille algonquine. Un temps, ce n'était pas facile, au début surtout, de vivre ici, la famine était une conséquence. Aujourd'hui, elle n'est plus à craindre...

— Monsieur Commandant, vous ne vivez jamais en ville ?

— J'ai déjà vécu à Sault-Sainte-Marie et, en descendant du Nord, autrefois, il m'arrivait de m'arrêter soit à Val-d'Or, soit à Senneterre, pour un certain temps. Mais, dans une ville, il y a un élément qu'on ne peut pas mettre de côté, c'est la mesure du temps, l'heure, si l'on veut. Il faut commencer à travailler à telle heure, il faut prendre rendez-vous et se rendre pour telle heure. J'ai déjà subi ce système. Je ne crois pas que ce soit une façon saine de traiter les êtres humains. Rien dans la nature n'est aussi rigide. Ça nous vient des premiers efforts de la civilisation pour fixer les humains dans des endroits précis et les obliger à rester sur les lieux de leur travail. C'est une question de discipline. Ça vient aussi de l'esclavage et de la façon de traiter les animaux. Par exemple, on attelait le bœuf ou le cheval à une machine qui faisait tourner une pierre pour moudre le grain afin d'en tirer de la farine. Ça évitait l'effort de l'accomplir à la force des bras dans des conditions épuisantes, ce qu'on pouvait faire dix fois plus vite avec une machine ingénieuse. Puis, peu à peu, cet esclavage s'étendit des bêtes aux hommes, jusqu'au point où l'on a fini par se poser une question qui n'a jamais reçu de réponse et qui n'en recevra peut-être jamais : est-ce que nous sommes vraiment faits pour vivre ainsi ?

— Vous ne croyez pas que c'est le prix à payer pour faire fonctionner la société ? Il faut travailler pour rendre service aux autres... Et pour organiser le travail, il faut fixer un temps précis pour diviser les jours, les semaines et les années.

Gabriel s'exclama soudain :

— Ah ! Ah ! Arrêtons-nous ! Nous sommes en train de régler le sort de l'humanité !

Le jeune Maurice se mit à rire doucement, c'était admettre que c'était bien le cas. Le sujet était donc clos. Cependant, il questionna encore son compagnon de voyage :

— Qu'y a-t-il au bord de la Mégiscane ?

Les traits de Gabriel s'assombrirent. Il resta silencieux un bon moment, plongé dans une réflexion intense. Dehors la forêt qu'il ne voyait plus défilait toujours. La locomotive ne demandait pas mieux que de les conduire à bon port.

— J'ai un bon ami qui vit là, sur le bord de la Mégiscane, Amable Odjick. Quand je suis arrivé en Abitibi, il était installé sur le Kitcisakik ou Kitchisagan qu'on a baptisé depuis Grand Lac Victoria, lieu de rencontre pour les Algonquins du Haut-Outaouais. Ce lac conduit à des chemins d'eau vers la hauteur des terres, le territoire de l'Abitibi ; c'est de là aussi que les voies d'eau se divisent pour couler vers la rivière des Outaouais et le Saint-Laurent ou vers la baie d'Hudson. Un portage nous conduit même à la rivière Gatineau. Nous sommes nés tous les deux à Rivière-Désert, Odjick et moi. Il est plus âgé que moi d'une bonne douzaine d'années. J'ai dormi chez lui en arrivant pour une deuxième fois et depuis nous nous sommes de nouveau rencontrés et rapprochés. Il a beaucoup travaillé avec les prospecteurs de Toronto qui ont découvert et acheté des mines ici. Mais il a aussi *claimé* seul. C'est à lui que nous devons la découverte de la mine Mobylénite de La Corne, même qu'il a fait inscrire au Bureau des mines d'Amos, en 1924, les trois premières concessions qu'il a jalonnées dans le canton Lamaque. Mais sans doute a-t-on oublié de préserver son nom dans le grand livre du ministère des Mines du gouvernement. Je crois savoir pourquoi on nous raye si facilement des grands livres : nous n'avons pas, nous, Indiens, le même sens de la propriété que les Blancs. La terre appartient à tous, elle ne se divise pas. Nous avons trop de respect pour la terre et nous ne nous sentons pas obligés d'associer nos noms à ces découvertes. D'une certaine façon, ça nous nuit dans le monde des prospecteurs. Certains n'ont pas eu de scrupules à s'approprier nos jalonnements. Il faut dire que notre statut de citoyens est assez flou et, pour cette raison, on nous concède peu de droits sur le plan administratif et légal...

Le jeune Comtois l'interrompit en frappant des mains :

— Wo ! Wo ! Vous avez tout un jugement sur le gouvernement et les propriétaires de mines ! Mais j'ai déjà entendu mon père parler comme vous...

Au bout d'un assez long moment, comme Gabriel ne sentait pas le besoin de se justifier, l'adolescent continua :

— ... En tout cas, vos observations me paraissent justes. Elles ne me semblent même pas exagérées. Il faut vivre dans cette région pour l'admettre.

Encouragé par ces propos obligeants, Gabriel expliqua:

— Objick s'est retiré, il y a quelques années, de la prospection et il est allé s'installer sur les bords de la Mégiscane avec la bande qui vit là pour y finir ses jours. Comme c'est le temps des bleuets, je me suis dit que c'était le temps d'aller le visiter. En même temps, j'ai été cueillir les bons petits fruits bleus pour les entreposer pour l'hiver. C'est un vieux remède pour le sang.

En même temps qu'il parlait, il indiqua son panier sous le siège, un panier qui avait auparavant contenu des tomates puisqu'on pouvait lire sur ses lamelles de bouleau: Big Tomatoes, Ontario, Grande One. Gabriel déplia le linge qui le couvrait et montra au jeune Comtois des rangées de galettes épaisses d'un bleu indigo. Il tâta et réussit à en saisir une qu'il écorna; il tendit le morceau qu'il avait détaché. L'autre goûta et s'exclama:

— Que c'est bon! C'est le goût du bleuet, mais, si vous voulez mon avis, ça tient plus du tabac à chiquer que d'une galette de fruits!

Gabriel en put s'empêcher de sourire de la remarque. Il aimait la franchise de son interlocuteur.

— C'est ce qu'on appelle des pains de bleuets; préparés à la façon des Algonquins, ils permettaient de passer l'hiver. C'est une friandise nourrissante, elle donne de l'énergie et permet de faire des réserves pour traverser des périodes de disette. La manière de préparer ces galettes est vraiment très simple: on dispose les bleuets dans un grand chaudron et on le met sur un feu modéré. Autrefois, on faisait des casseaux avec des écorces de bouleau. Ainsi l'eau s'évapore pendant des heures, laissant pour finir une pâte épaisse qui durcit à la longue. On la façonne soit en boules, soit en carrés. On les laisse sécher au soleil un jour ou deux, puis, on les entrepose dans des caches à l'abri des animaux. On peut les conserver des années durant. Dans ma jeunesse, j'ai eu la vie sauve une fois alors que je m'étais enfoncé trop loin dans la forêt du côté de la Chibougamau. C'était à l'automne, tard. Je n'avais pas réussi à trouver un seul animal pour me nourrir et j'étais au bord de l'épuisement. Je suis arrivé dans un endroit où il y avait un camp où vivaient des Algonquins pendant l'été et une partie de l'automne. Ils étaient repartis pour leur terrain de chasse et de trappe. En examinant les alentours du campement, je m'aperçus qu'ils l'avaient abandonné depuis un mois ou deux. Connaissant la façon d'agir de mon peuple, je savais qu'ils avaient laissé des vivres pour venir en aide aux voyageurs égarés. Je n'ai pas eu à chercher longtemps. Sur le haut d'un tremble bordant le camp, bien enveloppé dans un sac en peau d'original, il y avait des galettes de bleuets. Il n'y a rien de mieux que la peau d'orignal pour conserver des aliments. On la fait d'abord tremper dans du jus de cormier et ensuite on la fait sécher. Ce procédé lui donne un goût amer, la rend imperméable, ce qui décourage les animaux de s'en prendre à cette nourriture.

Le jeune collégien était surpris. Il n'avait jamais entendu parler de cette recette amérindienne pour conserver les bleuets. Il trouva que c'était une façon ingénieuse de faire des réserves et de préserver des vies humaines dans cette région immense. Il ne put s'empêcher de dire avec enthousiasme :

— Nos professeurs nous demandent d'écrire sur divers sujets au cours de notre année scolaire. Je vais sûrement faire une rédaction sur cette méthode originale de conservation des bleuets chez les Indiens... Ainsi, vous avez passé quelques jours avec votre ami Objick sur la Mégiscane ?

— Oui, je suis demeuré dans cette famille un bon moment. On en a profité pour aller se remémorer nos souvenirs... et cueillir des bleuets, bien sûr.

— Cueillir des bleuets, vous ! Mais vous voyez à peine !

— Oh, tu sais, il n'est pas nécessaire de bien voir pour accomplir une action à laquelle on est habitué. De toute façon, j'arrive à distinguer certaines choses, encore...

Il y avait un regret évident dans la voix de Gabriel Commandant, mais aussi de la résignation devant un destin inévitable.

— ... Ça s'appelle l'habitude, continua-t-il sur un ton égal. Même si je les distingue à peine, il suffit de me placer dans une talle et je sais où ils sont. Les bleuets, j'en ai tellement cueilli dans ma vie et, croyez-moi, je suis encore habile. Le toucher des arbustes me suffit. Je remplis mon panier dans le temps de le dire. Bien sûr, il reste des feuilles, mais je les passe à d'autres et ils nettoient les bleuets en les exposant au vent qui charrie les feuilles, plus légères que les fruits eux-mêmes. Personne ne peut me suivre. J'ai une petite histoire à te conter : le dernier jour que je me trouvais là, nous avons fait face à une ourse. On ne l'avait pas aperçue avant de tomber dessus. Elle se trouvait à peu près à trois cents pieds de notre groupe. Brusquement, elle s'est levée debout, le poil *griché* sur le dos. J'ai compris d'après les grognements qu'elle émettait...

— Comment saviez-vous que c'était une femelle ?

— Sa façon de renifler. Les femelles sont toujours plus inquiètes, c'est dans leur nature. On les entend renifler de loin. Je disais donc que, d'après ses grognements, j'avais compris qu'il s'agissait d'une vieille femelle qui n'avait presque plus de dents et qui, pour cette raison, avait de la misère à mâcher ses aliments : on imagine combien les bleuets sont une denrée intéressante pour ces animaux infirmes. Mais, à cause de ça justement, ils peuvent être dangereux parce qu'ils savent que les bleuets représentent la survie : le partage n'est pas dans leur nature. Aussitôt, j'ai pensé aux trois enfants qui nous accompagnaient, une petite fille de 11 ans, deux petits garçons de 8 et 9 ans. Je leur ai crié de se sauver. L'ourse les a vus courir et cette agitation ne lui a vraiment pas plu. Elle s'est mise à avancer vers moi en lançant des grondements menaçants et vraisemblablement agitait-elle sa patte griffue dans ma direction. Je ne la voyais absolument pas, mais je la sentais proche de moi.

Gabriel s'arrêta de parler. Manifestement, il hésitait à continuer.

— ... Vous pouvez me croire ou non, mais je parle avec les ours, je connais leur langage depuis bien longtemps.

Le jeune Comtois lui jeta un coup d'œil où perçaient l'étonnement et le scepticisme. Il continua d'écouter, perplexe.

— Je lui ai dit d'arrêter, que, si elle voulait le champ pour elle, on le lui laisserait. Avec difficulté, j'ai entendu qu'elle se remettait sur ses quatre pattes et elle a continué à nous observer sans bouger. L'ourse a grogné je ne sais quoi et elle a tourné les talons pendant que, de notre côté, nous sommes prudemment retournés sur nos pas avec nos paniers de bleuets. J'étais désorienté, mais les enfants sont venus me chercher.

Le jeune Comtois avait écouté attentivement. Il fit part à Commandant de la réflexion qui lui venait :

— J'ai souvent entendu dire, en effet, que les Indiens peuvent parler avec les ours et avec les animaux en général, mais ça me paraît toujours invraisemblable...

Gabriel ne répondit pas tout de suite et il parut absorbé par ses pensées. Il crut bon de fournir un début d'explication :

— Tu m'es bien sympathique, c'est pourquoi je peux t'affirmer qu'il est parfaitement possible de parler avec les animaux. Il ne s'agit pas d'un phénomène courant ; pour le faire, il faut s'approcher des animaux sauvages assez souvent. Une seule fois ne suffit pas. Pour cette raison, il faut vivre près d'eux, dans leur environnement.

Maurice Comtois éclata de rire :

— Vous allez avoir de la difficulté à me faire croire qu'ils connaissent le langage humain ! Où l'auraient-ils donc appris ?

— Je comprends parfaitement ton objection. Ce que tu oublies, c'est que la parole humaine est un simple assemblage de mots et de phrases. Parler avec un animal demande bien plus. Il faut établir un lien entre notre compréhension et la leur. Crois-moi, ce n'est pas donné à tout le monde.

— J'ai entendu dire qu'en psychologie expérimentale il est possible d'admettre ce concept; j'en conclus pourtant qu'il est difficile de tirer de tout ça une conclusion définitive.

— Voilà qui est bien raisonné. Tu es déjà un sage, Maurice Comtois...

Le train venait d'arrêter à la gare de Val-d'Or. Ils descendirent et se séparèrent après un dernier salut.

Maurice Comtois n'oublia jamais cette conversation qu'il avait eue avec Gabriel Commandant ou Commanda, comme il aimait l'appeler. À partir de ce jour, il ne cessa jamais d'admirer l'originalité et la grande ouverture d'esprit du premier habitant de Val-d'Or, même si celui-ci était disparu de la région depuis belle lurette.

32 | Les années à la mine Akasaba (1956-1963)

Gabriel avait toujours une forte envie de fendre son bois de chauffage même s'il ne voyait plus. Il avait fait ce travail toute sa vie et il n'aimait pas beaucoup être à la charge des autres, même des Dumas, la famille de l'épicier-garagiste-entrepreneur de Colombière, qui lui rendaient service par-dessus service, sans jamais rien vouloir en retour. Il faut dire qu'il en avait bien besoin : sa cécité s'était aggravée de plus en plus avec les années, au point qu'il était complètement aveugle.

Dans l'après-midi du 11 août 1958, il sortit de sa demeure pour aller à l'endroit où étaient disposées les bûches à fendre pour en faire des quartiers de bois. Il faisait doux et chaud. Gabriel eut l'impression que le ciel était couvert, car il ne voyait pas cette clarté blanche à laquelle il s'était habitué les jours de grand soleil. Il avait hâte de se mettre au travail. En tâtonnant, il trouva sa hache sur la corde de bois où l'avait placée Denis Dumas. Il passa sa main sur le taillant de l'outil et constata avec satisfaction que l'adolescent l'avait bien aiguisé. Denis avait maintenant 13 ans, c'était un garçon serviable et il semblait se plaire en sa présence. Il venait régulièrement pour l'aider dans ses diverses tâches et parler avec lui. Et ces visites ne semblaient pas lui peser, au contraire, il était toujours de bonne humeur et s'enquérait de sa vie quotidienne et de ses besoins, mais, Gabriel étant très peu porté sur les demandes, le jeune homme devinait les nécessaires tâches journalières qu'il accomplissait sans un mot. Il est vrai aussi que le père Jean-Paul et la mère Alice allaient au-devant des désirs non exprimés de l'Algonquin et qu'ils demandaient à leurs fils de faire de même.

Les jours précédents, Denis était venu avec son frère André pour couper les billots en bûches et ils en avaient fendu une certaine partie, mais il y avait encore du travail pour quatre ou cinq fois. Les deux frères cordaient ensuite le bois dans l'entrée de l'habitation de Gabriel. C'était une remise, sans fenêtre, de quelques mètres de long et de large qui servait à cette fonction en même temps que de vestibule. De plus, c'était un endroit frais grâce aux cordes de bois appuyées contre les murs qui servaient d'isolant. On pouvait donc y placer le beurre, le lait et toutes les denrées dites périssables (quelques privilégiés commençaient à posséder des réfrigérateurs, mais ce n'était pas encore un appareil courant) ; on pouvait aussi y entreposer d'autres choses, aliments et outils, pour qu'ils soient à la main. Gabriel était toujours à l'abri quand il venait chercher du bois pour le rentrer à l'intérieur de la maison et nourrir le feu dans le gros poêle.

Un sourire de satisfaction se dessina sur les lèvres de Gabriel : « Si je n'avais pas André et Denis, je serais bien mal pris. Ils sont vaillants, les petits vlimeux ! » Gabriel aimait bien les deux adolescents avec qui il s'entendait parfaitement. Il était content quand il entendait les coups caractéristiques frappés à la porte, car ils avaient leur manière propre de signaler qu'ils arrivaient. Rusty, le gros chien, qui les avait senti venir, s'excitait et sautait jusqu'à la porte, jouant son rôle de gardien, mais il se calmait très vite quand Gabriel lui lançait :

— Rusty, arrête de t'énerver et arrive te coucher sous la table ! C'est André ou Denis.

Un fois qu'il avait perçu que le chien était revenu s'étendre sur le plancher, sous la table, il avançait jusqu'à la porte – ça lui demandait un certain temps à cause de son infirmité – et il demandait :

— C'est Denis ou André ?

Il savait très bien lequel des deux arrivait, mais, par jeu, il posait la question. Une voix qui achevait de muer traversait la porte :

— Ben, voyons, Gabriel, c'est Denis, tu ne me reconnais pas ?

Gabriel ouvrait la porte en disant :

— C'est difficile, vous avez quasiment la même voix ! Et vous avez seulement un an de différence. Viens, entre, mon homme.

Le jeune homme ne se le faisait pas dire deux fois. Il entrait et il sentait que Gabriel était heureux de sa visite. Ils parlaient peu mais se comprenaient. Même quand Gabriel gardait le silence, Denis avait l'impression qu'il remplissait l'endroit par sa présence. Il savait qu'il se trouvait devant un homme sage et qui dispensait une énergie étonnante. Et pas n'importe quel sage. Un homme aveugle qui vivait en plein bois sans demander l'aide de personne, c'était un événement absolument incroyable. C'était déjà un destin hors de l'ordinaire. Le plus étonnant, c'était que Gabriel n'inspirait pas la pitié, mais de l'admiration pour la façon dont il acceptait les difficultés de son état et il continuait sa vie comme si de rien n'était. Denis le trouvait bien courageux de vivre en dehors des facilités de la civilisation. Gabriel se débrouillait bien ; il faisait sa cuisine lui-même sans l'aide de qui que ce soit. Oh, bien sûr, pas une cuisine très élaborée, car, comme tous les hommes qui ont vécu dans la forêt dans des endroits isolés, il avait appris à manger simplement sans grand apprêt. Il fallait tout avoir à la portée de la main pour faire tout rapidement, sans emporter des vivres en trop grande quantité, car le poids était là et aurait nui au transport à dos d'homme.

Denis était un excellent garçon, dévoué aux autres. Il avait une très bonne éducation donnée par ses parents; son caractère le prédisposait à penser aux autres. Il avait commencé des études au collège d'Amos où il les poursuivait pour devenir mécanicien. En congé ou aux vacances, il venait rendre visite régulièrement au solitaire de l'Akasaba. Il était fasciné par l'Algonquin; il aimait le faire parler et il admirait la philosophie dont Gabriel faisait preuve devant les événements de la vie.

Il y avait des choses qui tourmentaient Gabriel pourtant. Il disait à Denis assez souvent:

— Arrange-toi pour ne pas changer les chaises ou un meuble de place. C'est grand ici et je peux m'enfarger, tomber en pleine face.

Denis l'observait et il le trouvait bien débrouillard.

Quand il arrivait sur l'heure du midi, Gabriel, après lui avoir dit de prendre une chaise, s'installait dans sa chaise berçante, sortait sa pipe, la bourrait de Grand Rouge ou de Petit Canadien et, tout en tirant une bouffée, il ouvrait la radio pour écouter religieusement les nouvelles de midi à Radio-Canada. C'était devenu un rite sacré que ce moment de paix et de détente seulement troublé par la voix chaude et profonde de Jean-Paul Nolet, l'annonceur iroquoien, natif d'Oka, qui débitait les événements qui se passaient dans la province, dans le Canada et dans le monde.

La radio était en elle-même tout un appareil, à tubes et à lampes, qu'animaient trois énormes et lourdes batteries; sans elles, c'était le silence obligé. C'est pourquoi Gabriel surveillait leur moindre défaillance. S'il s'apercevait que le son baissait, il disait:

— Il va falloir que ton père me commande de nouvelles batteries, les miennes faiblissent. Je ne veux pas manquer mes nouvelles à la radio.

À côté de lui, à portée de main, sur la table de cuisine, il avait disposé un cadran, cadeau de Jean-Paul Dumas. Celui-ci l'avait vu dans le journal *La Patrie* et il s'était intéressé à l'annonce qui précisait qu'on pouvait l'acquérir pour aider un aveugle à savoir quelle heure il était. On venait de l'inventer. Il s'agissait d'une horloge de format réduit, sans vitre. Jean-Paul Dumas l'avait aussitôt commandée et, lorsque l'objet était arrivé, il l'avait offert à Gabriel. Celui-ci n'en revenait pas. Il était reconnaissant, car il n'avait jamais pu imaginer une pareille invention. Pour lui, elle était bien pratique, car il pouvait lire l'heure en suivant les aiguilles et deviner les chiffres avec les doigts.

Le généreux marchand de Colombière ne s'en était pas tenu seulement à cela. Il avait lu, dans *La Patrie* toujours, que maintenant les aveugles marchaient avec une canne blanche destinée à indiquer leur infirmité; il était donc allé acheter une canne dans un magasin de Val-d'Or et l'avait peinte en blanc avant de l'offrir à Gabriel.

L'Algonquin s'assoyait près de la fenêtre au sud, de sorte qu'il avait du soleil une grande partie de la journée. Il semblait heureux d'être là, abrité par la maison verte, car c'était sa maison, même si elle ne lui appartenait pas. Il n'en demandait pas plus. Toutefois, il était très heureux de recevoir de la visite et surtout celle des Dumas, ses amis. Il était bien reconnaissant à l'épicier-entrepreneur-marchand et à sa famille des délicatesses dont ils l'entouraient. Entre autres services, Jean-Paul lui avait proposé un système pour placer l'argent dans son portefeuille en un ordre parfait. Le marchand changeait les chèques que recevait Gabriel par la poste, il lui faisait faire une croix, même sans précision, au bas, le contresignait ensuite et lui rendait la monnaie. Parfois, Gabriel s'essayait à écrire son nom, mais ce n'était pas toujours en ligne droite et les lettres étaient difficiles à tracer, de sorte que la croix semblait la manière la plus simple de signer. Ensuite, Alice Dumas écrivait le nom de Gabriel, tout à côté. Jean-Paul classait le papier-monnaie dans le portefeuille de Gabriel ainsi : les plus hauts chiffres sur le dessus, les plus bas en dessous. Avec ce système, Gabriel ne se trompait jamais, s'il avait un billet de banque à sortir pour payer le coiffeur, les vendeurs ou les taxis lorsqu'il se rendait à Val-d'Or, il savait exactement la valeur de la coupure. Et gare à celui qui voulait le tromper! Il ne s'y reprenait pas à deux fois. Il avait Jean-Paul et Alice sur le dos et il avait besoin de rectifier ses comptes!

Pour toutes ces raisons, Gabriel savait que les Dumas étaient indispensables et que, sans eux, il n'y aurait eu qu'une solution: aller vivre dans une pension de famille des alentours ou bien dans une institution pour aveugles tenue par des religieuses, mais voilà, on ne les trouvait que dans les grandes villes comme Montréal ou Québec. L'Algonquin n'envisageait pas cette éventualité sans un frisson d'angoisse. Il y avait toujours la possibilité d'un retour dans sa famille à la réserve de Maniwaki, mais encore là il ne se sentait pas à l'aise avec cette pensée, ayant rompu les liens avec sa famille depuis trop longtemps.

⚒   ⚒   ⚒

Alors que sa cécité s'accentuait, vers les années 1956-1957, Gabriel, dans la mi-soixantaine, avait pris l'habitude d'aller à Val-d'Or se faire couper les cheveux et se procurer quelques articles indispensables à la vie courante. C'était important pour lui: il aimait être impeccable. Il confiait à Jean-Paul Dumas et surtout à Alice Dumas, son épouse:

— Je vais en profiter pour m'acheter quelques chemises, des bas et quelques petites affaires de même...

Il marchait toujours les trois kilomètres et demi qui le séparaient de sa demeure et du magasin général Dumas sur la grand-route. Il n'éprouvait aucune difficulté. Seulement une fois, Denis qui allait lui rendre visite régulièrement, l'ayant rencontré sur le chemin, s'aperçut que Gabriel semblait désorienté, il n'arrivait plus à trouver le bon côté de la route. Probablement qu'il ne savait plus s'il était en direction du magasin ou s'il retournait vers chez lui. Peut-être aussi avait-il éprouvé un malaise physique, un étourdissement, ce qui aurait expliqué cette défaillance et la désorientation. Il avait été heureux de sa rencontre avec le jeune homme :

— Si tu descends au magasin, Gabriel, tu n'es pas du bon bord...

Gabriel avait paru interdit, il avait cessé sa marche et était resté silencieux et immobile un long moment sur le bord du chemin, puis il s'était exclamé :

— Jérusalem céleste ! Comme ça, j'ai perdu le Nord !

Denis l'avait alors raccompagné jusqu'au magasin de son père. Cela ne lui était plus arrivé.

⚒ ⚒ ⚒

Le jour où Gabriel décidait de se rendre à Val-d'Or, il descendait de bonne heure dans l'avant-midi et il s'arrêtait au magasin des Dumas pour attendre l'autobus Carrière qui faisait le trajet plusieurs fois par jour entre Senneterre et Val-d'Or. Il s'assoyait sur un banc placé là pour cette fonction sur la grande galerie devant le long bâtiment. Alice Dumas sortait du magasin et venait le rejoindre en lui proposant :

— Je vais surveiller pour vous, Gabriel. Quand l'autobus se pointera, je vais aller l'arrêter.

Les arrêts d'autobus n'étaient pas automatiques. Il fallait le héler de la main pour que le chauffeur sache qu'un voyageur voulait monter à un point donné du trajet. Par le bruit du moteur, on devinait que le véhicule approchait, même si on ne le voyait pas encore, dissimulé qu'il était par les détours du grand chemin et par les arbres. Alice s'approchait de la route et quand elle était certaine d'être vue, elle faisait un grand signe de la main. Une fois l'autobus immobilisé, Alice revenait prendre Gabriel par le bras, lui faisait traverser la route et l'aidait à monter à bord.

Arrivé à Val-d'Or, Gabriel descendait devant le stand de taxis à l'entrée de la ville, le conducteur de l'autobus l'ayant averti d'avance. En face, il y avait le salon de barbier où

Gabriel avait soin de se faire trimer les cheveux, comme il disait. Puis, il retournait au poste de taxis de l'autre côté de la rue et se faisait raccompagner en ville dans les magasins pour faire ses achats. Une fois ce rituel accompli, il se faisait reconduire au terminus d'autobus et, lorsque celui-ci arrêtait à Val-d'Or, venant d'Amos ou de Rouyn, il reprenait la direction de Colombière. De retour au magasin général, souvent, Jean-Paul offrait à Gabriel de le raccompagner en camionnette chez lui, surtout s'il était tard le soir. Il n'insistait pas si Commandant refusait, car il savait que l'Algonquin n'aimait pas monter en automobile. Il préférait faire le chemin à pied. Denis, parfois, l'accompagnait. Gabriel parlait peu, mais il se laissait aller à quelques confidences, au grand intérêt du jeune homme qui ne se lassait pas d'en apprendre sur son compagnon de marche. Il lui arrivait de mentionner dans ces occasions que sa femme et ses deux filles étaient décédées de la fièvre jaune, c'est-à-dire de la grippe espagnole.

Malgré l'âge, Gabriel était encore un bel homme, aux traits doux, à la démarche énergique. Il était fier de sa personne, portant les cheveux courts, un épi par-devant étant sa seule coquetterie. Son infirmité ne semblait pas lui peser. Il était encore d'une grande résistance, car il portait de lourdes charges dans son sac à dos; peu d'hommes auraient pu en faire autant, surtout à son âge. Il marchait bien droit et rapidement, si bien que Denis devait allonger le pas pour le suivre. Gabriel disait alors sur le ton du défi:

— Envoye, le jeune, grouille-toi!

Denis, qui fréquentait le collège, trouvait que Gabriel parlait bien le français. Par contre, pour l'avoir entendu parler avec Walt Flannigan, l'Irlandais, il savait aussi qu'il parlait bien l'anglais. Denis avait l'impression que Gabriel était de cette sorte d'homme qui apprend immédiatement tout ce qu'il doit savoir, un esprit ouvert aussi, car il avait beaucoup de connaissances pour un homme ayant été pratiquement isolé toute sa vie, avec une grande sagesse dans les propos. Il se demandait s'il ne le devait pas au fait qu'il écoutait les nouvelles à Radio-Canada, ce qui le mettait au courant de beaucoup de choses intéressantes. Tout en montant vers sa demeure, il racontait au jeune Denis qu'il était venu habiter la région, il y avait déjà longtemps. Il n'y avait pas de routes à l'époque. Il était venu par la rivière des Outaouais et avait abouti aux lacs Kakinokamak (lac Lemoine) et Kiturinako (aujourd'hui, le lac Sabourin). Il aimait à raconter que, dans ces premiers temps, il y avait encore beaucoup d'animaux sauvages et qu'on voyait les orignaux quasiment par troupeaux sur les sentiers de la forêt.

Gabriel ne cachait pas ses origines algonquines et il parlait quelquefois de sa jeunesse dans la réserve de Rivière-Désert. C'était une époque où il y avait beaucoup de nomadisme chez les Indiens qui montaient l'hiver dans des camps de trappe et revenaient à la belle saison vivre dans le village. Les bêtes étaient nombreuses et les Algonquins sortaient de la forêt au printemps avec des fourrures en quantité suffisante pour pouvoir se payer les aliments et les choses nécessaires pour vivre pendant l'été et une bonne partie de l'automne.

Gabriel raconta ainsi à Denis que le principal lieu de la nation algonquine, la réserve de Maniwaki, avait toute une histoire. Ces Indiens avaient été obligés de quitter Vaudreuil et Mattawa dans le versant sud de l'Outaouais. Ils se virent attribuer la réserve du village de Marie, Maniwaki, au Québec, dans l'Outaouais, ensuite à Golden Lake sur la rivière Bonnechère, au sud-ouest de Pembrooke, en Ontario. Le gouvernement fédéral voulait qu'ils se consacrent à l'agriculture, ce qu'ils ne purent faire. Ils s'adonnèrent plutôt à la chasse et à la pêche. Les autorités pour les en dissuader pensèrent créer un parc faunique à l'ouest de la rivière Bonnechère.

Ce fut une période noire pour les Indiens de l'Outaouais. La fourrure ne se vendait plus, c'était une époque révolue. Les bûcherons venus en grand nombre détruisaient par leurs avances continuelles leur façon de vivre. Les colons suivirent. Et, pour ajouter un malheur à tout ça, la famine s'en mêla, avec des épidémies apportées par les Blancs.

☓   ☓   ☓

Denis lui demanda un jour qu'ils marchaient ensemble :

— Tu ne t'ennuies pas, Gabriel, aveugle et tout seul dans le bois ?

Gabriel avait réfléchi un moment avant de répondre :

— Bien, non, j'ai pas de raison de m'ennuyer. J'ai toujours aimé la solitude et être aveugle ne me nuit pas tellement, je me suis habitué à faire les choses dont j'ai besoin. J'ai développé d'autres capacités. Et puis, mon chien est là. Il faut dire qu'il se fait vieux. Je me demande ce que je vais faire sans lui si jamais il part.

Denis questionnait encore :

— Tu n'as pas peur qu'un ours défonce la porte pour trouver de la nourriture et en profite pour t'attaquer ?

Gabriel riait de cette peur de l'adolescent :

— Crois-moi, les ours ne m'attaqueront jamais. Ce sont des peureux intelligents. Ils ne viennent pas défoncer comme ça et ils s'arrangent pour ne pas trop fréquenter les humains. Souvent, j'ai pris des petits oursons à leur mère et je m'amusais avec. Ensuite, je les remettais à la mère. Ils ne sont pas dangereux quand tu sais comment les prendre. Ceux qui sont ici savent que je suis là. Je sais qu'il y a en un qui me regarde des fois par la fenêtre. Ça se sent, ces choses-là. D'ailleurs, la réaction de Rusty ne trompe pas, tout vieux qu'il est : il a le poil droit sur le dos et il gronde d'une façon bien discrète. Ils sont curieux, les ours, et se conduisent souvent comme des humains. Dernièrement, je suis sorti pour aller faire mes besoins et j'en ai senti un qui respirait ; il était à côté d'une corde de bois, à quelques pas. Eh bien, crois-moi, crois-moi pas, il m'a suivi. Il savait que je ne le voyais pas. Il n'avait pas l'intention de me faire du mal, c'est par curiosité qu'il m'a suivi. C'est un animal fort astucieux, il comprend certaines choses. Si on en tuait moins, ils viendraient bien plus souvent près de nous. Moi, ils viennent me voir parce que je sais leur parler... J'ai commencé ça dans ma jeunesse à Maniwaki.

Denis était tout étonné d'entendre cela. Il repassait dans sa tête tout ce que l'Algonquin venait de lui dire. C'étaient des événements fantastiques pour lui pourtant, comme Manianne, il croyait que Gabriel vivait vraiment cette expérience inusitée avec les ours.

Et puis, bien sûr, ce qui protégeait Gabriel des animaux ou des hommes, c'était Rusty, le gros chien, féroce quand il s'agissait de défendre son bien. C'était un gardien de la mine Louvicourt qui le lui avait donné, dans les premières années où il avait commencé à mal voir.

Denis ne doutait pas que le gros chien fût un bon gardien. Même si son maître était sévère avec lui, il semblait très attaché à Gabriel. Le gros animal au poil hirsute et à l'air menaçant obéissait à la voix ferme de son maître. L'adolescent se disait en lui-même qu'aucun ours ne viendrait marauder aux alentours tant que le chien serait là. Quand Gabriel descendait au magasin Dumas ou quand il sortait de la maison, il laissait la bête à l'intérieur; celle-ci gardait les lieux avec une fidélité et un sens du devoir exceptionnels. Si elle entendait un bruit à l'extérieur, elle était aussitôt sur ses gardes et se mettait à japper férocement. Si Rusty n'avait pas été là, Gabriel se serait souvent fait dérober des choses. Les voleurs de chemin, comme on les appelait alors, rôdeurs solitaires de toutes espèces, étaient assez nombreux. Il n'y avait pas grand-chose à voler chez Gabriel, mais, bien entendu, les voleurs, eux, l'ignoraient. Gabriel posait un petit cadenas sur la porte lorsqu'il s'absentait, mais les filous entendant le chien n'auraient jamais osé défoncer parce que la bête quand elle les sentait faisait un raffut de tous les diables. Elle aboyait et grondait comme un molosse bien entraîné sait le faire. Lorsque Gabriel était à l'intérieur et venait ouvrir la porte après que l'on eut frappé, le chien apparaissait aussitôt derrière lui et il avait l'air si méchant qu'il aurait découragé les intrus s'il y en avait eu. En fait, il n'y eut jamais de vol chez Gabriel tout le temps qu'il demeura gardien à la mine Akasaba.

⚔ ⚔ ⚔

Une des distractions préférées de Gabriel dans ces années-là, pendant la soirée, c'était de descendre chez les Dumas. Il s'installait près de la fournaise qui chauffait le magasin et il écoutait les gens parler. Puis, un jour, Jean-Paul Dumas, en le questionnant habilement, devina que ses voyages en autobus à Val-d'Or commençaient à lui peser. Il approchait de ses 65 ans. Ce trajet devenait ardu, même s'il n'en disait mot. Jean-Paul lui proposa :

— Gabriel, je pense que les voyages à Val-d'Or commencent à te fatiguer ! J'ai quatre garçons, trois qui vivent encore ici et l'autre, comme tu le sais, Jean-Louis, est dans l'aviation. C'est moi qui leur ai coupé les cheveux et je continue encore. Je ne veux pas me vanter mais je suis pas pire. Je vais faire la même chose pour toi. Tu n'as aucun besoin d'aller à Val-d'Or. J'y vais moi-même en camionnette plusieurs fois par semaine pour les besoins de mon commerce. Remarque je t'ai déjà offert de t'emmener, mais tu n'aimes pas voyager en camion ou en auto, et c'est ton choix. Je te ramènerai ce dont tu auras besoin. Tu m'en feras la liste et j'achèterai tout ça et, en plus, ça me fera plaisir... Mais pour toi, en personne, plus question d'aller à Val-d'Or, à moins que tu y tiennes vraiment...

Gabriel trouva cet arrangement de son goût. Il en fut même soulagé. Il remercia et dit que ça le mettait à l'aise. C'était vrai qu'il commençait à trouver pénibles ces voyages à Val-d'Or.

C'est ainsi qu'à partir de ce moment il vint régulièrement tous les mois se faire couper les cheveux au magasin général. Il y tenait, car il n'aimait pas avoir la tignasse trop longue. Il arrivait au magasin la chemise bien lavée et avec des pantalons propres. Car Denis l'aidait; il lavait soigneusement son linge qu'il étendait sur une corde à sa portée. Bien souvent, Alice lui passait une paire de pantalons ou une chemise appartenant à un de ses hommes, lui disait de les enfiler et de lui remettre les siens. Elle donnait un coup de fer pour leur faire prendre le pli. Il remerciait avec reconnaissance, un peu embarrassé.

Pour l'intérieur de son camp, c'était la même chose. Malgré sa cécité, il tenait la maison et le plancher bien propres. Il lavait le sol à grande eau assez souvent. Sa vaisselle était aussi bien nettoyée, du mieux qu'il le pouvait en tout cas. Il savait par tâtonnements si tout était bien fait. Sur son poêle, il passait un papier ciré pour lui donner du lustre comme chaque ménagère faisait dans ce temps-là sur les poêle à bois. Denis, le voyant s'activer pour faire reluire le dessus de son poêle, ne pouvait faire autrement que de se dire en lui-même : « Maudit, le poêle est encore chaud, il va se brûler ! » Gabriel, devinant les pensées du jeune homme, disait :

— Voyons, Denis, je ne suis pas manchot tout de même ! Ce n'est pas parce que je ne vois pas que j'accepterais que les autres fassent ce que je peux faire. Si tu veux, complète mon ouvrage; j'ai peut-être laissé les coins ronds.

Quant à Rusty, il se chargeait des morceaux de nourriture tombés par terre. Autrement, il mangeait de la viande que Gabriel ramenait de l'épicerie et que Jean-Paul lui avait mise de côté, car le marchand exerçait aussi le métier de boucher. Attenant à l'épicerie, il y avait un appartement avec des étals où l'on plaçait les portions ou les quartiers de viande débitée. Au mur, des blocs de glace enterrés de bran de scie conservaient la fraîcheur pendant la saison chaude. Au printemps, en effet, cinq ou six gros camions livraient ces blocs qu'on empilait le long des murs intérieurs et qu'on recouvrait de bran de scie pour les empêcher de fondre. On pouvait alors conserver la viande jusqu'à tard dans l'automne alors que les grands froids arrivaient pour prendre le relais. Quand Jean-Paul Dumas servait un client, il détachait le gras ou les parties moins intéressantes et il les mettait de côté pour le chien de Gabriel et pour quelques autres clients qui avaient des bêtes à nourrir. Gabriel rapportait la part de Rusty qu'il entreposait dans l'entrée, assez fraîche en réalité pour se conserver plusieurs jours.

Dans l'après-midi du 11 août 1958, Gabriel était sorti pour fendre du bois de chauffage. La journée était très agréable, mais Gabriel pensa en respirant l'air que ce serait bientôt l'automne et qu'il fallait que le bois soit fendu avant. Bien sûr, les garçons Dumas allaient venir pour accomplir cette corvée, mais Gabriel se disait que ce qu'il pourrait faire, ce serait toujours ça de pris. De toute façon, même s'il n'y était pas obligé, il se disait qu'il avait besoin d'exercice. Il ajusta la bûche et mit la pièce à fendre sur le dessus. Il fit d'abord le trajet de la hache avec sa main plusieurs fois pour s'habituer. Il leva l'outil très haut. Mais, juste à ce moment, un coup de vent renversa le rondin, le taillant de la hache glissa sur le bois dur de la bûche et ricocha. Il atteignit le dessus de la botte de caoutchouc et y entra. Sur le coup, Gabriel ne ressentit rien, même pas une légère douleur. Mais, en se penchant, il tendit la main et s'aperçut avec inquiétude que du sang en sortait. Il dut prendre son courage à deux mains et se demanda quoi faire. Il se resitua à l'endroit où il devait se trouver. Il décida de prendre le chemin et se mit à avancer en boitant. À cet instant, un douleur lancinante lui saisit le pied. Il était quand même content de sentir la route : il allait donc dans la bonne direction. La cabane des garde-feu était à environ un kilomètre de l'endroit où il pensait se trouver. Il se mit à espérer arriver jusque devant le poste. Il se sentit fléchir, une grande faiblesse l'envahit soudain. Il décida que la meilleure décision à prendre, c'était de crier à l'aide. Pourvu que les deux hommes se trouvent sur les lieux, ils l'entendraient.

Soudain, comme par miracle, il entendit les pas d'un homme qui approchait rapidement et qui s'arrêta à sa hauteur. Une voix qu'il reconnut être celle du garde-feu Joseph Nadeau lui parvint :

— Pour l'amour, Gabriel, tu t'es blessé ! Tu saignes comme un beu ! Reste ici une minute, je vais chercher ma camionnette et je te conduis à l'hôpital de Val-d'Or...

Gabriel resta immobile au milieu de la route. Il n'eut pas à attendre longtemps.

Une fois qu'il fut monté dans la camionnette, le beau-frère d'Alice Dumas constata que la blessure était profonde. Il ne fit ni une ni deux : il s'engagea dans le chemin, roula à toute allure dans un nuage de poussière et parvint assez vite au magasin des Dumas. Alice, alertée par les cris de son beau-frère, sortit en coup de vent et, après avoir examiné la plaie au travers de la botte, décida d'entourer le pied de Gabriel avec une serviette. Jean-Paul étant absent – il visitait ses chantiers –, elle décida de fermer l'épicerie, grimpa dans la camionnette, ordonnant à Joseph Nadeau :

— Il n'y a pas un instant à perdre : on clenche sur l'hôpital de Val-d'Or !

Le véhicule partit en trombe, Joseph avait peur. Alice Dumas lui fit observer :

— Seigneur, Joseph, ménage ton moteur. Si tu continues de peser sur la pédale du gaz, tu vas brûler le moteur et on ne sera pas plus avancés !

Joseph, énervé, lui répliqua :

— Je m'en balance, du moteur ! Tout ce que j'ai dans l'idée, c'est d'arriver au plus vite à l'hôpital ! Si je brûle le moteur, inquiète-toi pas. Je vais entrer la camionnette dans le garage de Jean-Paul et il m'en posera un neuf, lui ! Il est habile comme un singe !

Il jeta un coup d'œil inquiet à Gabriel :

— Ça va, Gabriel ? Tu vas pouvoir tenir ?

Gabriel, très stoïque, le visage un peu pâle et crispé, le rassura :

— Oui, je ne ressens pas grand-chose, sauf comme une brûlure.

Alice ajouta, inquiète :

— L'important, Gabriel, c'est que vous ne perdiez pas trop de sang... Et que le taillant de la hache ne soit pas trop sale pour vous avoir infecté.

Une quinzaine de minutes plus tard, ils entraient dans l'hôpital, les deux accompagnateurs soutenant Gabriel.

L'infirmière de garde les reçut et posa les questions d'usage à l'intention de l'Algonquin.

— Votre nom, s'il vous plaît ?

Il déclina son nom. Remarquant la couleur foncée de sa peau, elle parut inquiète :

— Vous êtes Indien ?

Alice Dumas qui commençait à s'impatienter lui dit sur un ton sec :

— Dites donc, vous là, vous avez l'intention qu'il meure au bout de son sang !

La grande infirmière rousse la regarda, surprise. Elle n'était pas très contente de cette intervention soudaine. Elle avait l'habitude que les gens soient victimes et se comportent comme telles, c'est-à-dire qu'ils ne prononcent pas une parole plus haute qu'une autre. Elle jeta, l'air pincé :

— Si c'est un Indien, on ne le soigne pas !

Alice rougit d'indignation. Elle éclata :

— Vous avez ici un homme blessé. On ne sait pas si c'est grave ou non. Je voudrais bien voir que vous ne le traitiez pas ! Vous allez avoir affaire à moi !

— Je regrette, ce n'est pas moi qui commande ici.

— Qui c'est qui est *boss* ici ? demanda Alice sur un ton irrité.

L'infirmière montra une porte de bureau :

— Mère Marie-Jeanne-de-la-Croix... Mais elle n'a pas affaire avec les patients.

Alice fit semblant de ne pas avoir compris et elle lança sur un ton encore plus ferme :

— Allez la chercher et ça presse !

L'infirmière, les joues aussi rouges que des tomates, décida qu'il valait mieux obéir à cette femme déterminée. Elle s'absenta un moment et revint avec une religieuse dont la longue robe de Fille de la Sagesse ondoyait sur le sol. Sœur Marie-Jeanne avait l'habitude des blessures de bûcherons, ayant exercé son métier d'infirmière de nombreuses années avant d'être nommée en charge de l'hôpital. Elle examina la coupure à travers la botte et comprit qu'elle était assez profonde. Elle demanda, gênée :

— Avez-vous les moyens de payer vos soins, monsieur ? Je m'excuse, mais ce n'est pas moi qui fais les lois dans l'hôpital.

Alice Dumas éclata de nouveau :

— Ça va faire ! Il y a assez de votre Jésus-Christ qui a saigné pour rien !

La religieuse sursauta. Elle semblait vraiment mal à l'aise. Elle fit signe à Alice de la suivre dans son bureau et prit soin de bien refermer la porte derrière elles :

— Je suis très peinée, madame...

— ... Alice Dumas, épouse de Jean-Paul Dumas, marchand général et entrepreneur forestier de Colombière.

La religieuse, très mal à l'aise, lui expliqua :

— Vous savez, madame Dumas, l'hôpital doit se financer. Pour être juste avec tout le monde, il faut faire payer les soins reçus. Le blessé est Indien : ils viennent se faire soigner et on ne les revoit plus.

— Ils sont pauvres, ma sœur.

— Je sais, mais les dirigeants de l'hôpital sont inflexibles : il faut payer ou on n'a pas la permission de donner des soins. Parce que je suis religieuse, je voudrais bien avoir à ne pas appliquer ce règlement. Je sais trop que la charité doit passer en premier, mais les administrateurs m'obligent à appliquer strictement cette consigne, sinon je devrai partir d'ici. Il est vrai aussi que nous avons beaucoup de difficulté à faire accepter cela aux Indiens. Vous me comprenez, j'espère ?

Alice la rassura :

— Gabriel Commandant paye toujours ses dettes. Je sais de quoi je parle, il demeure près de chez nous et il achète à notre magasin. De plus, je pense qu'il y a une autre raison de le soigner : vous avez remarqué qu'il est aveugle, c'est déjà assez de malheur comme ça. Soignez-le, je vais demander à mon mari de se porter garant de sa dette envers l'hôpital. S'il venait à être incapable de payer, nous le ferons à sa place.

Le religieuse prit une feuille, y écrivit quelque chose et la tendit à Alice Dumas qui, après l'avoir lue, s'empressa de la signer. Ensuite, elle ouvrit la porte et dit à l'infirmière :

— Vite, madame Morrissette, conduisez monsieur Commandant à la chambre 37. Avertissez le docteur de venir tout de suite.

Le médecin de garde arriva et détacha la botte en la coupant. Il examina la blessure.

— Ce n'est pas trop profond, heureusement. Et c'est un endroit qui guérit assez bien pourvu qu'on évite de marcher. Comment diable avez-vous pu vous infliger une telle entaille, vous qui ne voyez plus ?

✂   ✂   ✂

Gabriel fut bien soigné et, quelques jours plus tard, il put quitter l'hôpital. Jean-Paul Dumas et Joseph Nadeau étaient venus pour le ramener à Colombière. Garde Morrissette, l'infirmière rousse de garde à l'entrée, avait pris soin de dire à Jean-Paul avant qu'il ne monte chercher Gabriel dans sa chambre :

— Vous savez, je n'ai jamais vu un homme aussi poli et aussi peu plaignard que ce monsieur Commandant. Un vrai charme. Maintenant, va-t-il être capable de changer son pansement tous les jours ?

— Ne vous inquiétez pas : ma femme Alice va s'en charger.

Jean-Paul décida que Gabriel demeurerait quelques jours chez eux jusqu'à ce qu'il soit complètement guéri. Les Dumas avaient des chambres libres, car quelques-uns des bûcherons qui prenaient pension chez eux et qui demeuraient assez loin avaient pris congé pour quelque temps.

Puis, lorsque le temps fut venu de reconduire Gabriel à sa demeure de la mine Akasaba, Jean-Paul lui recommanda fermement :

— Gabriel, il faut que tu te mettes dans la tête que tu n'es plus capable de fendre du bois. Laisse ça à mes gars. Ils ne demandent pas mieux.

L'Algonquin l'admit et s'excusa de sa témérité :

— Je voulais faire un peu d'exercice, mais tu as raison, je ne suis vraiment plus capable de faire ça. Et il ajouta avec un sourire contraint : je vais me faire servir.

— Et pourquoi pas ? Si tu veux, pour te donner bonne conscience, je vais te faire payer pour le travail d'André et de Denis. Que dirais-tu de dix piastres par année ? Cinq piastres chacun. Tu me payeras 0,83 cennes par mois sur ta paye de gardien.

— Voyons ! Ce n'est pas assez ! s'objecta Gabriel.

Jean-Paul fit semblant de se choquer :

— Gabriel Commandant ! Tu n'as rien à dire. C'est moi qui commande dans ça. C'est le prix que je te fais et il restera ce prix, pas une cenne de plus, pas une cenne de moins. Puis, il se radoucit : À propos, y a-t-il quelque chose que je peux faire pour toi avant de te ramener à ton camp ?

Gabriel parut réfléchir ; il était étonné par la proposition, mais c'était bien dans les cordes de son ami de vouloir toujours faire un geste pour rendre service ou tout simplement pour montrer son appréciation. Il finit par exprimer un souhait :

— Écoute Jean-Paul, même si je ne vois plus, il y a une chose que je voudrais bien... Retourner à la source, à Val-d'Or : il me semble que l'odeur que j'ai respirée là pendant des années me manque.

— Ça tombe bien, j'ai un voyage de marchandises à aller chercher. Embarque dans le *truck*, on y va!

Le trajet se passa sans un mot. À la source, Gabriel descendit et Jean-Paul le conduisit sur le lieu de son ancien camp. On voyait encore les fondations et quelques fleurs sauvages, des lupins à trois couleurs, qui poussaient çà et là entre les arbres clairsemés. Dumas décrivit tout ce qu'il voyait à Gabriel. Puis, ils s'amenèrent au bord du petit lac qu'avait formé la source au cours des années grâce à un ancien barrage de castors et aux pluies récentes qui avaient fait monter le cours du ruisseau.

Plus loin, un homme d'une trentaine d'années pêchait la truite. Gabriel, parce que tout était silencieux, sentit sa présence. L'homme, se tournant vers lui, le reconnut aussitôt et s'avança:

— Monsieur Gabriel Commandant! Que faites-vous ici?

L'Algonquin essaya de reconnaître l'homme par la voix, mais il n'y parvint pas. Il y avait pourtant quelque chose de familier.

— C'est Lionel Morissette!

— Ah, ben oui, le petit Morissette... dit Gabriel, songeur.

Lionel Morissette lui prit la main:

— Pas si petit que ça, j'ai maintenant 35 ans, je suis gros et fort. Je ne suis plus le petit gars que vous avez connu qui venait chercher l'eau ici avec un tonneau et un bœuf pour monter la vendre à la chaudière aux premiers habitants de Val-d'Or qui en avaient besoin. Imaginez, ça fait une bonne vingtaine d'années de ça! Vous pouvez vous vanter de nous avoir fait peur, vous, quand nous étions enfants...!

Le visage de Gabriel s'assombrit; il se remémorait les bons souvenirs du temps où il vivait près de la source. Il y avait assez longtemps qu'ils ne s'étaient pas rencontrés. Lionel Morissette ne fut pas sans remarquer que Gabriel avait beaucoup vieilli. Il demanda:

— Que vous est-il arrivé? Vous boitez un peu...

Gabriel lui raconta l'accident dont il avait été victime quelques semaines auparavant. Il se rappelait du petit garçon de 11 ou 12 ans à l'air éveillé qui venait à la source chercher de l'eau pour gagner quelques sous dans le but de venir en aide à ses parents.

Gabriel eut soudain la nostalgie de cette époque où, dans la pleine force de l'âge, il parcourait la région à la recherche de veines aurifères et venait se reposer ici, dans le camp de l'ancienne mine Harricana. C'était avant qu'il ne parte pour travailler en exploration à Chibougamau. Puis, après un silence, il demanda :

— Qu'est-ce que tu fais maintenant, Lionel ?

— Je travaille pour la Québec-Lithium, une mine tout près de Barraute. J'ai une maison là pour loger ma famille. Et vous, j'ai entendu dire que vous étiez devenu gardien pour l'ancienne mine Akasaba ?

— Oui, mais je m'ennuie de ma source et, si ça n'avait été que de moi, je serais bien resté ici. Il y a encore beaucoup de truites ?

— Oui. Je viens pêcher des fois même si je n'en ai pas le droit : Val-d'Or prend son eau par aqueduc ici. Je vais vous donner quelques truites que je viens de prendre, parce j'en ai trop pris pour moi tout seul.

Gabriel éclata de rire :

— C'est ça, sacré Lionel, tu veux me faire *poigner* par les autorités !

Lionel Morissette lui mit dans la main une branche fourchue d'arbrisseau à laquelle étaient suspendues par les ouïes de belles truites saumonées et toutes dodues. Il dit ensuite :

— Comme Val-d'Or prend son eau ici, on a fait débâtir votre camp, car les autorités municipales ne veulent pas que quelqu'un habite autour. Même la pêche à la truite n'est plus tolérée car ça attirait trop de monde. Moi, je la fais en cachette avec la permission du maire Bérard qui est un de mes amis. Puis, il hésita avant de demander : J'ai entendu dire que vous étiez devenu aveugle depuis que vous êtes parti. C'est bien de valeur. Vous savez qu'on pense à vous quand on vient à la source Gabriel ?

Après avoir passé quelques heures à la source et ressassé les souvenirs du temps où il voyait, Gabriel reprit le chemin de Colombière avec Jean-Paul. Cette visite lui avait remonté le moral et, même s'il n'avait pas vue la source, il l'avait imaginée comme au temps où il habitait ses bords. Quant à Lionel Morissette, il raconta autour de lui qu'il avait rencontré le Sauvage de la source et lui avait parlé. Sans le vouloir, Gabriel avait commencé à entretenir son mythe, celui d'un homme d'une grande sagesse doté de pouvoirs étonnants lorsqu'il s'agissait de découvrir des mines sur tout le territoire, un homme au destin extraordinaire qui avait vécu solitaire et aveugle une décennie en pleine forêt, ce qui prouvait son amour pour celle-ci, un amour qui allait au-delà de ses origines.

De retour à son habitation de la mine Akasaba, Gabriel continua à vivre simplement avec le salaire qui, à partir de ce moment, venait de Toronto, d'un complexe minier qui avait pris la relève de l'ancienne administration de la Louvicourt Goldfields. À partir de l'automne 1956, il n'avait plus eu à s'occuper de la circulation dans la mine. Personne ne venait plus. Le moulin à scie des Labelle, situé un peu plus haut, était maintenant fermé et les entrepreneurs forestiers, Bolduc et Côté, avaient émigré ailleurs, le bois ayant été bûché.

Gabriel continuait à vivre en paix. Rusty, le bon gardien, étant mort de vieillesse l'automne précédent, il se contentait de son appareil radio et de tirer des bouffées de sa pipe. Les visiteurs s'espacèrent. Seuls les fidèles Dumas continuaient de venir régulièrement pour son plus grand plaisir. Lui-même continuait de descendre une fois par semaine au magasin général pour y faire ses provisions. Jean-Paul Dumas, scrupuleusement, lui ramenait ses commissions sans qu'il soit obligé de se rendre à Val-d'Or. Une fois par mois aussi, Jean-Paul lui coupait les cheveux. Sa santé s'était détériorée : il avait maintenant mal à l'estomac de plus en plus, mais il ne s'en plaignait pas. Même sans sa vision, il continuait de tenir son intérieur d'une grande propreté. Quant au reste, il se fiait sur Denis Dumas qui lui rendait de menus services et qui venait causer avec lui quand il était en congé ou en vacances du collège. Toutefois, le jeune homme lui avait appris qu'il avait l'intention de commencer à travailler à la mine Beacon.

Le chemin qui conduisait chez Gabriel, faute d'utilisation, devenait de plus en plus impraticable. Jean-Paul finit par dire à Gabriel :

— Tu es pris ici et ça n'a pas de bon sens. Imagine-toi s'il t'arrivait quelque chose...

Mais il ne continua pas, voyant bien qu'il contrariait son ami. Il était patent que celui-ci ne voulait pas quitter sa demeure à laquelle il s'était si bien habituée. Le nomade était devenu sédentaire par la force des choses.

C'était sans compter sur la générosité de Jean-Paul. À l'automne 1960, il fit l'acquisition d'une maisonnette à la mine Rainville. Aidé de ses fils, il la descendit, aux premières neiges, derrière un gros camion. Il l'installa à côté de son magasin, la meubla et y mit un bon poêle à bois. Une fois qu'il eut terminé, il profita d'une visite de Gabriel au magasin général pour lui proposer de l'habiter pendant l'hiver.

— Là, tu vas venir demeurer ici à quelques pas de chez nous. Tu seras tranquille et nous, on ne sera pas inquiets pour toi. Tu ne peux pas rester là-bas, il n'y a pas de chemin ouvert pendant des mois. Tu te vois descendre ici de la neige jusqu'au cou ? Encore que tu es capable de le faire en raquettes, mais moi et mes garçons, on ne pourra pas monter te visiter, les véhicules ne passant plus. On pourrait toujours y aller en raquettes nous autres aussi, mais on a trop d'ouvrage au magasin et au garage. On ne peut pas s'absenter trop longtemps.

Gabriel comprit qu'il n'avait pas le choix et il accepta. Jean-Paul le monta à son camp une dernière fois et il chargea dans la camionnette sa radio, ses ustensiles de cuisine et les autres choses utiles pour un long séjour à l'extérieur. Et Gabriel s'installa dans la maisonnette. Il devait y passer les trois dernières années avant que les Dumas aillent s'installer à Val-d'Or après que les affaires eurent baissées, les mines fermant les unes après les autres. Il y vécut bien tranquille, les garçons Dumas allant à tour de rôle s'enquérir de sa santé, lui entrer son bois de chauffage, pelleter son entrée et lui livrer les provisions dont il avait besoin. Ce qui n'empêcha pas Denis de le surprendre dehors en pleine tempête où on ne voyait ni ciel ni terre.

— Voyons, Gabriel! Qu'est-ce que tu fais là? Quand la tempête sera terminée, nous irons te déblayer ta porte.

Gabriel, l'air penaud, lui expliqua:

— C'est rien que pour faire de l'exercice.

Après cette incursion sur le dehors, il entra tout ragaillardi en offrant à Denis de venir prendre une tasse de thé. Il avoua au jeune homme qu'il avait la nostalgie des jours heureux où il pouvait voir et tout faire, où il était indépendant. Denis le rassura en lui promettant qu'il s'occuperait de lui et qu'il n'avait pas de raison de s'inquiéter. Il avait maintenant quitté le collège et il travaillait à la mine Beacon, car il venait d'avoir 18 ans. Avec ses premières paies, il s'était acheté une Pontiac, Station Wagon 1955, et comme son père était garagiste et que Denis avait suivi un cours de mécanique automobile, il l'avait remontée et elle fonctionnait très bien. De tout ça Gabriel était au courant et, au début d'avril du premier printemps où il habita près de l'épicerie Dumas, il demanda à Denis:

— Denis, j'ai senti que la neige fondait. Viendrais-tu me mener à mon camp?

Le jeune homme comprit bien que Gabriel avait hâte de se retrouver dans sa demeure de la mine Akasaba. Après en avoir parlé avec ses parents et après avoir essayé de le raisonner, comme il n'y arrivait pas, il décida d'acquiescer à sa demande :

— On va essayer de s'y rendre, Gabriel. C'est pas sûr qu'on réussisse à passer, il y a encore beaucoup de neige. Prépare-toi, on va aller voir si on peut parvenir jusqu'à ton camp d'été.

Il vit bien à son air que Gabriel était content. Il héla son frère Pierre, 15 ans, un adolescent plein de vigueur et prêt à tenter l'aventure.

— Embarque, on va reconduire Gabriel chez lui. Si on *stoque* en chemin, tu pourras nous donner un coup de main.

Il montèrent dans la Station Wagon. Heureusement que les roues étaient hautes parce que la route n'avait pas été ouverte de l'hiver et qu'il y avait encore de la neige dans les ornières. Toutefois, quelques jours auparavant, la fonte de la neige avait été importante car le soleil avait plombé. Le jeune et téméraire Denis Dumas s'élança sur le chemin, plein d'espoir de parvenir au camp de la mine Akasaba. Le véhicule lancé à toute allure faisait des sillons dans une quinzaine de centimètres de neige durcie.

Pierre, sur le siège arrière, était tout excité :

— Envoye, envoye, Denis ! On va l'avoir ! Vas-y, on va passer !

Il s'agitait de contentement et Gabriel s'amusait de la fébrilité de l'adolescent. Il se disait qu'il serait de retour dans sa *ouache*, comme il appelait son habitation, dans une demi-heure tout au plus.

Denis, par amusement, lui demanda :

— On y vas-tu, Gabriel ?

L'Algonquin n'était plus certain que l'automobile pourrait passer et cela par le bruit de la neige qu'il entendait heurter la carrosserie avec un fort bruit d'avalanche. Il conseilla au conducteur :

— Mets-nous pas dans le trouble, Denis. Fais faire au char rien que ce qu'il peut. Faudrait pas revenir les pieds dans la *sloche*.

Secrètement, il espérait que le véhicule finirait par arriver à la maison verte. Pierre, à l'arrière, continuait d'encourager son grand frère :

— Écrase : on va finir par passer ! Envoye, avance !

En disant cela, Pierre éclatait d'un rire jeune, plein de défi.

Juste avant d'atteindre la grosse mine Louvicourt, la route était droite et Denis pensa qu'une fois passé le terrain de la mine il finirait par tracer la route, car la neige était moins abondante dans le bois. Toujours, la voix de Pierre lui parvenait :

— Vas-y, Denis, vas-y, on va passer !

L'auto, assez lourde, se frayait un passage dans la neige molle qui, dérangée, montait par jets bruyants sur les côtés de la carrosserie, dans les portes, dans les vitres et jusque sur le toit.

Il y eut un moment où Denis dut pourtant s'avouer vaincu. Il comprit qu'il ne passerait pas : la neige était trop haute encore. De peine et de misère, il essaya de faire demi-tour, mais ce lui fut impossible. Alors il décida de revenir à reculons jusqu'au point où il pourrait retourner et revenir à Colombière. Il n'eut pas un mot à dire. Gabriel, s'apercevant que l'excitation de Pierre avait cessé, comprit que le projet avait avorté. Il fit contre mauvaise fortune bon cœur et se résigna à rester dans la maisonnette de Jean-Paul Dumas pour un certain temps encore. Denis sentit qu'il fallait le rassurer :

— On va attendre encore une semaine et on fera une autre tentative. La neige va fondre encore...

Sa prédiction s'avéra valable puisqu'une semaine plus tard, la neige ayant encore fondu, il put se rendre et installer Gabriel à la maison verte de la mine Akasaba. Il savait que c'était là sa demeure. C'était là qu'il était le plus heureux.

33 | Départ (1963)

Nous sommes liés de plus près à l'invisible qu'au visible.
NOVALIS

Le docteur Paul-T. Kingston jeta un œil intéressé sur l'homme qu'il avait devant lui. Médecin consciencieux, il savait juger de la situation d'un patient : il en avait tellement vu dans sa longue carrière. Celui-ci, pour l'instant, était un Algonquin et son abondante chevelure striée de blanc lui faisait comme une auréole. Grand, il avait dû être fort dans sa jeunesse. Les épaules encore carrées, l'homme était bien droit, mais l'âge avait buriné les traits de son visage.

— Je peux vous demander votre âge, monsieur Commandant ?

— J'ai eu 72 ans bien sonnés en mars dernier, précisa Gabriel Commandant d'une voix encore énergique.

Le médecin le fixa un instant. Le teint blafard du visage ne lui disait rien qui vaille.

— Décrivez-moi vos malaises.

Gabriel était complètement aveugle, mais il y avait encore cette vieille douleur au creux de l'estomac qui veillait. Parfois lancinante, elle ne lui laissait plus un moment de répit. Et ça durait depuis longtemps.

— J'ai mal là. Je ne digère plus rien, si je bois une bouteille de bière, elle passe tout droit.

On dirait que j'ai l'estomac fini...

Le médecin resta songeur. Il avait déjà vu des cas semblables dans son bureau de Val-d'Or. Des prospecteurs, des hommes de chantier, des trappeurs qui avaient passé la plus grande partie de leur vie loin en forêt, loin de tout. Le praticien avait déjà son idée là-dessus. « *Ces hommes ont eu une alimentation saine, la viande des animaux sauvages est ce qu'il y a de mieux, mais voilà qu'en vieillissant ils ne chassent plus et se contentent de nourriture moins consommable.* »

— Dites-moi, monsieur Commandant, que mangez-vous d'habitude?

— Je ne suis pas exigeant, je mange des *cannes*[24] de Klam et de Prem.

Le médecin savait trop bien de quoi étaient composées ces viandes en conserve : PREM. For breakfast. Ingredients : *chopped pork, beef and spices, water, salt, sugar, sodium nitrite, sodium nitrate. 12 oz. net. Heat sugar topped Prem. Add sliced or diced. Prem to vegetable and macaroni meals.*

— Vous mangez des légumes?

— De temps en temps des patates rôties dans la poêle avec du beurre.

Le docteur Kingston se fit menaçant :

— Ce n'est pas suffisant, monsieur Commandant. Il faudrait que vous mangiez seulement des légumes crus ou bouillis pour un certain temps! De la bonne viande rouge de la boucherie et qui ne traîne pas trop longtemps, car j'imagine que vous n'avez pas de réfrigérateur, là où vous demeurez? Cuite sans beurre. S'il vous plaît, oubliez les conserves pour un certain temps! Il ne vous arrive pas de manger de la viande sauvage?

L'Algonquin répondit avec lassitude.

— J'en reçois de mes amis, mais ça ne me tente plus d'en manger.

---

24. Boîtes de conserve.

— Vous demeurez dans le bois, si j'ai bien compris.

— Dans l'ancien terrain de la mine Akasaba.

Le médecin se fit curieux :

— Ça veut dire quoi Akasaba ? C'est sûrement un mot algonquin ?

Les traits de Gabriel Commandant s'éclairèrent, car rien ne lui plaisait plus que de donner des renseignements sur la langue algonquine.

— Ça veut dire « ruisseau caché ». Comme vous le savez, docteur Kingston, cette mine n'est plus en exploitation. Dans le bon temps, c'était des poches d'or qu'on trouvait dans la terre, pas de l'or dans des veines de quartz comme la plupart des mines. C'est pourquoi ces sortes de mines s'épuisent très vite. J'en ai été le gardien des bâtiments, des années durant; ça me permettait de gagner ma vie en toute tranquillité car je recevais quarante dollars par mois. C'est ce que m'ont rapporté mes travaux pour les mines. J'en ai bien découvert avec les prospecteurs, des mines. La Lamaque, c'est moi avec Bob-C. Clark. C'est moi qui le guidais. L'Akasaba, elle, est située au sud-est de Val-d'Or, derrière Colombière. Elle est abandonnée depuis des années parce qu'elle ne donnait plus rien, comme je viens de vous le dire. C'est à trois milles de la grand-route. Je suis à ma pension du gouvernement maintenant, depuis le mois de mars et je reçois la rente du gouvernement.

Le médecin regarda dans le vide. Il n'y avait pas beaucoup d'espoir de guérir un homme de cet âge. Du moins était-il bien décidé à le soulager, car il était plein d'une grande compassion que des années de profession n'avaient pas atténuée.

— Et votre vue, ça vous dérange pas trop ?

L'Algonquin soupira. Il avait des regrets. Ses yeux qui l'avaient si bien servi dans sa jeunesse ne lui étaient plus d'aucune utilité.

— Je ne vois plus rien ou presque maintenant. J'avais 59 ans quand j'ai commencé à avoir des troubles avec mon œil gauche, de l'autre, je voyais assez bien mais, dans la soixantaine, je suis devenu de plus en plus aveugle. Maintenant, c'est à peine si je distingue la clarté. Et tout ça a commencé après que je suis allé faire une visite à Sault-Sainte-Marie, en Ontario, chez des amis, et là, j'ai bu de la bagosse. Maudite bagosse! Ça donne un bon effet, mais c'est du poison! C'est en revenant par ici que j'ai commencé à avoir une mauvaise vue de mon œil gauche. Avant cet âge, j'étais fort comme un cheval, mais quand je suis revenu j'ai commencé à faiblir et c'est de pis en pis maintenant.

— Elle était probablement frelatée, cette bagosse, d'où vos problèmes; un empoisonnement sans doute, suggéra le docteur Kingston.

L'Algonquin se leva difficilement. Il n'avait plus rien à dire et il ressentait une grande lassitude. Il regretta d'être venu, car il n'espérait plus rien, quoique le docteur Kingston lui fût sympathique. Il venait le voir de temps en temps. Il était tout de même content d'avoir pu parler avec quelqu'un.

Le médecin rédigea rapidement une ordonnance mais, pris d'un doute, il préféra fouiller dans ses tiroirs où il dénicha une boîte de pilules. Il avait l'impression que l'Indien Commandant n'irait pas à la pharmacie ou que, s'il y allait, il attendrait des semaines. Donc, il préférait lui donner tout de suite ce qu'il fallait pour l'aider jusqu'à ce qu'il reçoive son chèque de pension. Il y alla pourtant d'une dernière suggestion:

— Allez vous acheter, à la Commission des liqueurs, du brandy blanc que vous réduirez avec de l'eau chaude. N'en prenez pas trop, deux doigts seulement et le matin de préférence, ça vous aidera...

✗　✗　✗

Le sergent Rusty Gallaway, grand homme roux dans la trentaine, de la Royal Canadian Mounted Police, détachement de Val-d'Or, jeta un œil inquisiteur à la bâtisse qu'il jugea immense; il avait entendu dire qu'elle avait servi de cuisine aux employés quand la mine Akasaba était en exploitation. La porte devait mal fermer car il y avait un petit jour dans le haut. « *Il y a longtemps qu'il ne fait plus de réparation*, songea-t-il pour lui-même. *Il n'en a plus la force probablement.* » Juste à côté, un porc-épic avait rongé les lattes, au bas du mur, pendant la nuit ou quelques jours plus tôt. C'est une façon de faire de ces animaux qui aiment le goût des vieilles planches et des vieux bardeaux de cèdre. Ça, le policier le savait, lui qui avait dû souvent vivre dans les bois, dans des cabanes, lors de ses expéditions dans le Nord où on l'appelait pour régler certaines affaires. Il frappa à la porte. Pas de réponse. Des bruits légers se firent entendre. Il frappa encore plus fort. Au bout d'un instant, il perçut un certain remue-ménage à l'intérieur, mais la porte ne s'ouvrit pas. L'Algonquin qui l'accompagnait cria :

— C'est moi, ton frère Alonzo ! Ouvre-nous, Gabriel !

Mais personne ne répondit à son appel angoissé.

— Peut-être est-il troublé ?

Cette question qui ne demandait pas de réponse mit Alonzo mal à l'aise. Il aimait beaucoup son frère (il le visitait depuis quelques années chaque été) et il ne pouvait imaginer un tel malheur.

— Vous me donnez la permission d'ouvrir ? questionna Gallaway avec embarras.

Il allait heurter son épaule contre la porte quand elle s'ouvrit. Le policier fut frappé par le spectre qui apparut dans l'ouverture.

— Monsieur Gabriel Commandant ?

— C'est bien moi. Qui cela pourrait-il être d'autre ? L'Algonquin eut la force de sourire à son interlocuteur en se guidant sur le son de sa voix.

— Je peux entrer ? Je suis venu avec votre frère Alonzo et l'une de vos sœurs. Il y a des gens de Val-d'Or qui pensent que vous n'êtes pas bien… et ils ont averti votre famille de Maniwaki…

Le vieillard lui fit signe d'entrer. Il serra la main de son frère et du policier et fit signe aux deux hommes de venir s'asseoir.

331

Une odeur putride, indéfinissable, régnait dans le petit coqueron[25] aménagé dans l'ancienne cafétéria et le policier ne tarda pas à constater de quoi il s'agissait : des boîtes de conserve à peine entamées et laissées là, sur le comptoir, près du bassin de tôle émaillée qui servait d'évier. De grosses mouches de maison, les dernières et les plus grosses de cette fin d'été, s'en donnaient à cœur joie ; leur buzz-buzz était presque ahurissant dans la pièce ; elles atterrissaient sur l'objet de leur convoitise, se nourrissaient lentement des miettes de nourriture ou de viande avariée et prestement se remettaient à voler à travers la pièce, s'arrêtant sans gêne sur la peau du visage ou des mains des hommes présents comme sur une aire de repos. Dérangées par les claques d'agacement, elles se lançaient dans un vol incertain jusqu'à un rétablissement précaire et allaient se poser sur le cadre des châssis en attendant de se remettre à voler. Gabriel comprit la gêne de son frère et du policier et il dit comme pour s'excuser :

— J'aurais bien dû aller jeter ça à la *dump*[26], mais je ne me sentais pas assez bien pour sortir le faire.

— Ça prouve juste une chose, Gabriel, tu n'es plus capable de rester seul. Tu vas partir avec nous.

Gabriel se figea, comme frappé par la foudre : il n'avait jamais imaginé partir. Son cœur un instant s'arrêta presque de battre et sa douleur d'estomac se réveilla. Il murmura, comme hébété :

— Partir ?

Ce mot résonna en lui comme si on avait prononcé une condamnation implacable. En effet, il n'avait jamais envisagé de quitter la demeure de l'Akasaba où il espérait même finir ses jours.

— Tu vas venir rester chez nous. Nous te traiterons bien, tu verras.

---

25. Petite pièce attenant à la cuisine autrefois.
26. Dépotoir.

Alonzo était un homme bon et il savait la détresse de son frère, du moins il pensait la comprendre. Il vit le visage de Gabriel qui tremblait. Des larmes lentement coulèrent de ses yeux aveugles. Il eut cependant un dernier sursaut.

— Non, je ne partirai pas ! Ma place, c'est ici !

Alonzo se fit un devoir de le convaincre :

— Gabriel, sois raisonnable, tu as eu 72 ans, en mars dernier. Tu es aveugle, tu as de la misère à te diriger. Comment pourrais-tu vivre ici tout seul dans le bois, loin des secours ?

— Comprends-moi bien, Alonzo, j'ai toujours vécu ici et je vais mourir ici. Et puis, j'ai mon ami, monsieur Boulay, de Colombière. Il va me surveiller, lui.

Le frère soupira. Il lui fallait prendre une décision, aussi cruelle soit-elle.

— Si tu ne veux pas venir de ton plein gré, il va falloir t'emmener de force. Je suis venu avec la police pour ça. Mais je vais aller chercher notre sœur Marie-Louise qui est au chemin, elle attend dans le char. Elle va venir te parler, elle. Elle avait trop de peine pour monter ici directement, tu comprends ça. Elle savait qu'on te ferait de la peine en t'arrachant à ton milieu.

Il y avait bien cinq minutes de marche avant d'atteindre l'endroit où l'auto était stationnée et où Marie-Louise Commandant, la sœur de Gabriel et d'Alonzo, attendait, de sorte que cela laissait du temps au gendarme pour tenter, à son tour, de raisonner Gabriel.

— Votre frère a raison, monsieur Commandant. Vous ne pouvez pas rester ici dans cette habitation. C'est tellement grand, bien que vous ayez réussi à vous faire monter des murs pour faire des séparations, mais ce n'est pas isolé et ça doit être difficile à chauffer. Ce sera sacrément froid cet hiver et vous n'avez plus la santé pour sciotter[27] ou rentrer du bois

---

27. Scier avec une scie à cadre pour les billes mesurées ou le bois de poêle.

de chauffage. D'autant plus que, les Dumas partis, vous serez obligé de rester ici. Vous n'avez pas beaucoup de commodités, par exemple, si vous aviez le téléphone, ce serait plus sécuritaire.

— Il ne servirait pas à grand-chose puisque je ne parle pas beaucoup. Et le bois de chauffage, on m'en fournit. Des *truckers* qui passent m'en laissent toujours une brassée ou deux : ça finit par faire des cordes et c'est suffisant pour chauffer l'hiver.

— Voyons, monsieur Commandant ! Vous me comprenez bien : cet appareil téléphonique serait là pour vous porter secours en cas de *badluck*.

Gabriel se prit la tête entre les mains.

— Voyons, je ne pourrais pas composer les numéros, je ne vois pas. Je ne peux pas partir : tout ce que je connais est ici.

— Une raison de plus pour partir. Je suis conscient que ce ne sera pas facile. Vieillir demande de prendre des décisions pénibles. Je ne vois pas comment on pourrait vous laisser ici tout seul, en plein bois et sans aide...

Un peu de rouge monta aux joues exsangues du vieil homme dont le visage restait énergique.

— J'ai demandé à personne de venir me chercher ici ! Je suis encore capable de me débrouiller tout seul !

Le policier soupira, il ne voyait plus comment convaincre Gabriel Commandant. Par ailleurs, il savait, lui, ce que ça coûtait, il avait été obligé de s'exiler lui aussi : de l'Irlande d'abord, ensuite de l'Ouest, de l'Alberta où il s'était engagé dans la police montée royale canadienne ; ensuite on l'avait envoyé dans la province de Québec, il savait donc combien ce n'était pas drôle de tout quitter. Il se sentait à bout d'arguments et, par ailleurs, il aurait eu horreur d'être obligé de se servir de sa force pour ramener l'Algonquin.

Gallaway s'aperçut que Gabriel Commandant avait de la peine à se diriger dans la pièce. Il finit par trouver son lit de fer, seul ameublement à part le poêle, la vieille table couverte d'une nappe plastifiée et trouée en certains endroits, les quatre chaises bancales et le poêle à deux ponts. Au sujet de ce poêle massif, le policier Gallaway connaissait justement la rumeur voulant que ce soit Gabriel lui-même qui l'ait transporté dans le bâtiment devenu son habitation, preuve de sa force herculéenne lorsqu'il avait entre 45 et 50 ans[28]. Pour le moment, le policier vit bien que cette force l'avait quittée, car le vieillard se laissa tomber sur son lit avec une faiblesse qui faisait peine à voir.

Le policier hésita, ce qu'il avait à dire ne lui plaisait pas du tout.

— Monsieur Commandant, vos vieux *chums*, Gérard Boulay, son père Adrien, Ray et Émile Cyr, Tommy Jourdain sont venus plusieurs fois ces jours derniers et ils ont eu beau frapper à la porte, vous n'avez pas répondu... Ils n'ont pas osé forcer votre porte : ils ont trop de respect pour vous.

Commandant pencha la tête. Il se souvenait des coups qui avaient résonné dans toute la grande bâtisse de planches, mais il ne se sentait pas assez en forme pour se lever et aller répondre. Tout ce dont il se rappelait vraiment, c'était qu'il avait sombré dans l'inconscience et ne s'était réveillé que le matin même.

— On est quoi aujourd'hui ?

— Lundi après-midi.

— Pas vrai ! C'est hier qu'ils sont venus ?

— Oui, ils sont venus pour vous emmener veiller[29] à Val-d'Or. Heureusement, vous avez encore bonne mémoire. Vous voyez bien que vous n'êtes plus capable de vivre seul. Monsieur Commandant, je suis venu vous chercher : votre frère et votre sœur, avec votre neveu, vont vous ramener à Maniwaki. Ils veulent vous emmener vivre dans la réserve pour prendre soin de vous. Vous y avez encore de la parenté

---

28. Cette affirmation a été fournie par Yvon H. Couture d'après Gérard Boulay, un ami de Gabriel Commandant.

29. Canadianisme. Passer la soirée avec d'autres en parlant ou en s'amusant à des jeux de société.

et ce sont eux qui s'inquiètent beaucoup de vos capacités à vivre seul alors que votre santé n'est plus très bonne...

L'Algonquin allait répondre quand apparut dans l'embrasure de la porte, restée ouverte à cause de la douce chaleur de cet après-midi d'août, sa sœur Marie-Louise. Alonzo se tenait derrière, visiblement embarrassé. La sœur se dirigea immédiatement vers Gabriel qu'elle embrassa affectueusement. Elle avait toujours énormément compté pour ses frères. Elle était l'avant-dernière et elle était veuve depuis quelques années. Ses enfants – elle en avait eu cinq – aimaient beaucoup leur oncle Gabriel qu'ils se plaignaient de ne pas connaître assez. Même pour ses neveux et nièces, Gabriel Commandant était déjà devenu un mythe : l'oncle presque inconnu qui avait toujours travaillé dans de lointaines forêts, le grand découvreur de mines.

— On est venu te chercher, Gabriel, il faut que tu te résignes à venir avec nous.

— Je ne peux pas, Marie-Louise, c'est ici ma vie, dans ce coin de pays que j'aime tant.

La sœur réfléchit un moment.

— Mon frère, je te comprends, mais tu ne seras pas seul. Tu seras avec nous. Comme un saumon qui remonte la rivière vers le lieu de sa naissance, tu reviendras à l'endroit où tu es né...

Puis, voyant qu'elle n'arrivait pas à le convaincre, Marie-Louise décida de lui asséner l'argument définitif :

— ... tu sais, tes amis ne viendront plus, tu leur as refusé ta porte plusieurs fois ; ils sont convaincus que tu es troublé.

Le coup porta parce que son frère algonquin porta la main à son front comme un enfant qui souffre et que rien ne peut consoler.

— Non ! Je ne veux pas quitter ma maison et mon pays !

— Gabriel, je t'en supplie, ne nous oblige pas à demander au sergent Galloway de t'amener de force. Gabriel, mon cher frère, tâche d'être raisonnable.

Gabriel Commandant laissa échapper un grand soupir. Il eut encore la force de protester :

— Il n'est pas question que je parte d'ici !

Il avait presque crié. Il fut surpris lui-même du ton de sa voix dont l'écho aigre se répercuta sous le toit de la grande bâtisse. Puis, il se renfrogna et un silence lourd s'installa entre les trois personnes qui composaient ce tableau de souffrance. Elles ne se regardaient pas, les yeux perdus dans le vide, comme des gens qui se renferment dans leurs pensées pour échapper à une situation pénible.

Finalement, Alonzo se leva maladroitement et vint prendre le bras de son frère avec une certaine rudesse :

— Ne t'attends pas qu'on te laisse ici. Je suis prêt à te forcer à venir avec nous, s'il le faut, comme je te l'ai déjà dit.

Soudain, Gabriel n'eut plus la force d'émettre une objection. Son estomac lui faisait très mal. Il venait de comprendre qu'il devait dire adieu à sa chère demeure où il avait été si heureux dans la solitude qui lui plaisait tant. Il ressentit un chagrin profond, un chagrin comme seuls savent en avoir les vieillards que leur condition précaire oblige à prendre une décision déchirante. Une dernière fois, il essaya de résister à ce malheur.

— Je ne suis quand même pas si malade que ça !

Marie-Louise le prit tendrement par l'épaule :

— Gabriel, ne m'oblige pas à dire les choses telles qu'elles sont... Tu as toujours été un homme fort, en santé. Ce n'est plus le cas. Nous vieillissons tous. Tu as encore de belles années devant toi à condition d'accepter tes limites; tu as besoin d'aide pour finir tes jours tranquille et entouré de notre affection. C'est bien beau de vivre ici, ça je n'en doute pas, mais tu dois admettre que ce n'est plus possible. À trois milles du grand chemin ! Aveugle en plus ! Ne crois-tu pas qu'il serait temps de venir avec nous ?

Sans répondre, mal résigné, le cœur gros, Gabriel prit un sac de papier brun, qu'il déplia soigneusement, y mit quelques objets sans importance, chercha sur la table les lunettes qu'il avait commandées, il y avait plusieurs années, et qui lui avaient permis de lire un certain temps le *Family Herald* de Winnipeg que lui apportait quelquefois monsieur Dumas. C'est là qu'il avait vu l'annonce de lunettes avec tout en haut la lecture qu'il fallait faire de phrases aux caractères de différentes grosseurs pour savoir la force des verres. Elles lui avaient coûté 6 dollars et 43 cents, avec les frais de poste. Il leur était attaché, même si elles ne lui servaient plus. Depuis assez longtemps, il ne distinguait plus les lettres. Les numéros du *Family Herald* ne lui étaient plus utiles que pour allumer le feu dans le poêle à deux ponts qui répandait une chaleur douce et agréable, bourré qu'il était de vieux bois de mines, car Gabriel n'avait plus la force de couper des arbres, de les transporter et d'en faire du bois de chauffage. Le bois de mines en petits bouts, sans créosote, lui était apporté par des travailleurs forestiers qui en chargeaient un camion de temps en temps et le déchargeaient en passant près de l'habitation de l'Algonquin, car tous ces hommes, chasseurs et pêcheurs, appréciaient le vieil Indien qui n'avait pas son pareil pour se faire aimer. On plaignait son sort d'aveugle et on le trouvait bien courageux de vivre ainsi en plein bois. On se rappelait aussi que, plus jeune, il savait jouer des tours amusants et pendables comme la fois où il avait prétendu que la mine Akasaba était encore bourrée de dynamite qui pouvait sauter à tout instant à cause des gaz de mines. Personne n'y croyait jusqu'au jour où un de ces hommes s'aventura dans une galerie fermée. Derrière lui, Gabriel alluma prestement, et sans se faire voir, quelques petits pétards achetés dans un magasin de bric-à-brac à Val-d'Or et installés à l'avance. L'homme avait retraité rapidement vers la sortie avec la peur de sa vie. Une fois revenu de ses émotions, il avait ri de la bonne blague et, à partir de ce jour, ils furent amis, car Gabriel était sans malice et se montrait toujours généreux jusqu'à outrance, offrant de partager ses repas à tout venant et prêtant même le peu d'argent qu'il avait à des amis qui oubliaient bien souvent de le lui rendre.

L'un de ces *jobbers*[30], qui avait déjà eu Gabriel à son emploi et l'avait beaucoup apprécié, faisait même couper ces billots en bûches pour le poêle, et il envoyait un homme les fendre. Ainsi le vieil homme n'était-il pas obligé de les scier et de les fendre lui-même. Cela lui aurait été impossible, naturellement, à cause de sa cécité et de son état de santé précaire.

Gabriel, quoique aimant sa solitude plus que tout, ouvrait toujours sa porte aux gens de passage. Il avait le rire facile et savait se montrer intéressant, même s'il parlait très peu avec les gens qu'il ne connaissait pas bien. Nul mieux que lui n'avait l'art de conter des légendes, des histoires de chasse et surtout ses expériences de guide, de trappeur et de premier habitant de Val-d'Or et de ses alentours.

Il n'avait plus le choix. Il lui fallait partir, car il n'avait plus la force de faire à pied le trajet jusqu'au magasin général de Colombière dans un sentier qu'il avait tracé lui-même voilà bien longtemps. Il est vrai que certains s'offraient pour le ramener quelquefois en auto, dans un chemin de bois où le tracteur passait une fois par année, mais il lui fallait faire l'aller et il n'en avait vraiment plus la capacité. L'épicerie avait de nouveaux propriétaires, les Dumas avaient quitté, et il ne se sentait pas à l'aise avec ces gens. Et il devait remonter avec un *pack-sack* sur le dos, rempli de victuailles.

Il murmura comme pour lui-même :

— ... Je dois partir, je dois partir... car je n'ai plus les capacités suffisantes.

Avec des gestes lents, il amassa divers objets qu'il ratissa ici et là, et les mit soit dans le sac de papier brun, soit dans le sac à dos. Ce fut facile, car il ne possédait presque rien. Quelques babioles et ses vêtements, sans plus. Cependant, il s'arrêta pour caresser la couverture de toile de *La Vie de Geneviève de Brabant*. Un dernier présent de sa mère,

---

30. Anglicisme. Entrepreneurs, en particulier dans les opérations forestières.

Manianne, avant son départ pour la Grande Forêt de l'oubli, car elle aussi était décédée. Il manquait des pages, d'autres étaient jaunies et déchirées. Ça n'avait plus d'importance puisqu'il le connaissait encore par cœur et, si parfois sa mémoire défaillait sur bien d'autres événements, jamais il ne perdait le fil de l'histoire de cette femme exceptionnelle qui avait vécu dans la profondeur d'une forêt, quelque part dans les vieux pays, exilée par les siens, exactement comme cela arrivait souvent aux Algonquins lorsqu'on les expulsait et qu'on les obligeait à vivre loin des terres que voulaient occuper les Blancs ou comme lorsqu'ils avaient été bannis par la Police montée royale du Canada de l'île d'Astigwash[31], perdant ainsi un lieu de rencontre annuelle où, depuis des générations, à la fin de l'été, ils venaient camper, fêter et discuter de territoires de chasse, conclure des mariages et bien d'autres choses encore[32].

Pour Gabriel, rien n'avait plus vraiment d'importance maintenant. Il n'avait jamais pensé partir pour Maniwaki, mais plus il y pensait, plus il se disait que c'était la seule solution, bien qu'il se sentît le cœur brisé d'être obligé de le faire. Il y serait avec son frère Alonzo, ses autres frères et ses sœurs, ses neveux et quelques autres parents. Demain, peut-être qu'il regretterait sa décision, mais pour l'instant elle lui semblait pleine de bon sens. Il n'était vraiment plus capable de vivre seul.

Rusty Gallaway l'aida à empaqueter ses affaires, car le vieil Algonquin devait s'asseoir à tout bout de champ tant il était faible. Alonzo et Marie-Louise étaient sortis à l'extérieur, accablés qu'ils étaient par le grand chagrin de leur frère. Ils avaient l'impression de lui voler une partie de sa vie, mais c'était bien malgré eux, plutôt par amour que par obligation.

---

31. L'île qui a pris le nom de Siscoe, au milieu du lac De Montigny, à Sullivan, territoire algonquin reconnu.

32. Couture, Yvon H. Notes.

Ils sortirent de la cabane, suivis de leur frère qu'ils tenaient par la main. Parvenu au sentier, Gabriel Commandant se retourna et, même s'il ne voyait rien, il sembla contempler en imagination longuement ce qui avait été son lieu d'habitation quelques années après qu'il fut revenu de son séjour de prospection dans la région de Chibougamau. Il y avait bien des années de cela. Devant, les trembles sûrement avaient grandi s'ils n'avaient pas été coupés par les castors, ses amis. Dans le sentier, il ne le vit pas, mais il était persuadé que, dans cette fin d'août, il y avait des pistes d'orignaux. Il sentit passer ou plutôt il le devina un écureuil agité qui faisait ses provisions de fin d'été pour l'hiver qui viendrait de bonne heure. Gabriel le sentait. Il revit les sentiers où il avait trappé le renard, la martre et d'autres animaux aussi. Il imagina l'endroit de la forêt où il allait souvent faire ses prières, à l'abri des regards dans cette nature qu'il avait tant aimée et qui lui procurait tant de bonheur. Il se souvint aussi du goût des petits fruits que l'on trouvait autour de son camp: bleuets, fraises, quatre-temps, merises, amélanchiers et groseilles; une incroyable diversité à moins de cent pieds de son lieu d'habitation[33]. Il fit une prière de reconnaissance aux esprits de la forêt pour tout ce qu'ils lui avaient donné en abondance.

C'est alors que le sergent Rusty Gallaway le vit pleurer, des larmes qu'il avait oubliées depuis la mort d'Anna-Marion Larouche-Saint-Sauveur et de celle de Boxcar Annie, tellement d'années auparavant, des larmes amères qui sentaient l'adieu. Son frère, sa sœur et le policier se détournèrent par respect pour la douleur du vieil Indien qu'ils obligeaient à quitter un endroit où il avait été heureux pour le conduire dans un autre où il ne serait pas tout à fait familier. Gabriel Commandant aimait tellement Val-d'Or et ses environs que de l'arracher à ce lieu revenait à le faire mourir définitivement. Gallaway oublia la distance qui sépare

---

33. Couture, Yvon H., *Étude du site où a vécu Gabriel Commandant*, 1988.

le policier de ceux qu'il a pour mission d'aider. Il mit sa large main sur l'épaule décharnée du vieux Gabriel. Sa voix était tout à coup presque tendre, lui qui détestait s'attendrir :

— Monsieur Commandant, venez, nous devons partir. Vous avez une longue route à faire...

Le vieil Indien s'appuya sur le jeune policier et ils cheminèrent silencieusement. Sur le chemin, Gabriel entendit plutôt qu'il ne les vit la petite source et le ruisseau, bien cachés dans les aulnes, où il avait pêché de la truite si souvent. Ils évitèrent ce qui devait être un tas de crottes d'ours et Gabriel, malgré sa peine, ne put s'empêcher de sourire. Peut-être était-ce une mère qui était passée par là, une de celles à qui, autrefois, il avait enlevé un ourson pour renarder[34] quelques minutes, se batailler avec elle et le lui remettre au bout d'un moment, jeu qu'il avait bien aimé, mais qui, quelquefois, aurait parfaitement pu lui coûter la vie... Mais il était si fort, en ce temps-là, qu'il n'avait peur de rien.

✴ ✴ ✴

William Commandant, son neveu qui avait attendu sur la petite route de forêt et qui conduisait l'auto, les vit arriver et se porta à leur rencontre, car son oncle Gabriel avait peine à mettre un pied devant l'autre. « *Good God, va-t-il pouvoir arriver vivant à Maniwaki?* » se questionna le neveu, inquiet. Aidé du policier, ils réussirent à installer Gabriel sur le siège avant.

Rusty Gallaway serra chaleureusement la main du vieil homme et se prépara à prendre congé. Mais, auparavant, il prit soin de faire monter la sœur et le frère à l'arrière.

Gabriel, d'une voix triste, lui recommanda :

— N'oubliez pas de dire à Gérard Boulay de s'occuper de la maison verte et de mes affaires au cas où je reviendrais...

---

34. Imiter la finesse du renard.

Gérard Boulay était un vieil ami qui demeurait non loin de Gabriel dans le village de Colombière, et qui lui rendait service depuis que les Dumas avaient déménagé à Val-d'Or.

Puis, épuisé, Gabriel Commandant entendit les pas du policier s'éloigner. Il l'entendit monter dans son auto, tourner et, au bout d'un certain temps, le bruit du moteur s'éteignit dans le lointain.

Ensuite seulement, il se tourna vers son neveu et lui demanda :

— Vous voulez m'emmener à Maniwaki avec mes affaires ?

— Que faire d'autre, mon oncle, vous êtes trop *magané*[35] pour vivre tout seul dans le bois.

Il n'eut pas de réponse. Il démarra l'automobile. Gabriel lui prit le bras.

— William, il faudrait que je retourne à la source, la source Gabriel, l'ancienne Wendt-Wright Creek. J'ai passé le plus clair de ma vie là, mes meilleures années en tout cas. J'ai eu du bon temps quand je suis demeuré là avant que la ville s'étende autour...

Le neveu s'objecta :

— Voyons, oncle Gabriel, vous ne voyez plus clair, ça vous donnerait quoi d'aller là ? Ça nous ferait perdre une heure au moins. Et nous avons une longue route à faire jusqu'à Maniwaki.

Gabriel baissa tristement la tête. Il savait bien que son neveu avait raison. Des larmes silencieuses se tracèrent un sillon sur le visage aux traits fatigués. Attendrie, Marie-Louise lui passa la main sur la tête. Au moins, on l'accompagnerait dans l'exil.

— Ne t'en fais pas, Gabriel, je vais demander à Monique Cheezo, qui demeure au lac Simon, d'aller te chercher une petite bouteille de l'eau de ta source. Comme ça, elle sera toujours avec toi... Qu'en penses-tu, mon frère ?

---

35. Canadianisme. Fatigué, affaibli.

Gabriel ne répondit pas. Mais il était reconnaissant à sa sœur de penser encore à lui.

Le premier habitant de Val-d'Or ressentait une grande peine de ne pouvoir dire adieu à sa source. Mais il savait trop bien que l'Esprit de la source qui lui avait permis de boire de son eau, la plus pure du monde, l'accompagnerait dans son dernier voyage.

☒ ☒ ☒

Gabriel constata que les arbres formaient un rideau opaque. Il se cala sur son siège. Tout à coup, il demanda à Marie-Louise, ce qui indiquait bien sa délicatesse :

— J'ai comme honte d'être assis en avant de l'auto comme un roi et maître. C'est à toi que revient cette place, Marie-Louise...

Sa sœur protesta :

— Ben, voyons donc, Gabriel Commandant ! C'est à toi que revient le meilleur siège, après tout, tu es comme de la visite et on va te traiter comme telle...

Gabriel se sentit peu à peu saisi d'une miraculeuse sensation de paix. Tout était auréolé d'une étrange lumière. Il sentit son esprit s'épanouir en lui et il se savait intérieurement comblé par une étrange sensation de plénitude. Il était baigné d'une glorieuse lumière. *Ni Mikiwam, Kienawisik, Pakitanika, Kakinokamak, Asikiwach*[36]. Il avait marqué le territoire de l'Abitibi et il savait que l'on se

---

36. Ni mikiwam, la maison, c'est-à-dire le camp de la source Gabriel où Commandant a vécu.

Kienawisik, détour, portage et qui désignait le lac De Montigny.

Pakitanika désignait le lac Blouin.

Kakinokamak prendra le nom de lac Lemoine.

Tous ces endroits fréquentés par Gabriel Commandant désignent, en réalité, Val-d'Or et ses alentours.

Remarque : les Algonquins d'aujourd'hui nomment encore parfois ces endroits de leurs noms algonquins.

Ce serait une excellente habitude que ces noms de terres, de lacs, reviennent à leur sens algonquin premier.

souviendrait de lui longtemps après son départ. Les mines témoigneraient à jamais de son passage sur cette terre de richesse inouïe. La source Gabriel était là aussi pour le rappeler à la mémoire des habitants de cette région sublime du Nord et de cette ville magique de Val-d'Or, qui aurait dû s'appeler la ville Commandant par respect pour son admirable travail de prospecteur si la soif des hommes pour l'or n'avait pas été si intense, l'or dont seuls avaient joui, jouissaient et jouiraient quelques Anglais, des hommes de Toronto ou des États-Unis, comme cet Howard Hugues qui, avec sa Tech Hugues, possédait la plus grande part des actions et des profits des mines Lamaque et qui pourtant n'avait jamais mis les pieds à Val-d'Or. Quant aux découvreurs et prospecteurs, ils finiraient leur vie pauvrement dans des hôtels minables, dans une ivresse triste, le cœur labouré de chagrin parce qu'ils n'auraient plus la force de tracer des jalonnements à travers la forêt abitibienne.

Personne ne pourrait plus jamais effacer le nom de Gabriel Commandant de ce territoire que l'Algonquin, chasseur, guide, pourvoyeur, trappeur avait marqué à jamais de son passage sur la terre algonquine...

Gabriel Commandant passa quatre années chez son frère Alonzo, dans la réserve de Rivière-Désert à Maniwaki. Il parlait peu, sauf pour se remémorer Anna-Marion et la peine qu'il avait eue de ne pas connaître ses filles qu'on l'entendait nommer parfois quand il croyait être seul. Puis, un matin, on le conduisit à l'hôpital. Il était très malade.

Avant de laisser cette terre à jamais, il revit en esprit la source Gabriel de Val-d'Or. Il y vit nager des canards sur l'eau du petit lac formé par l'élément liquide jaillissant du plus profond de la terre. Il en fit le compte : soixante-seize, le nombre de ses années. Ils s'ébattaient dans la mare, tous le bec dans le même sens.

— ... Seigneur, soupira-t-il, je vais mourir. À la grâce de Dieu ! Attends-moi, Anna-Marion, mon épouse adorée. Je m'en viens... Blandine et Lucie, mes filles chéries, soyez là pour me recevoir... Et toi, Boxcar Annie, prépare-toi à me serrer la main...

Ce qui allait lui arriver maintenant le laissait indifférent.

Par la fenêtre de sa chambre, il imagina le disque doré du soleil en ce bel après-midi de mi-août et, dans un ultime sourire, Gabriel partit à sa rencontre dans l'invisible où l'or était enfin devenu lumière.

⚒   ⚒   ⚒

Val-d'Or, maison Pévec, août 1997
Trois-Rivières, maison d'Irène, juin 2002

Merveilleuses années passées
en compagnie de Gabriel Commandant,
l'éternel Algonquin.

Chanson pour
Gabriel Commandant
L'Algonquin de la Source d'or

Gabriel Commandant, Algonquin prospecteur,
Tu as su trouver dans les veines de la Terre
L'essence minérale contenue dans la pierre
Afin que l'or, l'argent, le cuivre nous soient prometteurs.

Harricana, Stabell, Sullivan et Lamaque,
Noms à jamais gravés au fond de nos mémoires,
Qui apportèrent aux gens d'ici, gens d'attaque,
Travail et argent : beau geste bien méritoire.

Ton esprit a toujours su semer l'harmonie :
Immigrants et autochtones y apposèrent leur sceau.
Ton amitié, dans sa candeur, les avait éblouis,
Ton sourire étant certes le plus beau.

Tous les gens d'ici ont, bien sûr, compris ton rêve ;
Premier habitant de Val-d'Or, ville de mille splendeurs,
Ils te rendent un hommage qui vient vraiment du cœur ;
Il est inspiré par ton dévouement sans trève.

Ils l'ont nommé source Gabriel, bel honneur
Pour toi qui vécus sur ses rives fleuries,
Ce petit lac venu d'une eau soudain jaillie
Pour étancher ta soif, partager ta douceur.

On te savait l'homme de la source Gabriel ;
Certains disaient que tu pouvais voir les étoiles
Dans l'étang où s'amassent les eaux du ciel,
Là où ton reflet d'or se profile sans voile.

JEAN FERGUSON

347

Chronologie des principaux événements connus au cours de la vie de Gabriel Commandant

1891 | Naissance le 13 mars 1891 à Rivière-Désert (Kitigan Zibi), réserve algonquine située près de Maniwaki.

Son père s'appelle Louis (plus familièrement Louison) Commandant, sa mère Manianne Tanaskon. On voit souvent la déformation des noms français par les Algonquins comme Marianne ou Marie-Anne qui deviennent Manianne, surnom affectueux. Il se peut aussi que le prêtre ait mal orthographié le nom de Marianne.

Gabriel Commandant a deux frères et deux sœurs.

1898 | Annexion de l'Abitibi au territoire de la province de Québec. Ottawa reconnaît la frontière nord du Québec passant à la hauteur des terres à la rivière Eastmain.

1910 | Gabriel travaille avec des équipes d'arpenteurs pour la construction du chemin de fer Cochrane-Moosonee, l'Ontario Northland.

1911 | Découvertes de veines de quartz aurifères sur les côtes du lac Kienawisik par James O'Sullivan et Hertel Authier.

(Kienawisik, mot algonquin signifiant *détour, portage*. Ce lac sera rebaptisé plus tard lac De Montigny).

1912 | Le 17 novembre, mariage de Gabriel Commandant avec Anna-Marion Larouche-Saint-Sauveur, fille du gérant de la Compagnie du Nord-Ouest, à Sault-Sainte-Marie, en Ontario. Le père de la mariée leur refuse le droit de vivre ensemble, à cause de leur différence de statut social, ce qui force Gabriel à s'éloigner; il monte en Abitibi et il s'installe sur un terrain de trappe près de la rivière Asigooash (rivière affluent de la rivière Bourlamaque actuelle).

Le gouvernement fédéral cède au Québec le territoire de l'Ungava.

1913 | Le 3 novembre, naissance à Sault-Sainte-Marie de Blandine, la première fille de Gabriel et d'Anna-Marion. On lui donnera le nom de Larouche-Saint-Sauveur selon les exigences du grand-père. Gabriel Commandant est présent, puisqu'il signe le registre paroissial et il est donné comme le père.

D'après Joseph Cyr, ami intime de Commandant, ancien prospecteur et plus tard électricien, Gabriel serait arrivé vers 1912-1913. Les recherches récentes et divers témoignages situent vers la fin de 1912 l'arrivée de Gabriel Commandant à la rivière Bourlamaque, près de la future ville de Val-d'Or, où il avait un terrain de chasse et de pêche. Il venait de Sault-Sainte-Marie. Le gouvernement était d'une grande largesse pour laisser aux Algonquins des terrains dont ils avaient l'usufruit de la trappe et de la chasse, ce qui peuplait et développait d'une certaine façon le territoire. Les Algonquins ont été des guides et des assistants des Blancs, car leur connaissance du territoire était immense et ce même territoire était impénétrable sans les connaissances précises des premiers habitants. Les longues traversées d'un point à l'autre n'étaient pas aussi difficiles qu'on peut le penser aujourd'hui. Ces gens étaient habitués à aller d'un endroit à l'autre, car ils étaient essentiellement nomades, ceci dans le but de laisser se régénérer la faune et la forêt utilisées pendant un certain temps. La chasse et la trappe obligeaient aussi à de longs déplacements.

La ligne de chemin de fer traverse l'Abitibi. C'est tout un événement célébré en grande pompe. Le 17 novembre, le dernier rail est posé à la rivière Mégiscane (nom algonquin qui signifie «hameçon») près de Senneterre, reliant ainsi Moncton à Winnipeg. Fait très rare, la voie ferrée traverse deux fois la rivière Mégiscane.

1914 | Début de la Première Guerre mondiale, le 28 juin.

1915 | Le 5 mars, âgé de 23 ans, Gabriel s'enrôle dans l'armée canadienne à North Bay, en Ontario, sous le nom de Gilbert Commanda (il donne comme nom de sa mère Marion Commanda alors qu'il s'agit plutôt du prénom de son épouse : la raison de ces erreurs est inconnue, à moins qu'il s'agisse de la mauvaise compréhension de l'officier recruteur, ce qui est parfaitement possible puisqu'ils s'agit d'anglophones ou d'officiers bilingues). Il est envoyé au camp Borden où il est incorporé dans le 159e régiment pour son entraînement. Il est renvoyé le 15 août de la même année pour cause d'intempérance et d'invalidité, souffrant vraisemblablement d'une varice de la jambe gauche au-dessous du genou. L'armée avait l'habitude de ces raisons fictives pour se débarrasser des soldats gênant par leurs excès de boisson jusqu'à être incapables de combattre. Ce qui n'empêche pas Gabriel Commandant d'être rappelé sous les drapeaux, en septembre, à Longue-Pointe au Québec, où il est transféré dans le 141e bataillon, constitué d'Indiens venus de toutes les régions du Canada. Comme ils n'étaient pas obligés de s'engager, ils le faisaient sans doute pour le salaire ou pour connaître d'autres territoires. Après quelques semaines d'entraînement, Commandant est expédié en France sur le front.

Le 25 avril, naissance, à Sault-Sainte-Marie, de Lucie Commandant, deuxième fille de Gabriel et d'Anna-Marion.

Découverte de gisements aurifères à l'île Askiwash (Siscoe, plus tard).

Début des travaux à la future ville de Val-d'Or.

1916 | Le 23 avril, en France, près d'Ypres, sur le champ de bataille, Gabriel Commandant rencontre pour la première fois l'Anglais Archibald Belaney (le futur Grey Owl). Tireur d'élite, Belaney a reçu une balle dans un pied et c'est Gabriel qui lui porte secours et le reconduit jusqu'à son unité derrière les lignes anglaises.

1918 | Fin de la Première Guerre mondiale, le 22 novembre.

La grippe espagnole frappe la province de Québec et l'Abitibi en particulier.

Fin novembre, Gabriel, démobilisé, revient de l'Europe et en décembre, le 5, Anna-Marion Larouche-Saint-Sauveur, son épouse, meurt de la grippe espagnole à Sault-Sainte-Marie, à l'âge de 23 ans. Elle est inhumée le 8, jour de l'Immaculée-Conception, avec ses deux filles, l'aînée, Blandine, cinq ans et un mois, et Lucie, la deuxième, trois ans et huit mois, toutes deux aussi atteintes. Cette maladie mortelle était aussi appelée par les Indiens la fièvre jaune.

1919 | Au printemps, Gabriel est de retour en Abitibi et il s'installe de nouveau près de la rivière Bourlamaque.

Raymond Cyr, homme à tout faire, rencontre Gabriel et se lie d'amitié avec lui.

1920 | La Gendarmerie royale du Canada interdit l'accès aux Algonquins venus se rencontrer à Askigwash (le trou du phoque), maintenant nommée l'île Siscoe. Ainsi les Algonquins perdent leur lieu de rencontre annuelle où depuis des générations, à la fin de l'été, ils venaient camper, fêter et discuter de territoires de chasse, conclure des mariages, faire du troc et toutes les choses nécessaires à la vie des communautés éloignées.

1922 | Jalonnement des *claims* A. T. Black (future mine Lamaque) et prospection des terrains par Robert C. Clarke, guidé par Gabriel Commandant. Clarke dira de Commandant que c'était un guide avisé, d'une force inouïe et d'une résistance à toute épreuve, capable de découvrir de l'or ou d'autres minerais par un moyen naturel qu'il ne révéla jamais. Clarke raconte qu'ils découvrirent un *claim* lorsque le guide coupa un bouleau pour éclaircir le terrain. Il y avait une veine d'or sur les racines découvertes et dans le sol où avait poussé l'arbre, car ce minéral a tendance à se trouver à la surface du sol.

En juin, l'un des promoteurs de l'Harricana Gold Mines, Adolf-Johannes-Théodore-Thomas Wendt-Wriedt, originaire de la Virginie, son fils Swayne, âgé de 12 ans, et Robert-C. Clarke construisent un camp en bois rond au sud d'une source qui se jette dans le lac Pakitanika – le lac Blouin aujourd'hui. Gabriel Commandant y habitera en hiver et donnera son nom au cours d'eau, la source Gabriel, qui deviendra en fait un lac artificiel d'une importante superficie. L'eau y est extrêmement claire et pure.

1923 | Gabriel conduit Bob Clarke à la découverte d'une veine aurifère très riche dans le canton Bourlamaque et qui donne naissance à la mine d'or Lamaque. L'enregistrement du *claim* se lit comme suit : R. C. Clark ML2053-A.

Création du comté provincial d'Abitibi.

1924 | Le nom de Gabriel Commandant figure dans le *Recensement des Indiens* comme membre sans enfant de la bande Rivière-Désert.

Le 12 décembre de cette année, la Kienawisik Gold Mines, qui deviendra l'Harricana Amalgamated Gold Mines, achète deux lots d'une superficie de 200 acres. En plus des droits miniers, la mine possède des droits de surface. La mine Harricana ne produira pas une seule once d'or, mais ira en grande partie chercher son financement en vendant, à compter d'août 1934, des lots à bâtir, où s'établiront les premiers résidants de Val-d'Or. Gabriel est intimement lié à la naissance de la mine Harricana, car il travaille au jalonnement et il est assez intime avec les promoteurs Adolf-Johannes-Théodore-Thomas Wendt-Wriedt et Robert (Bob) Clark. Il sert d'homme à tout faire. C'est d'ailleurs monsieur Wendt-Wriedt qui demande à Gabriel d'habiter dans le camp en bois rond près de la Wendt-Wriedt Creek (plus tard la source Gabriel), auprès de laquelle Gabriel demeurera plusieurs années, après que Wendt-Wriedt fut reparti pour Rouyn en 1927 pour ouvrir une autre mine.

1925 | Deuxième rencontre de Gabriel Commandant avec l'Anglais Archibald Belaney (le futur Grey Owl), celui qu'il a secouru lors de la première guerre et qui est en passe de devenir un ardent défenseur de la vie sauvage au Canada. Les deux hommes deviendront amis. Belaney passera trois ans à Doucet, près de Senneterre, dans un terrain de trappe et de chasse prêté par le ministère de la Chasse et de la Pêche de la province de Québec, car il a fui le Nord ontarien où les animaux se font rares et où on ne permet plus aux Blancs de chasser. Gabriel Commandant l'aidera à en tracer les limites, car l'Anglais ne semble pas spécialement doué pour établir ses repères en forêt.

Grand, athlétique, très fort, mince, svelte, les traits particulièrement fins, le regard très pénétrant, les épaules carrées, bien droit, c'est le portrait que les témoins font de Gabriel à cette époque; il est dans le meilleur de sa condition. Sa force est déjà légendaire; il peut portager jusqu'à 250 livres (113,5 kg) sur son dos, et ce, sur des distances de onze ou douze kilomètres. Il transporte même un poêle à bois pesant dans les 400 livres (181,6 kg) sur ses épaules sur une distance de deux kilomètres.

1927 | Frank G. Speck mentionne le nom de Gabriel Commandant dans *Boundaries and All Hunting Groups of the R. D. Algonquin.*

Départ de Doucet (arrêt ferroviaire, à quelques kilomètres de Senneterre) et d'Archibald Belaney pour Cabano au Québec.

1928 | Installation du premier moulin minier de la Siscoe sur l'île Asigooash.

Gabriel travaille pour le Club Kapitachouan dans la région de Senneterre. C'est dans cette pourvoirie qu'il monte un orignal pour la première fois dans le but d'amuser les visiteurs qui viennent de partout en Amérique et en Europe pour chasser et pêcher. La rumeur veut qu'il ait été filmé par un touriste américain qui pourrait être d'ailleurs Norman Rockwell, le grand dessinateur américain, connu mondialement.

1929 | Début de la crise économique. Curieusement, cette crise a aussi des répercussions dans la nature où les animaux et les poissons se font plus rares jusqu'au point où la famine s'installe dans certains groupes algonquins de l'Abitibi.

1933 | Herber Bambrich prospecte les terrains de la future mine Sigma, en octobre. Cette mine se situe à la périphérie de Val-d'Or.

1934 | Gabriel Commandant livre le courrier entre Amos et Val-d'Or durant la période de gel et la période de dégel, la route étant trop mauvaise pour que des chevaux et une voiture puissent passer par un chemin à peine tracé dans la forêt.

L'Harricana Amalgamated Gold Mines inc. vend des lots aux habitants de la future ville de Val-d'Or par l'entremise d'un agent d'immeuble, J.-Ovide Germain, et de sa fille, Colette.

William (Bill) Ferguson, avec un associé, ouvre le 2 janvier le Pionner Store, à la fois magasin général, casse-croûte et bureau de poste. Il devient l'ami de Gabriel et le rencontre assez souvent. Au Café Windsor ou à l'hôtel Gold Range (Ritz), ils ont de longues conversations sur le développement de Val-d'Or, mais ils ont des opinions contraires, le marchand prônant un développement et une occupation rapides de la région, l'Algonquin plaidant pour le respect du territoire et pour le contrôle de l'immigration afin d'empêcher que des gens sans foi ni loi ne s'installent sur cette terre vierge et ne la détruisent en l'exploitant d'une façon anarchique. Ferguson s'exilera en Ontario quelques années plus tard.

1935 | Au printemps, Gabriel livre encore le courrier entre Amos et Val-d'Or, car la nouvelle route carrossable entre ces deux villes ne sera inaugurée qu'en octobre.

Ouverture de la mine Lamaque.

Construction du village de Bourlamaque.

Fondation officielle de Valdor – ainsi orthographiée à ses débuts – le 15 août. Ce nom lui vient de J.-Ovide Germain, arrivé à Val-d'Or en 1934, qui lui ajoute l'apostrophe : Val d'Or. Monsieur Germain est vendeur de lots pour la mine Harricana et cette idée d'appeler la ville Val d'Or lui serait venue d'une visite à un petit hôtel de Cap-de-la-Madeleine nommé Valdor.

Avec les trois dollars que lui a prêtés son ami Raymond Cyr, Gabriel part en exploration dans la région de Chibougamau où il est aussitôt engagé par des entrepreneurs miniers. Sa réputation de grand travailleur et de découvreur de mines le suit.

1936 | Gabriel achète un camp en bois rond à Chibougamau au bord du ruisseau du lac Guilman. Il travaille comme prospecteur et il est chef d'équipe.

1937 | Ouverture de la mine Sigma à Val-d'Or.

Gabriel travaille toujours comme prospecteur autour et dans la région de Chibougamau.

Dans la région de Val-d'Or, on construit la voie ferrée.

Le premier train de passagers entre en gare de Val-d'Or, le 29 novembre. Des témoignages font état de la présence de

Gabriel, ce qui n'a rien d'étonnant puisqu'il est un grand voyageur et n'hésite pas à entreprendre des *trottes* d'une région à l'autre pour servir de commissionnaire aux dirigeants et aux propriétaires de mines éparpillés sur le territoire de l'Abitibi et du Nord-Ouest ontarien. L'envoi d'un homme de confiance d'un endroit à l'autre est le moyen le plus sûr de se communiquer certains renseignements malgré les distances.

1938 | Le 13 avril, après une tournée épuisante où il prônait la conservation des animaux et de la forêt canadienne, décès à l'hôpital de Prince Albert, Saskatchewan, d'Archibald Belaney, devenu Grey Owl, et ami de Gabriel Commandant. Il avait demeuré à Doucet, en Abitibi, et il avait tourné un film à cet endroit.

1939 | Gabriel quitte Chibougamau et revient s'installer dans la région de Val-d'Or. Ce centre est toujours son lieu de prédilection. En plus de faire de la chasse et de la pêche, il occupe diverses fonctions, toujours dans le domaine minier, comme guide, explorateur, prospecteur, etc.

Construction du chemin de fer entre Val-d'Or et Rouyn débuté en 1938. Pendant quelques semaines, Gabriel agit comme aide-arpenteur, comme il l'a fait pour la ligne Cochrane-Moosonee en 1910. Il démontre sa force extraordinaire dans des concours de billes qu'il transporte sur son dos comme si de rien n'était. Il lève même un bouvillon au bout de ses bras après une gageure avec son ami algonquin d'Amos, Emmanuel Johnson. Sven Wendt-Wriedt, fils du propriétaire de l'Harricana Gold Mines Ltd., raconte que Gabriel aimait mesurer sa force avec des ours et qu'il revenait tout égratigné de ces combats.

Début de la Deuxième Guerre mondiale, le 3 octobre.

1941 | Pavage de la troisième avenue de Val-d'Or que Gabriel Commandant avait tracée auparavant un dimanche matin avec Joseph Cyr et quelques mineurs du campement de la Greene

Stabell. Ce chemin originel et rudimentaire reliait la mine Lamaque au lac Blouin et probablement aussi à la mine Stabell.

1942 | Gabriel est garde-feu pendant l'été dans la région de Val-d'Or.

1943 | Engagement de Gabriel comme gardien de la mine Akasaba, fermée depuis quelques mois, près de Colombière, à quelques milles de Val-d'Or. Il est engagé par Arthur Hastie, président de la Louvicourt Goldfields et gérant de la T. A. Richardson Company, bureau de comptables qui s'occupe de vendre des actions minières. Les chèques mensuels sont de quarante dollars et sont adressés à *Gabriel Commander*.

1945 | Fin de la Deuxième Guerre mondiale, le 8 mai.

1946 | Pendant l'été, Gabriel installe sa tente près de la rivière Oskelanéo, à quinze kilomètres à l'est de Clova. Sur les conseils d'Arthur Hastie, son employeur comme gardien de l'Akasaba, Gabriel décide vraisemblablement, pour les quelques mois d'été, de renouer avec la nature, « avoir la paix », car il y a beaucoup de circulation sur le chemin de l'ancienne Akasaba : un gros moulin à scie fonctionne à plein rendement et des entrepreneurs forestiers travaillent encore dans le secteur. Oskelanéo River, mot algonquin qui signifie *tas d'ossements*, est un endroit tranquille. C'est un arrêt pour le train et c'est là aussi que les Attikameks de la réserve d'Obedjiwan sortent de la forêt. Gabriel se lie d'amitié avec dame Marcel Coulombe, une infirme en chaise roulante, chez qui il va chercher son eau. Elle est la mère de trois garçons. Madame Andréa Touzin, à cette époque fillette de 11 ans dont les parents demeurent sur les lieux, le père travaillant pour une compagnie forestière, fréquente avec ses sœurs madame Coulombe; elle se souvient que Gabriel Commandant avait l'air sérieux, mais heureux. Il était âgé de 55 ans et commençait à avoir de graves problèmes de vision à cause d'une cataracte. Il quitte à l'automne pour retourner comme gardien à l'Akasaba.

1955 | Toujours gardien pour l'Akasaba, Gabriel, dont la cécité s'est grandement aggravée au cours des années (il est pratiquement aveugle), se blesse d'un coup de hache au pied et il est transporté à l'hôpital de Val-d'Or. Il devra à l'intervention de Jean-Paul Dumas, épicier, garagiste et entrepreneur forestier de Colombière, *qui signe comme responsable* le fait de se faire soigner, car on refusait dans cette institution les Indiens qui avaient la réputation d'être de mauvais payeurs. Les raisons en étaient simples : pauvreté et surtout difficulté à les retracer à cause de leur constante migration (à cette époque, chacun devait payer personnellement les frais pour les soins hospitaliers).

1963 | Au printemps, Gabriel Commandant est amené de Colombière pour vivre chez son frère Alonzo à Maniwaki. Il est âgé de 72 ans. Il n'est pas en bonne santé et il est complètement aveugle depuis une bonne douzaine d'années. Il doit à de bonnes âmes les services de survie – la dernière année surtout – dont un monsieur Boulay, demeurant au village de Colombière, qui s'en occupe après le départ de l'épicier et garagiste Dumas avec sa famille pour Val-d'Or.

1967 | Décès de Gabriel Commandant le 18 août à l'hôpital de Maniwaki. Il est inhumé au cimetière de la réserve indienne de Maniwaki le 21 août. Il avait 76 ans. Dernière étrangeté dans le destin de l'homme, une simple inscription sur la croix de bois installée sur la tombe : Gabriel *Commando*. Pourquoi Commando alors que sur la sépulture de son frère, Alonzo, deux mètres plus loin, on a écrit sur la planchette en forme de croix : Alonzo *Commanda* ? Aucun des deux noms de famille n'est justifiable. Pourquoi n'a-t-on pas écrit Commandant pour les deux, alors que c'était leur nom de famille véritable ? Peut-être parce qu'on a laissé ce soin au fossoyeur qui, par ignorance ou par paresse, a écrit distraitement les deux noms à l'anglaise sans se préoccuper plus qu'il ne le faut de l'orthographe véritable ? Mais alors la question se pose : pourquoi ne l'a-t-on pas rectifié plus tard ? Il est plus que surprenant qu'on ait choisi deux orthographes différentes pour deux membres d'une même famille. Un autre mystère qui n'a pas reçu de réponse malgré nos recherches.

1985 | Le Conseil des Sages algonquins se réunit à l'île Siscoe pour la première fois depuis 1920.

1986 | Monsieur Ignace Papatie, chef algonquin de Pikogan, tout près d'Amos, reçoit le territoire de chasse incluant la ville de Val-d'Or.

1988 | Yvon H. Couture, un écrivain abitibien, hautement préoccupé par la question indienne, étonné par ce qu'on raconte sur la vie du légendaire premier habitant de Val-d'Or, l'Algonquin Gabriel Commandant, commence ses recherches et il établira bientôt la première chronologie cohérente et incontournable de Gabriel, après avoir fait plusieurs rencontres et interviews et après avoir visité et inventorié minutieusement les sites où Gabriel a vécu.

1991 | Publication du livre de John Marshall : *Gold, The hidden Heritage Number Three.* Journaliste au *Toronto Telegram*, au *Toronto Star* et au *Globe and Mail*, Marshall, en 1949, a travaillé aussi pour le *Val d'Or Star*, petit journal anglophone. Il a souvent visité la région et consacre trente-six pages sur cent quatre-vingt-dix-huit à Gabriel Commandant et il nous en apprend beaucoup sur le personnage. Il lui donne le nom anglophone de Commanda.

De même, dans le livre consacré à l'histoire minière de l'Abitibi, *The Cadillac, Malartic and Val d'Or Camps*, au chapitre « Famous Mining Camps », on écrit (traduction) : « *Prospectant autour des lacs, ils firent des découvertes substantielles de dépôts de minerai qui se développèrent surtout aux alentours de la faille Cadillac. Et parmi ces hommes d'envergure, il y eut Lee Coffin, Tommy Aldous,* Gabriel Commander, *Bille Gramm, Paul et Wilfrid Croteau, Wilbur Goldie, George Kruse, Jack Mathews, Jack*

Mosco, Don Peacock, Barbe Sladen, Jim Sullivan, Jim Thompson, et R. Vaugham qui ont parcouru la région à la recherche de mines. »

2003 | Vingt-septième anniversaire du décès de Gabriel Commandant, le 18 août.

Note importante
Cette chronologie des événements et de la vie de Gabriel Commandant a été établie à partir du livre *Histoire de Val-d'Or, des origines à nos jours,* publié par l'excellente Société historique de Val-d'Or. Je me suis aussi appuyé sur les recherches de Yvon H. Couture, ethnohistorien régional, et sur les compilations de France Lafond, dépositaire actuelle de photographies et de documents officiels de Gabriel Commandant.

Orientation bibliographique

Nous nous bornons à indiquer l'essentiel des sources que nous avons utilisées.

ARGOUS, Sabine. *Les Indiens du Canada,* Éditions Sélect, Montréal, 1980.

ASSIWINI, Bernard. *Lexique des noms indiens du Canada - les noms géographiques,* Leméac, Montréal, 1996.

BENOIST, Émile. *L'Abitibi, pays de l'or,* Les éditions du Zodiaque, Montréal, 1938.

BOISVERT, Claude. *On n'a jamais vu mourir une cathédrale,* les Éditions Québécor, Montréal, 2002.

BROWN, Graig. *Histoire générale du Canada,* Éditions du Boréal, Montréal, 1990.

CHABOT, Denys, Jean L'Houmeau et Jean Robitaille. *Histoire de Val-d'Or, des origines à 1995,* Société d'histoire de Val-d'Or.

CHABOT, Denys. *L'Abitibi centenaire, 1898-1998,* Société d'histoire de Val-d'Or, Val-d'Or, 1999.

CHABOT, Denys. *L'Acte de naissance, de mariage et de décès de Gabriel Commandant* (relevés), Société d'histoire de Val-d'Or.

CHABOT, Denys. *La Tête des eaux*, XYZ éditeur, Romanichels, Montréal, 1997.

COUTURE, Yvon H. *Les Algonquins*, Éditions Hyperborée, Val-d'Or, 1983.

COUTURE, Yvon H. *Lexique français-algonquin*, Éditions Hyperborée, Val-d'Or, 1983.

FOHLEN, Claude. *Les Indiens d'Amérique du Nord*, Les Presses universitaires de France, « Que sais-je ? » Paris, 1992.

GAFFEN, Fred. *Forgotten Soldiers*, Penticton, BC: Theytus Books, 1985.

GIESLER, Patricia. *Souvenirs de vaillance*: *la participation du Canada à la Première Guerre mondiale*, Affaires des Anciens combattants.

GOURD, Benoît-Beaudry. *La Mine Lamaque et le village minier de Bourlamaque*, Collège de l'Abitibi-Témiscamingue, Cahiers du département d'histoire et de géographie, travaux de recherches, n° 6, Rouyn, 1983.

GRAVEL, Alain. *Centenaire de l'Abitibi en territoire québécois, 1898-1998*, Conseil de la culture de l'Abitibi-Témiscamingue, 1998.

GUÉNARD, Joseph E. o.m.i. *Les Noms indiens de mon pays, leur signification et leur histoire*, Rayonnement, Montréal, 1947.

LEMIEUX, Paul (recherchiste des Archives nationales du Canada). *Archives des Forces armées canadiennes outre-mer*, dossier 31, 166, boîte 1900.

MARSHALL, John. *Gold*, Lugus, Toronto, 1990.

MOORE, Kermot A. *La Volonté de survivre, les autochtones et la constitution*, Éditions Hyperborée, Val-d'Or, 1983.

OSBORNE, Brian et Donald Swainson. *Le Canal de Sault-Sainte-Marie*, Direction des lieux et des parcs historiques nationaux, Environnement Canada, 1986.

SUMMERBY, Janice (envoi de Lise Michaud, directrice régionale des communications). *Soldats autochtones, terres étrangères*, Anciens Combattants. Région du Québec.

VAUGEOIS, Denis, Louise Côté et Louis Tardivel. *L'Indien généreux. Ce que le monde doit aux Amériques*, Éditions du Boréal, Montréal, 1992.

WALDMAN, Carl. *Atlas of North American Indian*, Maps and Illustrations by Molly Braun, Facts on File, New York, 1983.

WILSON, Larry. *Chibougamau*, à compte d'auteur, Montréal 1932.

Encyclopédie du Canada, tome 3, éditions Stanké, Montréal, à la rubrique Sault-Sainte-Marie, page 1781.

L'Oeil amérindien – Regards sur l'animal – Musée de la civilisation, les éditions du Septentrion, Québec, 1991.

Remerciements

Aux personnes consultées, interviewées ou qui ont participé aux recherches sur Gabriel Commandant, j'exprime ma reconnaissance et mes remerciements.

D'abord, Denis Dumas, le plus important témoin puisqu'il a connu Gabriel Commandant les dernières années de son séjour comme gardien de la mine Akasaba. Le jeune Dumas, adolescent, a été son compagnon de travail, car à cette époque le premier habitant de Val-d'Or était complètement aveugle, dans les années 1956 à 1962.

Ensuite, toute ma reconnaissance à la Société d'histoire de Val-d'Or pour son assistance dans mes recherches, et plus précisément à Denys Chabot et Jean Robitaille.

Enfin, tous ceux qui ont bien voulu témoigner de leurs contacts ou de leur savoir au sujet de Gabriel Commandant: Jean Cyr, Yvon H. Couture, Raymond Duguay, Roger Dionne, Claude Picard, feus Lionel Morissette et Edgar Poirier. Swayne Wendt-Wriedt, Jacques Caouette, Patrick Gagné, Jean-Pierre Bélanger, Jean-Jacques Martel, mesdames Andréa Touzin, Colette Germain, France Lafond, Roselyne Brazeau, paroisse Notre-Dame-du-Rosaire, Maniwaki. Archives des Oblats de Marie-Immaculée, Montréal, père Beaudoin, s.j., archives des Jésuites, Montréal, feu Donat Martineau, o.m.i, archiviste, le Centre d'intérêt minier de Chibougamau et le Centre d'archives de la Radissonie.

J'exprime ma reconnaissance et mes remerciements pour l'aide apportée dans les recherches sur Gabriel Commandant à Denys Chabot, écrivain, qui détient des renseignements de première main et qui a toujours démontré un profond intérêt pour le personnage algonquin dont il a d'ailleurs fait le héros de son roman *La Tête des eaux* publié chez l'éditeur XYZ en 1997.

Je me dois d'exprimer ma reconnaissance à Claude Boisvert, écrivain né à Amos et brillant connaisseur de l'Abitibi-Témiscamingue, dont le roman *On n'a jamais vu mourir une cathédrale,* roman de la fierté abitibienne, publié récemment, m'a été une précieuse mine de renseignements.

Je ne passerai pas sous silence Jean Robitaille, premier lecteur de cette biographie romancée, dont les encouragements m'ont été précieux.

Il me faut rendre un hommage exceptionnel à Denis Dumas qui a connu et fréquenté Gabriel Commandant. Sans lui, les dernières années de Commandant dans la région de Colombière comme gardien de la mine Akasaba seraient restées pratiquement inconnues.

Il ne me faut pas passer son silence l'apport exceptionnel de messieurs Émile et Jean Cyr, prospecteurs et témoins de première main. Dans mes interviews plus qu'intéressantes, les Cyr et surtout Jean Cyr, qui a bien connu Gabriel Commandant, nous ont donné des détails, des éléments de la biographie de Commandant qui auraient été proprement inaccessibles autrement.

Je n'aurais garde d'oublier feu Gilbert Tardif, mémoire de l'Abitibi et auteur du livre *L'Abitibi d'hier et d'aujourd'hui.*

Pour son assistance au cours de mes recherches, je dois ma reconnaissance à France Lafond, qui a recueilli quelques notes sur le passé de Gabriel Commandant, et qui est à l'origine d'une première chronologie sommaire avec Yvon H. Couture.

Je remercie tous ceux qui ont voulu relire ce livre et spécialement Yvon H. Couture qui a bien voulu réviser mon travail et y apporter des corrections essentielles. Yvon H. Couture possède une documentation orale et écrite sur la personne et sur les sites habités par Gabriel Commandant, au lac Blouin, à la source Gabriel et à Colombière. Ses travaux d'ethnohistorien régional ont été une contribution remarquable dans l'établissement et la rédaction de la biographie de Gabriel Commandant. Je dois à l'auteur de la notable *Histoire des Algonquins* la plupart des renseignements sur les Algonquins et sur leur langue, sur les noms algonquins aussi de la région de Val-d'Or dont je regrette qu'ils ne soient pas restés parce qu'ils avaient beaucoup plus de valeur d'imagination et de poésie que ceux de maintenant : noms de personnages pour la plupart inconnus et qui n'ont fait que passer dans la région.

Table des matières